Bärbel Kern / Horst Kern

Madame Doctorin Schlözer

Ein Frauenleben
in den Widersprüchen
der Aufklärung

Verlag C. H. Beck München

Mit 23 Abbildungen im Text

CIP-Titelaufnahme der Deutschen Bibliothek

Kern, Bärbel:
Madame Doctorin Schlözer : e. Frauenleben in d.
Widersprüchen d. Aufklärung / Bärbel Kern ; Horst Kern. –
2., durchgesehene Aufl. – München : Beck, 1990
    ISBN 3 406 33304 4
NE: Kern, Horst:

ISBN 3 406 33304 4

Zweite, durchgesehene Auflage. 1990
Umschlagentwurf: Andreas Brylka, Hamburg
Umschlagbild: Dorothea Rodde-Schlözer, Ölgemälde von Friedrich Carl Gröger,
um 1805 (Niedersächsische Staats- und Universitätsbibliothek Göttingen)
© C. H. Beck'sche Verlagsbuchhandlung (Oscar Beck), München 1988
Satz und Druck: C. H. Beck'sche Buchdruckerei, Nördlingen
Printed in Germany

Denn wer leugnet es wohl, daß hoch sich das Herz ihm erhoben,
Ihm die freiere Brust mit reineren Pulsen geschlagen,
Als sich der erste Glanz der neuen Sonne heranhob,
Als man hörte vom Rechte der Menschen, das allen gemein sei,
Von der begeisternden Freiheit und von der löblichen Gleich-
heit!
Damals hoffte jeder, sich selbst zu leben.

      Goethe, Hermann und Dorothea (Klio)

Dienen lerne beizeiten das Weib nach ihrer Bestimmung;
Denn durch Dienen allein gelangt sie endlich zum Herrschen,
Zu der verdienten Gewalt, die doch ihr im Hause gehöret.

      Goethe, Hermann und Dorothea (Erato)

Wir hegen keinen Zweifel – und darin liegt unsere petitio prin-
cipii –, daß die Freiheit in der Gesellschaft vom aufklärenden
Denken unabtrennbar ist. Jedoch glauben wir, genauso deutlich
erkannt zu haben, daß der Begriff eben dieses Denkens, nicht
weniger als die konkreten historischen Formen, die Institutionen der Gesellschaft, in die es verflochten ist, schon den Keim
zu jenem Rückschritt enthalten, der heute überall sich ereignet.
Nimmt Aufklärung die Reflexion auf dieses rückläufige Moment nicht in sich auf, so besiegelt sie ihr eigenes Schicksal.

   Horkheimer/Adorno, Dialektik der Aufklärung

Dank sagen wir:

der Georg-August-Universität Göttingen und der Deutschen Forschungsgemeinschaft für die gewährte Förderung,

der Niedersächsischen Staats- und Universitätsbibliothek für die kooperative bibliothekarische Betreuung,

Katharina Nitzschmann und Sabine Hillebrecht für die vorbildliche Bearbeitung unserer Manuskripte und viele andere Hilfen,

Gisela Baethge, Hans Paul Bahrdt, Detlev Claussen, Ilse Costas, Bärbel Fromm, Hartwig Heine, Marcella Heine, Reinhild Mickler, Klaus Mollenhauer, Richard Saage, Eggert Schön, Regine Schön, Claudia Schumann, Michael Schumann, Konrad Thomas, Monika Vollbrecht-Slomka, Rita Wiche, Ernst-Peter Wieckenberg für die mühevolle Durchsicht des Manuskripts, anregende Gespräche und konstruktive Kritik

und ganz besonders
Ute Seidler
für die engagierte Mitarbeit bei den Recherchen.

Göttingen, Januar 1988   B. K./H. K.

Redaktioneller Hinweis:
Fremdsprachige Texte wurden im Regelfall von uns selbst ins Deutsche übertragen. Bei Zitaten aus alten Texten haben wir Schreibweise und Zeichensetzung behutsam modernisiert.

Inhalt

Tod in Avignon

Juli 1825. Avignon, Place de la Comédie, Hôtel du Palais Royal. Dorothea Rodde Schlözer liegt in einem finstern Zimmer, durch eine Lungenentzündung ans Bett gefesselt. Die Fensterläden sind geschlossen, um die brütende Sommerhitze abzuwehren, die ihrem geschwächten Körper zu schaffen macht. Was Dorothea in dieser Situation durch den Kopf gegangen ist, wissen wir nur bruchstückhaft. Bekannt sind uns eine Reihe ihrer späten Briefe und ihre allerletzten Notizen. Wenn wir uns in diese Dokumente hineinversetzen, dann erahnen wir die Gedanken und Gefühle der altgewordenen Dorothea in ihren letzten Lebenstagen:

Als Kind tat ich in Rom den ersten Blick in diese schöne Welt, notiert sie schwer leserlich auf einem Zettel. Abermals führt mich das Schicksal in eine Stadt der Päpste. Aber jetzt ist mein Gemüt krank, mein Haar ergraut, meine Augen sind so angegriffen, daß mich jeder Sonnenstrahl schmerzt und ich kaum noch schreiben kann. Ringsum blüht die Welt. Für mich hat sie abgeblüht. Gott schütze mein armes, mein verlassenes Kind.

Quer durch ihr Leben sind wohl ihre Gedanken gesprungen. Nach dem Glanz und der Freude ihres Aufenthaltes in Rom wird ihr um so schmerzlicher wieder das Elend ihres jetzigen Unternehmens in den Sinn gekommen sein. Wie hatte ihr vor dieser Reise gegraut, die – sie ahnte es – ihre letzte war. Marseille, das Ziel, zu dem die Ärzte im Interesse ihrer Tochter Dortchen dringend geraten hatten, war ihr fern und fremd gewesen. Sie hatte sich längst schon selbst kraftlos gefühlt, mit ihrem schwachen Herzen, das schon lange den massigen Körper kaum noch hatte versorgen können, mit ihren fast blinden Augen, mit denen sie sich nur schwer zurechtfand.

Obwohl sie nichts nötiger gebraucht hätte als jemand, der sie unter die Arme gefaßt, in die Arme genommen hätte, hatte sie sich noch einmal einen Ruck geben können und war eben doch losgefahren. In zwei Kutschen machte sie sich zusammen mit der hinfälligen Tochter, dem senilen siebzigjährigen Mann, der Bedienten Marie auf den Weg. Alles, alles liegt mir ob; ich muß für die ganze Gesellschaft moralisch und physisch sorgen; Gott wird mir auf dieser Pilgerfahrt beistehen, hatte sie geklagt. Aber trotz ihrer Ängste und Qualen hatte es für sie keinen Zweifel am Sinn dieser Reise gegeben. Sie war entschlossen gewesen: Dortchen hat ein Leben und ich – nur noch ein einziges Kind. Ich gehe an der Welt Ende, veräußere alles, wenn ich das Mädchen rette.

Der Aufenthalt in Marseille, wie strapaziös auch immer für sie selbst, hatte, kaum glaublich, tatsächlich angeschlagen. Das Fieber schwand; die Gesundheit ihrer Tochter war schnell gebessert gewesen. Dorothea hatte noch einmal jubeln können: Ich freue mich unbeschreiblich ihrer Genesung, die durch dieses herrliche Klima befördert wird.

Dortchen war geradezu aufgeblüht. Tanz und Klavierspiel hatten begonnen ihr wieder Spaß zu machen. Allenthalben hatte man sie als große Schönheit gepriesen. Schnell hatten sich in Marseille die Verehrer eingestellt – auch dieser hübsche Südländer, dem man den Schuft nicht anmerkte. Als Törin kam sie sich vor, daß sie Gott gedankt hatte, als er um Dortchens Hand anhielt. Ihr war es erschienen, als wenn das Schicksal ihr endlich eine Blume reichte: Ich wollte mich in die Arme dieser so gütig erscheinenden Vorsehung werfen und mich ihr, die am Ende uns nun doch so wunderbar zu leiten schien, übergeben. Alles wollte ich verkaufen und meinen Stab in die Hände nehmen; wo mein einziges Kind blieb, da wollte auch ich hinziehen, denn die anderen ruhten ja schon in Deutschlands Gräbern. Um so härter war der Schlag gewesen, als sich herausgestellt hatte, daß der Mann ein Schwindler war: Ich bin noch immer wie versteinert. Mein Elend nimmt gar kein Ende. Alles, aber auch alles geht mir konträr in der Welt. Es gibt Auserwählte und Vergessene, zu den letzteren gehöre ich. Mir sind in diesem Leben keine Blumen bestimmt. Mein Schicksal ist hart. Dornen und Disteln im Leben, Blumen auf den Gräbern.

Den Zorn auf Matthäus Rodde, ihren alten Mann, den sie bis hierher hatte mitschleppen müssen und dem die Reise auch noch gut bekommen war, hat Dorothea in dieser Stunde vielleicht weniger denn je unterdrücken können. Er ist es, mag sie so, wie sie es auch schon geschrieben hatte, gedacht haben, er ist es, der alles Elend über mein und meiner armen Kinder Haupt gebracht hat. Eitel hat er sich der Selbsttäuschung eines unermeßlichen Reichtums hingegeben. Achtzehn Jahre lang hat er mir ein Vermögen vorgespiegelt, das gar nicht existierte. Wie sehr hat er sich im Glanz der Brillanten und Juwelen gefallen, wo ich für die Kinder gern ein sicheres Fundament gelegt hätte. Was habe ich nicht täglich abzuraten, abzuwehren und zu bekämpfen gehabt? Vorstellungen, Bitten, ja Streiten, Tränen und Verzweiflung waren meine Waffen, und nicht wenig hat meine Gesundheit damals schon gelitten. Nicht nur luxuriert hat er, er hat auch nicht rechnen können. Immer mehr ist ihm die Kontrolle über seine vertrackten Finanzen entglitten. Mußte er sich unbedingt zum Retter Lübecks aufspielen? Mußte er Privat- und Staatsgeschäfte vermischen, mit seinem Privatvermögen ohne Sicherheiten in einem Umfange bürgen, der seine angeschlagene Kasse bei weitem überschritt? Den Sturz, den ich schon lange befürchtet hatte, konnte auch ich nicht mehr abwenden. Er riß uns alle hinab in die Tiefe. Seither stehe ich erstaunt vor meinem

Schicksal da. Ein großer dummer Streich hat alles ins Unglück gezogen. Daß aber Unschuldige alles leiden müssen, geht über meine Einsicht.

Nun lag sie auf dem Rückwege von Marseille, der Stadt, der sie nach der unseligen Brautschaft ihrer Tochter entflohen waren, von Krankheit geschlagen hier in Avignon fest. Göttingen, das Ziel, sollte sie nicht mehr erreichen. Dies also, mag sie bei sich gedacht haben, ist das Ende der berühmten, vielbeneideten Dorothea Schlözer. Sie hörte vielleicht noch ihren Vater, der durch die Art und Weise, wie er sie erzogen hatte, ihr eine, wie er gesagt hatte, wenigstens sorgenlose Lage zu sichern glaubte.

Zum Gepäck ihrer letzten Reise gehörte das Buch „Le Rime del Petrarca" – jenes schöne Tagebuch von Liebe, Zweifeln, Klage und Tod, von dem uns ihr persönliches Exemplar erhalten geblieben ist. Es war so anders für sie gewesen nach der trockenen und harten Erziehung ihres Vaters, ihrem kühlen Dasein an der Seite eines repräsentierenden Mannes, als sie begonnen hatte, es zusammen mit Charles Villers zu lesen. Sie hatte in ihrer klaren Schrift Notizen an den Rand der Sonette gemacht, voller Freude und Anteilnahme an den Versen Petrarcas, mit denen er seine Liebe zu Laura besang. Es mag sie nun gedrängt haben, das liebgewonnene Buch ganz in ihrer Nähe zu haben und trotz großer Anstrengung noch einmal die Zeilen entlangzugehen. Die krakligen Striche, die sie wahrscheinlich in diesem Moment zog und die wir heute noch in dem Band sehen können, der sie begleitete, galten jenen Versen, die von Lauras Tod handeln.

> Und ab und zu vermeine ich des Boten,
> den meine Herrin sendet, zu gewahren;
> und fühle mich so schwach seit ein paar Jahren
> im Innern krank, dank der lieben Toten.

Nicht eine liebe Tote, einen lieben Toten hatte sie betrauert all die letzten Jahre. Aber sie fühlte gleich dem verlassenen, liebenden Dichter.

> O froher Tag, da vom Verlies der Erde
> befreit, ich diese leere, taube Hülle,
> zerstreut, in Scherben hinterlassen werde.

Das Bild des unglücklichen Villers im Jahr seines vorzeitigen Todes könnte noch einmal in ihre Augen geglitten sein, als sie las:

> Im Feuer froh und in der Pein voll Hoffen,
> hielt Minne mich durch einundzwanzig Jahre;
> seit meine Herrin aufflog aus der Bahre,
> sind weitere zehn im Gram dahingeschloffen.

Ein Sonett noch blätterte sie offenbar weiter, zu jenem, über das Petrarca
geschrieben hatte: „Er demütigt sich vor Gott und erfleht Gottes Gnade
für die Stunde des Todes." Zittrig sind in Dorotheas Exemplar mit Blei-
stift noch die Zeilen eingekreist:

> Der Du das Übel siehst, das ich ertrage,
> Du Himmels-König unsichtbarer Ringe, . . .
> Laß Deine Hand mich heben, der ich liege,
> solang ich lebe; und den Tod mir frommen,
> der ich mich nur auf Deine Milde stütze.

Am 13. Juli 1825 nahm der Standesbeamte von Avignon zu Protokoll,
daß Dorothea Rodde Schlözer, fast 55 Jahre alt, tags zuvor verstorben
war. In die Vaucluse, in die Petrarca, getrieben durch seine unglückliche
Liebe zu Laura, immer wieder geflüchtet war, ist Dorothea, entgegen
ihrem Wunsch, nicht mehr gekommen.*

---

* Bei unserem Nachvollzug der letzten Gedanken und Gefühle Dorotheas
stützen wir uns auf Briefe und Notizen; vgl. Briefverzeichnis sowie L. v. Schlözer,
312 ff.

Dorothea Schlözer – was bedeutet sie uns?

Alle Leben enden. Fast nie ist der Tod der Höhepunkt eines Lebens.
Aber Dorotheas Ende läßt ein Gefühl des Scheiterns, der Trostlosigkeit,
eine Einsamkeit und innere Verlassenheit ahnen, die ergreift. Mit Trauer
nur konnten wir uns von hier aus jener jungen Frau im weißen Blütenflor
erinnern, die – ein bißchen beklommen zwar einerseits, andererseits aber
doch auch voll strahlender Zuversicht – aus dem Hause Schlözer in Göttingen getreten war, um ihre Prüfung zur ersten Doktorin der Philosophie dieser Universität und Deutschlands abzulegen.

Nicht nur Mitleid also war es, was uns bewegte, als wir die ersten, wie
immer aufgeputzten Biographien Dorotheas zu sehen bekamen, sondern
Trauer. Schade, sagte der Mann von uns beiden, wie man das Verglühen
einer Sternschnuppe bedauert, und dachte dabei an ,,Aufstieg und Fall"
als typischer Lebenslinie bekannter Männer und Frauen zur Zeit der
Spätaufklärung und Romantik. Schade, sagte die Frau von uns beiden
und fühlte sich schwesterlich verbunden: teils mit verglüht, teils unter
Feuer daran denkend, wieviel weibliche Energie auch heute noch ver-
pufft, wie oft noch immer Gefühle bitterer Sinnlosigkeit ein – hart oder
weich – durchgekämpftes Frauenleben beschließen.

Individuelles Schicksal oder gesellschaftlich-typischer Verlauf? – Das war
also erst einmal das, was uns als Fragestellung gemein war. Damit gingen
wir, jeder für sich, eine Zeitlang auf Suche. Nun haben wir unsere Aus-
grabungen zusammengetragen und gemeinsam versucht, uns ein Bild daraus zu legen. Es ist ein Puzzle, in dem viele Stücke fehlen, bei andern
kann man sich streiten, wo gehören sie hin, und es wird nie vollständig
sein können. Mit ein wenig Phantasie als Griffwerkzeug, Kitt und Politur
in einem, machten wir uns an die Arbeit, diesem Bild Gestalt zu geben
und etwas aus ihm zu lesen – für damals und für heute.

Es ist verlockend, heutige Vorstellungen von Frauenemanzipation in die
Historie hineinzuprojizieren und sich damit die Vorstellung eines zwar
langsamen, manchmal verzögerten, schließlich aber doch ungebrochenen,
ungefährdeten Fortschritts zurechtzulegen. Dorothea wäre dann in direkter Linie als frühe fortschrittliche Vorläuferin akademisch gebildeter
Frauen von heute zu sehen, ihr Vater als konsequenter Umsetzer aufklärerischer Ideen zur Frauenbefreiung zu feiern. Zahlreiche aufklärerische
Zeugnisse eines von heute aus gesehen ,,progressiven" Nachdenkens über

das Geschlechterverhältnis tragen das ihre zu dieser Versuchung bei. Verlockend aber, das machten wir uns klar, ist ein solches Vorgehen vor allem deshalb, weil wir uns auf diese Weise selbst auf der Höhe eines Fortschritts sehen können, der seine Zwangsläufigkeit scheinbar schon unter Beweis gestellt hat. Wie beruhigend, wenn alles schon eingefädelt ist, wenn es auf unsere Gestaltungsphantasie und unser Handeln nicht mehr entscheidend ankommt. Wie angenehm, wenn wir von den ,,progressiven'' Vorläufern zu uns eine ununterbrochene Linie ziehen können, um alles, was dazwischen als Umleitung, Hemmschwelle, Gegenkraft wirksam geworden ist, als rückschrittlich, als ,,unterm Strich'', dem Urteil der Geschichte, will sagen unserem heutigen, zu überantworten. Auf diese Weise brauchen wir auch nicht anzunehmen, daß die Wirkung solcher Gegenkräfte bis heute ausstrahlt, denn wir halten ja unverbrüchlich die Verbindung zu den ,,progressiven'' Vorläufern. Das läßt leicht die fragilen Konstruktionen vergessen, auf denen unser gesellschaftliches Frauenverständnis ruht. Es verlockt zu Trägheit, wo es darauf ankäme, den Druck der Hypotheken der Vergangenheit zu erkennen und offenstehende Aufträge anzunehmen. Aber auch der umstandslose Beifall für die ,,progressiven'' Einstellungen der Vorläufer kann eine Falle sein: Woher wissen wir denn, ob ihre Haltung zur Frauenbildung nicht in ein Denken und Handeln eingebettet war, in dem wir unter Umständen Ursachen für manche allgemeine Fehlentwicklung wiedererkennen müssen, die nicht zuletzt auch die Frauen getroffen hat? Und kann es eigentlich als ausgemacht gelten, daß Gedankengänge, die von heute aus gesehen für die Entfaltungsmöglichkeiten von Frauen restriktiv waren, niemals mit anderen einhergegangen sind, auf die sich zwar erst viel später, aber schließlich doch auch Frauen gesellschaftlich wirksam berufen konnten und können?

Frauengeschichtsschreibung ist auf komplizierte Weise mit der herkömmlichen, unter männlichen Gesichtspunkten geschriebenen Geschichte verwoben. Jede Vereinseitigung, jeder Versuch, auch nur einzelne kleine Teile ausschließlich unter dem Frauen- oder unter dem Männergesichtspunkt zu sehen, kann Verfälschungen bringen, die beiden heute nichts nützen – weder den Frauen noch den Männern –, wenn es darum geht, Entwicklungschancen zu erkennen. Das war eine Erkenntnis, die sich bei unseren Studien über Dorothea mehr und mehr einstellte. Eine Erkenntnis, die uns aber gerade deshalb dieses Leben immer interessanter werden ließ, das in einer Zeit lag, in der zum einen so viele verschiedene, zum andern so viele heute noch bedeutsame Entwicklungen zusammenkamen.

Dorothea wurde am 10. August 1770 in Göttingen geboren.
1770 – Welches waren die Entwicklungslinien, die in dieser Zeit zusammenliefen und in neuer Formation die nachfolgenden Jahrhunderte prägten? Das Heilige Römische Reich Deutscher Nation, von dem nach einem Bonmont Voltaires unklar war, in welcher Hinsicht eigentlich es heilig, römisch oder ein Reich gewesen sei, befand sich inmitten einer heftigen geistigen Erschütterung, die auf eine bessere Zukunft hoffen lassen konnte. Sicherlich: Weder gab es faktisch eine Zentralgewalt mit einem funktionsfähigen Durchsetzungsapparat; noch bestand ein einheitlicher Markt, der dem Gewerbe Raum und starke Impulse gegeben hätte; geschweige denn konnte von einer nationalen Mentalität, aufbauend auf einer etablierten Einheitssprache, einheitlichen Traditionen und Sichtweisen die Rede sein. Aber seit Mitte des Jahrhunderts war doch Bewegung in den lahmen Körper gekommen. Eigenartigerweise wirkten dabei einige Faktoren, die bisher eher zur Statik der sozialen Ordnung beigetragen hatten, nun als Fermente des Wandels: Das Fehlen einer im Inneren verbindenden Gesamtkultur bedeutete auch Offenheit nach außen. Sie brachte Weltoffenheit aus innerem Mangel hervor, die Bereitschaft und Fähigkeit, die vorwärtsweisenden Strömungen in der Aufklärungsbewegung und der politischen Ökonomie Frankreichs und Englands aufzunehmen. Die Dezentralität des öffentlichen Lebens behinderte zwar die Ausbildung übergreifender Konventionen, kam aber eben auch neuen Sichtweisen und kühnen Zukunftsplänen entgegen. Der Partikularismus der staatlichen Verfassung, so hinderlich er der politischen Entfaltung oft gewesen sein mag, gab doch auch Spielräume für die Freiheit der Gedanken, denn es gab keine Zentralgewalt, deren Arm hemmend in alle Ecken des politischen Lebens hätte hineingreifen können. So war das Jahrhundert schließlich auch in Deutschland, wie Kant bald formulieren sollte, zwar nicht zum aufgeklärten Zeitalter, aber doch zu einem Zeitalter der Aufklärung geworden (1784, 40).
1770 – Das war eine Zeit, die auch im Denken über „Natur" und gesellschaftlichen Standort der Frauen in verschiedene Richtungen wies. Da, wo man richtiges Erkennen noch mit richtiger Moral ineinssetzte, war die Verstandesschulung auch der Frau als eine Möglichkeit der Überwindung des Irrationalen, des magisch-mythischen Denkens vergangener Jahrhunderte erschienen. Frauenbildung galt diesem Denken, wie es etwa Gottsched repräsentierte und wie es in der Zeit Dorotheas noch nachwirkte, als unbedenklich (vgl. S. 59f.). Auch wenn dem überwiegenden Teil der Frauen in Adels- und Bürgerhäusern die höhere Bildung weiter versperrt geblieben war, so konnte man in diesen Kreisen nun doch ein wachsendes Interesse an der Beteiligung auch der weiblichen Personen am neuen Denken der Aufklärer in Form von Bildung erkennen. Selbst dort, wo man seit Mitte des Jahrhunderts der reinen Verstandesrationali-

tät mit wachsendem Nachdruck das Gefühl entgegenzusetzen versuchte, wo die Poesie nicht mehr nur als Vermittler von Moral auftrat, sondern sich mit der Frage auseinandersetzte, wie die Erkenntnis des Wahren und Guten im Menschen zu verankern sei, selbst dort gab es Entwürfe, die auf ein universalistisches Frauenbild zielten. Vor allem in der Dichtung Wielands (1766/67, 1768) traten solcherart gefaßte Frauentypen als Gegenüber der Männer auf. Frauen und Männer waren hier spannungsreich aufeinander bezogen, wobei sich die Männer in Auseinandersetzung mit den ästhetischen und erotischen Qualitäten, mit der Intellektualität und Unabhängigkeit dieser Frauen durchaus zum Wohl ihrer eigenen Persönlichkeit weiterentwickeln konnten. Dort freilich – und das war die jüngste der Strömungen, die in Dorotheas Zeit Einfluß nehmen konnte –, wo sich in Literatur und Dichtung das Gefühl der Entfremdung in der neuen Gesellschaft niederschlug, erfuhr das erodierte Frauenbild der patriarchalisch-arbeitsteiligen Geschlechterkonzeption des „ganzen Hauses" eine Reorganisation mit wiederum neuem Vorzeichen.

In dem Maße, in dem die rationale Durchdringung der äußeren Natur und der Gesellschaft die Mittel bereitgestellt hatten, um Produktion und Erwerb von den Schranken der Tradition zu lösen, und in dem Maße, in dem diese erweiterten Möglichkeiten nun der Logik der Kapitalverwertung subsumiert und damit immer expansiver genutzt wurden; in dem Maße, in dem der Staat die Funktion übernahm, diese Prozesse vorzubereiten und abzustützen; in eben diesem Maße entwickelten sich Wissenschaft, Industrie, Markt und Politik zu einer Superstruktur, in der die bestimmenden ökonomisch-politischen Interessen mit unerbittlicher Zweckrationalität durchgesetzt wurden. Zwar befand sich Deutschland im letzten Drittel des 18. Jahrhunderts erst auf dem Wege dahin. Aber erste Vorbeben dessen, was sich da anbahnte, waren deutlich zu spüren. Das Gefühl eines Unbehagens an der Zivilisation wurde artikuliert, ja mancher Zeitgenosse ahnte schon jetzt die Zweischneidigkeit des Rationalismus, spürte die mögliche Gefahr einer Entfremdung des Menschen von sich selbst.

Die Hauptlinie der neueren „empfindsamen" Literatur ging bald in diese Richtung, nicht mehr in jene, die Wieland markiert hatte. In Rousseau fand sie ihr Sprachrohr ebenso wie ihre Inspiration. Rousseau begeisterte die empfindsame deutsche Geisteswelt nicht nur mit seiner distanzierten Sicht der bestehenden Gesellschaft, sondern vor allem auch mit seinem Frauenbild, das geradezu grassierende Verbreitung fand. Es gab dem Geschlechterverhältnis nach dem Muster des „ganzen Hauses", dessen historische Grundlagen entfallen waren, eine neue, individualistische Definition, die zu den neuen bürgerlichen Lebensformen paßte. Rousseaus simpler Satz, „daß die Frau eigens dazu geschaffen ist, dem Mann zu gefallen" (1762a, 721), machte nun auch schnell in Deutschland die

Runde und wirkte alsbald als fatale Leitformel für das einseitig festgelegte Bild einer nur sanften, den Mann stützenden Frau, für die es neben einer unterdrückten Erotik und Sexualität keine Intellektualität, keine innere und schon gar keine äußere Unabhängigkeit geben durfte. Individualistisch war diese Definition vor allem für den Mann, der die Frau von nun an für sein natürliches Komplement, von Natur zu seinem Appendix bestimmt, halten durfte.

Alle diese verschiedenen Fassungen des Frauenbildes waren zu Dortheas Zeit noch oder schon wirksam. Gesiegt hat dann freilich die letzte der genannten Strömungen. Machte Kant manchmal auch noch einen etwas unentschiedenen Eindruck, so schlug sich schließlich doch in seinem Werk die Überzeugung von der mangelnden Autonomiefähigkeit des weiblichen Geschlechts nieder (vgl. 1764a, 1798). Hatte Friedrich Schlegel noch gezeigt, wie man auch und gerade auf dem Hintergrund eines Rousseauschen Frauenideals die Frau in den Himmel heben, den gesellschaftlichen Weichenstellungen zum Trotz dem eigenen abweichenden Gefühl folgen konnte (1799), so vollzog man bis hin zu Schopenhauer (1851) schließlich dann doch mit der Veralltäglichung des Rousseauschen Naturbegriffs und der angeblichen natürlichen Vernunftunfähigkeit des „krummbeinigen" Geschlechts die Exkommunikation aller Frauen aus dem gesellschaftlichen Zusammenhang der bürgerlichen Individuen. Das war eine Generation nach Dorothea; Schopenhauers Mutter, eine recht selbständige Frau, ist eine ihrer Zeitgenossinnen gewesen.

In Dortheas Biographie sind diese historischen Strömungen des ausgehenden 18. Jahrhunderts wie durch ein Brennglas vereinigt. Natürlich liefen diese Linien auch im Leben anderer Personen dieser Generation zusammen. Daß aber, wie es bei Dorothea der Fall war, die Erziehung einer Frau unter dem Vorzeichen einer extrem gefaßten frührationalistischen Offenheit für Frauenbildung stattfand und sich das erwachsene Leben eben derselben Frau in engem Kontakt mit intellektuellen Zirkeln vollzog, die führend gewesen sind in der Überwindung des frühaufklärerischen Primats der Rationalität durch neue Modelle der Erfahrung und Empfindung, das hat es, soweit wir sehen, nirgends sonst gegeben. Insofern scheint uns die Biographie Dortheas eine Ausnahme zu sein – eine interessante, vielsagende freilich, weil man in ihr mikroskopisch, im Kleinen eines einzelnen Lebens konkret nachvollziehen kann, wo überall sich Wurzeln für die Dialektik der Aufklärung befinden.

In der Verdichtung von Einflüssen, die in anderen Biographien verdünnter und vereinzelter auftraten, lag die große Chance Dortheas, aber auch ihr Lebensrisiko. Sie bekam von vielem vieles: Verstand, Geist, Herz, vielleicht auch Begierde. Historisch wie individuell war ihr die Chance gegeben, zu einer außergewöhnlichen gesellschaftlichen Existenz vorzudringen. Das Leben hätte ihr weit mehr Entfaltungsmöglichkeiten bringen können als mancher ihrer Zeitgenossinnen. Ihr Risiko freilich bestand darin, daß sie die Integration dieser verschiedenen Dimensionen zu einem harmonischen Ganzen nicht schaffte, daß die verschiedenen Einflüsse sich zu Gegensätzen verhärteten, die Dorothea innerlich spalteten, statt sich gegenseitig auszuwiegen und zu kontrollieren. Dieser Gefahr war sie vor allem deshalb unterworfen, weil das entscheidende Ingredienz innerer Unabhängigkeit ihr in ihrer Erziehung nicht nahegebracht worden war. Gerade über dieses zu verfügen, wäre für sie aber umso wichtiger gewesen, als die Gesellschaft, in die sie hineinwuchs, immer stärker das Modell einer bloß empfindsamen Frau zur Norm erhob. Aus den Eigenschaften, die Dorothea im Laufe ihres Lebens erwarb, ließ sich daher nicht so einfach ein Profil gewinnen, welches den Konventionen der sich etablierenden bürgerlichen Gesellschaft entsprochen hätte.

Dem Denken der Aufklärung ist ein Zug zur Ontologisierung des Menschenbildes eigen gewesen, ebenso wie eine Deutung gesellschaftlicher Zusammenhänge als Naturgesetze. Die ,,kommunikationslose Gewißheit'', die in der Orientierung an angeblichen Naturgesetzen liegt, schloß aber ein neues Risiko der Intoleranz ein; Inquisition kann auch verweltlicht werden. Wenn es darauf ankommt, Naturgesetze zu erkennen und der in ihnen sich niederschlagenden Vorsehung zum Durchbruch zu verhelfen, dann werden Abweichungen vom ,,Naturgesetz'' nicht selten unduldsam mißachtet. Eines der letzten großen angeblichen Naturgesetze, welche uns die Aufklärung bescherte, war die geniale Konstruktion Rousseaus, in der er Zeitgeist und Zeiterfordernisse zur Deckung brachte: die prästabilierte Harmonie der Geschlechter im Sinne von Komplementen, denen menschlich, nicht allein sexuell, je etwas fehlt, wenn das andere nicht da ist; die gleichwertig, aber inhaltlich in der Weise verschieden angelegt sind, daß die real bestehende, aber nicht ungefährdete männliche Vorherrschaft im privaten wie im gesellschaftlichen Bereich gefestigt wurde. Der gerade erst entstandene Gedanke einer subjektiven Autonomie war bei Rousseau nicht der einer subjektiven Mischung verschiedenster möglicher Persönlichkeitszüge. Es gab eine entscheidende Grenze: männliche Persönlichkeitszüge auf der einen, weibliche auf der anderen Seite. Wer sich Übergriffe erlaubte, bekam gesellschaftlich eins auf die Finger.

Wir müssen jedoch sehen, daß Aufklärung auch Raum für andere Vorstellungen bot. Es ist auch aufklärerisches Denken, in jeder individuellen Lebenschance ein bewahrenswertes Stück Menschlichkeit zu sehen. Wer dieser Linie folgt, hütet sich vor Verabsolutierungen und harten Antithesen; begreift als human nur eine Ordnung der sozialen Verhältnisse, die jeder Person die Gelegenheit gibt, den substantiellen, positiven Kern ihres speziellen Wesens zu entdecken, einzubringen und im Kontakt mit anderen weiterzuentwickeln. Hier ist das, was jeder für sich selbst finden muß, nicht im vorhinein präzise definiert, sondern stellt sich im Gang der wechselseitig beeinflußten Entwicklung immer wieder aufs neue her.

Wielands „Agathon" und „Musarion" waren herausragende Beispiele für solches Denken. Bei ihm wurden Mann und Frau als eigenständige Subjekte gefaßt, in deren Verhältnis sich nicht eine naturgesetzlich fixierte Definition niederschlug und gelebt wurde, sondern in dem ein Prozeß im Zeichen der Gleichheit bei Verschiedenheit stattfand. Wieland stellte die Lebensgeschichten von Personen dar, die durch eine harte Schule desillusionierender Erfahrungen getrieben wurden, dadurch die Einseitigkeit und Unvollkommenheit ihrer empirischen Persönlichkeit schmerzhaft erkannten, bis sie durch viele Fegefeuer hindurch zu einer höheren Persönlichkeitsstufe gelangten, welche als Überwindung der bisherigen Einseitigkeit, Vermittlung der bisherigen Gegensätze, als Stabilisierung auf mittlerer Lage gesehen wurde. Auf eine Festschreibung des Entwicklungsideals wurde dabei freilich verzichtet.

Je mehr sich nun aber das Denken in Wesenskategorien durchsetzte, je mehr bestimmte Kombinations-Typen menschlicher Eigenschaften als natürliche gefaßt und idealisiert wurden, desto mehr verschwand ein solches Verständnis von Humanität, das weniger Wert legte auf die inhaltliche Vorgabe „natürlicher", „richtiger" Persönlichkeitsmerkmale, die zu erreichen waren, als auf die Klärung der sozialen und persönlichen Bedingungen, die Prozesse der Identitätsfindung und -entfaltung gelingen lassen. Die Festschreibung der bürgerlichen Geschlechtscharaktere, die Verfestigung des Weiblichen und des Männlichen zu reinen Charaktermasken, markierte später, im 19. Jahrhundert, den Endpunkt einer Vereinseitigung und Normierung, die uns heute immer noch entgegentritt, ja die in uns selbst steckt und von der wir uns – die Männer vielleicht schwerer als die Frauen – kaum lösen können.

Als es für Dorothea lebensgeschichtlich darum ging, ihren individuellen Integrationspunkt zu finden, war dieser Prozeß noch nicht abgeschlossen, aber doch schon so weit vorangetrieben, daß sie für ihre spezifische Eigenschaftsmischung keine sichere Zuordnung mehr finden konnte. Ihre persönliche Konfiguration lag quer zu den Geschlechtstypen, welche in statu nascendi schon erkennbar waren. Dorothea hatte nicht die Möglichkeit, sich durch Anlehnung an ein soziales Muster zu entlasten. Sie hatte aber auch nicht die Kraft, jene Mittellage selbstbewußt in Anspruch zu nehmen, die ihr – ihrem Individuum und speziell diesem – gemäß gewesen wäre.

Je mehr sich im Laufe unserer Studien bei uns der Eindruck verfestigte, daß Dorotheas Tragik darin bestand, daß sie – eine Person mit bewundernswert vielfältigen Eigenschaften – gesellschaftlich und individuell keine eigenständige Postition zwischen den scheinbaren Regelmäßigkeiten des Weiblichen bzw. Männlichen halten konnte, wurde uns beiden das Denken in diesen Typenbegriffen immer fragwürdiger. Die Zweifel bezogen sich nicht mehr nur auf das bürgerliche Gegenverhältnis beider Geschlechter, sondern auf das Denken in Geschlechtertypen überhaupt. Auch der Mann unter uns, den eine Zeitlang noch die Angst vor einer heillosen Vermengung der Eigenschaften der Geschlechter geplagt hatte, und der nach einer Möglichkeit suchte, den alten Ansatz (sagen wir unter Rückgriff auf den überschießenden emanzipatorischen Gehalt von Kants Fassung der Geschlechtscharaktere mit Hilfe der Kategorien des Schönen und des Erhabenen; vgl. 1764a) zu verbessern, mußte lernen: Wie immer man die Begriffe wendet, man erhält keine emanzipatorischere Fassung der Geschlechtscharaktere. Dem Denken in den Wesenskategorien des Weiblichen und des Männlichen bleibt immer ein repressives Moment eigen, weil es dazu disponiert, den abweichenden Einzelfall, das Unsubsumierbare, als unnatürlich und unmenschlich zu stigmatisieren.

Das aufklärerische Prinzip „Gleichheit bei Verschiedenheit" kann seine emanzipatorische Wirkung nur entfalten, wenn es nicht nur auf Subtypen des Menschlichen bezogen wird, sondern für jede individuelle Variation gilt. Nur wenn alle Menschen so verschieden sein können wie sie wollen – nicht zuletzt auch in der Mischung traditionell „männlicher" und traditionell „weiblicher" Eigenschaften – werden sie in ihrer Verschiedenheit gleich sein. „Die Gleichheitsforderung mit der pathetischen Berufung auf alles, was Menschenantlitz trage, bleibt so lange widerspruchsvoll, wenn nicht unaufgeklärt, wie sie von der scheinbaren Regelmäßigkeit des Menschlichen auszugehen sucht." (Mayer 1975, 13) Nach Überwindung dieses Widerspruchs wäre jede persönliche, einmalige Kombination und Integration von Eigenschaften, wäre jedes Individuum in seiner Besonderheit anerkannt. Die Verbindung von Menschen zu Lebensgemeinschaften könnte nicht mehr auf dem Wege einer Typenaggregation erfolgen, sondern nur noch in komplizierten Prozessen der Selbst- und Fremdfindung. Die Verhältnisse wären verwirrender, aber auch menschlicher, denn jeder hätte die Chance, sich selbst zu leben und die Verbindungen einzugehen, die der je spezifischen Persönlichkeitskonstellation entspricht. Lebendige Kommunikation zwischen den Menschen wäre dann Notwendigkeit und Chance zugleich, denn wer nicht mehr vorgeben kann zu wissen, wie der andere zu sein habe, kann nur von ihm selbst erfahren, wie er tatsächlich ist.

In unserem Buch beginnt die Biographie einer Frau mit der Biographie eines Mannes. Dorotheas besonderer Lebenslauf ist ohne ihren Vater, ohne die Haltungen, die er verkörperte, nicht zu erklären. Unsere Vorgehensweise ist insofern eine durch die Verhältnisse selbst vorgegebene

*Caroline Friederike Schlözer, geb. Roederer. Ölbild
von Lastic 1798*

Eigenart, mit der wir beanspruchen können, der lebensgeschichtlichen
Konstellation gerecht zu werden. Daß aber Dorotheas Mutter in unserem
Buch nur eine Nebenrolle spielt, steht sicherlich in keinem Verhältnis zu
ihrer realen Bedeutung im Leben ihrer Tochter und ist durch die Lücken
im Quellenmaterial bedingt. Diese Mutter gehört zu denjenigen Frauen,
ohne die zwar Geschichte ebensowenig denkbar ist wie ohne die uns
bekannteren großen Männer, für deren Lebensspuren sich aber lange Zeit
fast niemand interessiert hat. Wir wissen von Caroline Friederike Schlözer, geb. Roederer, so gut wie nichts. Ihre Briefe hat anscheinend niemand aufgehoben, von ihren kleinen Kunstwerken wird es vielleicht
noch das eine oder andere Stück geben – aber wo? (Wir kennen allein ein
von ihr gefertigtes Wachsbild Luthers, das sie Villers geschenkt hatte und
das sich heute im Städtischen Museum Göttingen befindet.) Die bleibenden Spuren, die sie hinterlassen hat, sind die Leben anderer, und die
zeugen nur von sich selbst, solange deren Bezug zu dem ihrigen mit
Mitteln der Geschichtsschreibung nicht mehr herstellbar ist. Wir hätten

August Ludwig Schlözer. Ölbild von Lastic 1798

sie gern einbezogen, vieles an dem auch für uns immer etwas rätselhaft
bleibenden Wesen ihrer Tochter hätte sich vielleicht erklären lassen. Aber
wir erfuhren etwas, das viele erleben, die sich historisch mit Frauenleben
beschäftigen: Wir kamen nicht an sie heran.

August Ludwig Schlözer: Der Aufklärer

August Ludwig Schlözer, Dorotheas Vater, war, um ein Wort von Theodor Heuß aufzunehmen, „der Aufklärer aus dem Bilderbuch" (52). Schlözer teilte die Zentralidee des Naturrechts, daß die Menschheit „ursprüngliche Rechte" besäße, die unverzichtbar wären. So sehr Schlözer auch die Verschiedenheit der Menschen in bezug auf ihre konkreten Fähigkeiten hervorhob – „es gibt Riesen und Zwerge, Flinke und Faule, Schöne und Häßliche, Kluge und Dumme" (1793, 40f.) –, so wenig anerkannte er diese „Urverschiedenheit" als Begründung für das traditionelle Gefüge der ständischen Gesellschaft sowie für die Willkür der absolutistischen Fürsten und ihrer Bürokratien. Gleich sind die Menschen, sagte er, in dem „Rechte, daß kein Mensch den andern, nicht der Riese den Zwerg, nicht der Gescheite den Dummen mißhandeln oder ohne dessen Einwilligung ihn zum Werkzeug seines Glücks machen darf" (1785, 220). In bezug auf die Wahrnehmung dieses menschlichen Urrechts wäre „keiner besser wie der andere", hätte „keiner die Pflicht, sich von anderen zwangsweise leiten zu lassen" (1793, 42). Wer trotzdem faktisch eine Person in Besitz nähme, beanspruchte das „Recht des Tigers über den Menschen, so lang er diesem an der Kehle hängt" (43). Waren dies Formulierungen, die sich mehr durch die Kraft der verwendeten Sprache denn durch die ausgedrückten Inhalte von denen anderer Aufklärer abhoben, so ging Schlözers Radikalität in einem Punkte sogar über die der meisten anderen frühbürgerlichen Theoretiker hinaus: In seiner Konzeption der Menschenrechte war Schlözer relativ frei von besitzbürgerlichen und patriarchalischen Vorurteilen. „Kann man", fragte er, „einem Menschen ein Menschenrecht nehmen, weil er ein Weib, ein Bedienter, weil er blutarm ist?" (159) Wie wenig Schlözer im Unterschied zu anderen, auch zu Kant, die Emanzipation der Menschheit mit der des besitzenden Mannes, des Bürgers, ineinssetzte, bezeugt sein Nein auf diese Frage (das hinderte ihn freilich nicht daran, an anderer Stelle im Vorhandensein von Bildung das entscheidende Kriterium für die Teilhabe am politischen Leben zu sehen und somit faktisch doch die Frauen und die Unterschichten auszuschließen; vgl. Saage, 25 ff.).

Den Blick für den Umstand, daß die Lebenswirklichkeit des 18. Jahrhunderts in einem fundamentalen Widerspruch zu diesen Menschenrechten stand, ließ sich Schlözer nicht verstellen. Im Gegenteil: Sein Leben lang war er ein Mann, der mit offenen Augen durch seine Gesellschaft ging und der sich überdies bei dem, was er sah, nicht mit dem ersten Schein begnügte, sondern alles ganz zuverlässig und genau wissen wollte. Spekulationen und Ideologien waren ihm ein Graus.

„Dichtet, erfindet, träumet, schreibt Romane", rief er schon als junger Wissenschaftler seinen etablierten Vorgängern zu, nachdem er sie des Fabulierens überführt hatte, „aber nennt es auch Romane: der Name der Geschichte ist heilig, entweihet ihn nicht. Jede Wissenschaft, folglich auch jede Geschichte, hat ihre Irrtümer, ihre Meinungen und ihre Wahrheiten. Verbannet die ersteren ohne Barmherzigkeit, wenn sie erweislich solche sind; erhaltet die zweiten mit Achtung, wenn sie etwas mehr als vorübergehende Einfälle eines Hypothesenmachers sind; allein sondert sie von den Dritten sorgfältig und so lange ab, bis überwiegende Gründe sie von der Wahrscheinlichkeit auf die Stufe der Gewißheit heben." (1768, 52f.)

Schlözers Sinn für methodisches Vorgehen beim Versuch der Erkenntnis war bereits sehr hoch entwickelt. Er verfügte über ein ganzes Bündel unterschiedlicher Ermittlungstechniken, von denen er geschickt und sachgerecht Gebrauch zu machen verstand. Mit Hilfe dieser Techniken versuchte er die Objektivität dessen, was in der Gesellschaft des ausgehenden 18. Jahrhunderts der Fall war, zu erkennen und zu beschreiben. Seine historisch-statistischen Einzeldarstellungen sind bis heute bleibende Landmarken der Historio- und Soziographie (vgl. Kern 1987). Die Wahrheit, deren er sich mit Hilfe seiner Methodologie immer wieder aufs neue vergewisserte, sprach er, sobald er sie sicher glaubte „erkannt" zu haben, schonungslos auch dann aus, wenn er sich damit in schroffen Widerspruch zum absolutistischen Staat und zu anderen Obrigkeiten des 18. Jahrhunderts brachte. Empirische Wahrheitsfindung war bei ihm bereits zu Staats- und Gesellschaftskritik fortentwickelt. Dabei war es nicht nur persönliche Unerschrockenheit, was Schlözer hier radikal sein ließ. Er insistierte auf der Wahrheit vor allem aus der tiefen Überzeugung heraus, daß sich ihr letztlich niemand, auch der Verbohrteste und Mächtigste nicht, verweigern könne und daß mit der unermüdlichen Verbreitung der als wahr bewiesenen aufklärerischen Gedanken schon der entscheidende Schritt zur Läuterung der Gesellschaft getan sei. Rechtes Wissen, davon war er felsenfest überzeugt, müsse auch zu rechtem Tun führen.

Hier deutet sich an, was für den Aufklärer Schlözer ganz besonders charakteristisch gewesen ist: daß es ihm nicht nur um wissenschaftliche Empirie in der Form einer methodisch geschulten und systematischen Enthüllung der sozialen Wirklichkeit ging, sondern daß er auf die nützliche Verwendung des erworbenen Wissens abzielte: auf die Vereinigung von theoretischer Erkenntnis mit praktischer Vernunft. Schlözer war durch und durch Utilitarist. Als Historiker und Statistiker wollte er gesellschaftlich wirksam sein, wollte er seinen Teil dazu beitragen, daß die

Menschen den Ausgang aus der Unmündigkeit tatsächlich fanden und beschritten. Den entscheidenden Hebel, dies zu bewirken, erkannte er in der Verallgemeinerung des Wissens, jener durch die empirischen Wissenschaften erhellten sozialen Wahrheiten, in die Gesellschaft hinein. Zwei Ansatzpunkte erschienen ihm dabei besonders wichtig: in erster Linie die Publizistik und dann die Lehre. Es war vor allem diese seine Rolle als Publizist und Lehrmeister, als Verbreiter der neuen Wahrheit, mit der sich Schlözer in die Liste der großen deutschen Aufklärer eingeschrieben hat.

Weil er in der kritisch-räsonnierenden Öffentlichkeit ein besonders wirksames Mittel zur Aufklärung sah, reklamierte und verteidigte Schlözer wie kaum ein anderer damals in Deutschland die Meinungs- und Pressefreiheit. Unter dem Schutz der Zensurfreiheit, die ihm als Göttinger Professor gewährt war (Göttingen, die Reformuniversität des 18. Jahrhunderts, bot ihren Gelehrten Freiheiten, die sonst an deutschen Universitäten unbekannt waren), schuf er sich in eigenen Zeitschriften – „Briefwechsel, meist statistischen Inhalts" 1775 bis 1782, „Staatsanzeigen" 1782 bis 1794 – Foren, von denen aus er auf das Bewußtsein seiner Zeitgenossen Einfluß nehmen konnte. Mutig beschrieb er an konkreten Fällen die Mißstände des öffentlichen Lebens – Fürstenwillkür, Pfaffenhochmut, Pedantendünkel usw. – und brandmarkte sie in scharfen Kommentaren als Verstöße gegen die ursprünglichen Menschenrechte. Schlözers Berichte und Kommentare ließen das Publikum aufhorchen – nicht allein, weil schon durch den intellektuellen Aufbruch, der seit Mitte des Jahrhunderts auch Deutschland erfaßt hatte, mancher sensibler geworden war, sondern vor allem auch deshalb, weil man Schlözers Botschaften ganz einfach schlecht überhören konnte. Das Geheimnis seiner Wirksamkeit bestand darin, daß er dank eines dichten Netzes von Informanten zu den Meinungen die Fakten präsentieren konnte; daß er den Mut hatte, den Schutz vager Andeutungen zu verlassen und die Sünder wider die Moral konkret zu bezeichnen (wenn er auch seine kritischen Enthüllungen vorsichtigerweise an den kleineren Höfen exemplifizierte und sich mit den mächtigsten Fürsten einschließlich seines eigenen tunlichst nicht direkt anlegte); und daß er schließlich eine Sprache sprach, die ankam: kühn, sarkastisch, mit Pointen, die er wohl zu plazieren wußte.

Schlözer nutzte die literarische Öffentlichkeit, die inzwischen entstanden war, und erweiterte und politisierte sie zugleich. Die Auflagen seiner Zeitschriften schnellten in die Höhe, bis zu ihren besten Zeiten von einem Heft der „Staatsanzeigen" 4400 Exemplare abgesetzt werden konnten. Schlözer wurde zum politischen Instrukteur seiner Landsleute, der die Neuerer bestärkte und die Wankelmütigen überzeugte, und er wurde zum Kontrolleur ihrer kleinen Despoten und großen Herrscher, denen nicht mehr gleichgültig sein konnte, was und wen er an den Pranger stellte. Selbst Maria Theresia schlug einen Beschluß ihres Staatsrats mit den Worten nieder: ,,nein, das geht nicht, was würde der Schlözer dazu sagen", und ihr aufgeklärter Sohn Joseph war gar ein so sorgsamer Leser des Schlözerschen ,,Briefwechsels", daß er seinem Buchbinder den Befehl gab: ,,vor allem andern den Schlözer, den Schlözer bringe er mir bald zurück" (Ch. v. Schlözer, I 275). Kritische Publizistik und Öffentlichkeit waren zur Kontrollinstanz traditioneller Macht geworden, zu einer Gegenmacht, an der Schlözer nicht nur in Erweiterung des Montesquieuschen Modells der Gewaltenteilung theoretisch gelegen war, sondern die zu einem Faktum praktischer Politik in Deutschland zu machen sein politischer Journalismus beigetragen hat. Eingedenk des historischen Durchbruches, den Voltaire schon vorher in Frankreich erzielt hatte, indem er in der Affäre Calas durch Enthüllung eines Skandals die Öffentlichkeit gegen die unheilvolle Verquickung von religiöser Intoleranz und bürokratischer Willkür mobilisierte, kann man Schlözer als denjenigen bezeichnen, der in Deutschland den Weg Voltaires erfolgreich fortsetzte. Eine Zeitlang war er so etwas wie der deutsche ,,l'homme aux Calas", ein ,,Göttinger Rhadamantys", wie der sonst recht nüchterne Gooch schwärmt (27), vor dessen Tribunal manch großer Menschenschänder unsicher wurde und vor dem die kleineren zitterten – bis dann schließlich im veränderten politischen Klima der 1790er Jahre die Hannoversche Regierung, durch die Revolution ängstlicher und kleinlicher als zuvor, 1794 aus nichtigem Anlaß doch Schlözers Zensurfreiheit aufhob und ihm die weitere Herausgabe seines Journals untersagte.

Auch als Lehrer versuchte Schlözer seinem aufklärerischen Ideal einer Vermittlung von Vernunft und Praxis Rechnung zu tragen: wiederum mit viel Erfolg. Man muß hier auf seine akademische Lehrtätigkeit verweisen, deren Zweck Schlözer darin sah, das moralische Bewußtsein seiner Studenten zu wecken und ihre Fähigkeit zu unabhängigem Denken zu stärken. Schlözer trug nicht einfach die alten Kompendien über traditionelle historische Themen vor, sondern durchbrach den Kanon durch die Hereinnahme sozial- und kultur-geschichtlicher sowie aktuell-politischer Inhalte. In seinem ,,cursus politicus" und anderen Vorlesungen präsentierte er anstelle abgestandenen Schreibtischwissens die neuen Erfahrungen, die er auf seinen eigenen Reisen, durch seine vielfältigen Korrespondenzen und in seinen statistischen Studien hatte gewinnen können. Schlözer brachte zu den Ideen die konkrete Anschauung, und er ermutigte in seinem regelmäßig vorgetragenen Reisekolleg (Schlözer 1795/96) seine Studenten, selbst Erfahrungen zu sammeln und sich ein eigenes Urteil zu bilden. Seine Vorlesungen wurden allenthalben gerühmt – auch von Leuten, die ihm eher distanziert gegenüberstanden, wie Piter Poel, der zwar die Stoffauswahl kritisierte, aber die kühne Sprache Schlözers auf dem Katheder lobte.

„Die Verfassungen waren ihm", sagte Poel aufgrund eigener Hörererfahrungen in den 1780 bis 1783, „ziemlich gleichgültig, aber das Recht sollte überall strenge verwaltet, der Gang der Geschichte durch keinen Kabinettsbefehl, keine außerordentlichen Kommissionen gestört, und die Freiheit der Rede und der Schrift in möglichst großer Ausdehnung geschützt werden. ‚Wollen die Fürsten', rief er mit seiner tiefhohlen Stimme, ‚Willkür üben, statt nach den Gesetzen zu regieren, so kehren wir in unsere Wälder zurück'." (Poel 1884, 246)

Immer waren es in dieser Zeit um die hundert Hörer (oder ca. 20 Prozent der einschlägig immatrikulierten Göttinger Studenten), die Schlözer durch seine unkonventionellen Inhalte, seine interessanten Pointen und seine machtvolle Rhetorik Semester für Semester in seine Vorlesungen lockte. Wenn man bedenkt, daß die Georgia Augusta seinerzeit mehr als jede andere Universität Deutschlands von Anwärtern auf die einflußreichsten Positionen in Politik und Verwaltung besucht wurde, dann bekommt man eine Vorstellung von dem Multiplikatoreffekt, mit dem Schlözer als lehrender Aufklärer rechnen konnte. (Vgl. Ch. v. Schlözer, I 273, 335; Costas 1987, Herrlitz/Titze 1987)

„Hunderte haben zu seinen Füßen gesessen und gelernt, was es heißt, politisch zu denken. Deutschlands und des Auslands Adel, die juristische Aristokratie der Länder, deutsche Fürsten, nicht zuletzt der junge Kronprinz von Bayern begeisterten sich an den Worten dieses ‚ersten Cabinettpredigers' Deutschlands, wie Caroline Michaels ihn nannte." (Selle, 139)

Doch verstand und betätigte Schlözer sich nicht allein als akademischer Lehrer, sondern auch als Kindererzieher – eine Facette seiner vielfachen Aktivitäten, die für das Schicksal Dorotheas wichtig, ja mitentscheidend werden sollte. Wir wissen von ihm selbst, daß er bis 1771 an der Erziehung von mindestens 50 Kindern beteiligt war und sich zum Kindererzieher prädestiniert fühlte. Er traute sich sowohl die wissenschaftliche Qualifikation zu wie auch jenes „pädagogische Talent", das man „von Natur" hätte und ebenso wenig in einem Lehrerseminar wie auf der Universität lernen könnte (1771 a, XIVff., XC; L. v. Schlözer, 13).

Es kann dahingestellt bleiben, ob sich Schlözer damals zu Recht so sehr viel auf seine pädagogischen Erfolge einbildete oder ob sein Göttinger Kollege Kästner einen wunden Punkt traf, als er in einem seiner Epigramme dem von Schlözer angegriffenen Basedow mit den Worten beitrat:

Warum nennst Du den Mann Göttingens Pädagogen?
Hat er doch niemand hier, als seine Frau gezogen!
Und hätte die Verstand bei seiner Zucht bekommen,
So hätte sie ihn nicht genommen.
(Kästner 1817, 227)

Schlözer hatte sich jedenfalls als Kindererzieher betätigt – in der Tat um 1760 auch an der sechs- bis achtjährigen Caroline Friederike Roederer, seiner späteren Gemahlin, aber auch an anderen Schülern (Schlözer 1802, 128ff.; Ch. v. Schlözer, I 27f., 44f., 55, 64, 66, 84). Daß er im übrigen eine pädagogische Ader besessen hat, die er – sich als Aufklärer treubleibend – für die Sache der Vernunft zu nutzen suchte, beweisen einige Kinder-Lehrbücher, die bald, und zwar parallel zu Dorotheas Erziehung, unter seinem Namen erschienen sind: eine Fiebel unter dem Titel „Dortgens Reise von Göttingen nach Franken" für Vier- bis Fünfjährige, die das Lesenlernen gleich mit der Vermittlung „statistischer" Elementarkenntnisse verknüpfte (Schlözer 1774); ein Französischbuch für Sieben- bis Achtjährige, das – vermittels gefälliger Aufsätzchen – zugleich mit dem Erlernen der Fremdsprache die Vermehrung und Festigung von „brauchbaren Ideen und Sentiments" anstrebte (1776, 68); schließlich eine „Vorbereitung zur Weltgeschichte für Kinder", gedacht für wenigstens Zehnjährige, mit der die Qualifikation vermittelt werden sollte, „Zeitungen (zu) lesen und vom Weltlauf vernünftige, nicht kannegießernde Notiz nehmen (zu) können".

„Es ist ratsam", umschrieb Schlözer als Siebzigjähriger retrospektiv die politische Intention seiner Kindererziehung, „Ehrfurcht und Dankbarkeit gegen die Obrigkeit in noch weiche deutsche Seelen einzudrücken; aber ebenso nötig, deutschen Sklavensinn schon im Keime zu ersticken." (Schlözer 1779/Nachschrift 1806)

Dieses letzte Zitat erhellt schlaglichtartig eine wichtige Stoßrichtung, aber auch eine fundamentale Schranke der Schlözerschen Aufklärungspädagogik. Schlözer ging es offenbar darum, seinen Schülern die Einsicht nahe zu bringen, daß die Menschen die Freiheit zur Selbstbestimmung besitzen und daß eine Ordnung, welche die Menschen versklavt, keine vernünftig-akzeptable Ordnung sei. Die Kritikperspektive Schlözers bezog sich aber hauptsächlich auf den konkreten Mißstand der „Sklaverei"; das Ganze der traditionalen „Obrigkeit" wurde aber keinesfalls zur Disposition gestellt, sondern eher als Ordnung affirmiert. Schlözer zielte des weiteren darauf ab, seine Schüler zu selbstbewußten Bürgern heranzuziehen, die sich ihrer Rechte gewiß waren. Diese Emanzipationsperspektive stieß aber dort auf eine Grenze, wo es um den Prozeß der Aufklärung der Schüler selbst ging. Statt die Schüler hier schon als keimhaft autonome Menschen zu behandeln, figurierten sie als bloße Objekte der Erziehung, denen die richtige Sichtweise des Aufklärers „eingedrückt" bzw. in denen die falschen Anschauungen „erstickt" werden sollten. So sehr auch Schlözer die alte Ordnung im Lichte der Menschenrechte kritisierte und seinen Beitrag zur Vermenschlichung der Welt leisten wollte, so sehr war er doch auch noch in die Tradition eingespannt. Auch darin war Schlözer ein typischer deutscher Aufklärer.

Man könnte dieses Muster des traditional eingebundenen Fortschritts noch an einem anderen Punkte der Schlözerschen Pädagogik verdeutlichen, der in unserer Geschichte später noch eine wichtige Rolle spielen wird und den wir hier vorgreifend nur andeuten. Ausdrücklich war Schlözers pädagogisches Programm nicht nur für Knaben, sondern auch für Mädchen konzipiert: eine bemerkenswert radikale Position. Schlözers Vorurteilsfreiheit schloß offenbar die Einsicht mit ein, daß man inkonsequent verfährt, wenn man das menschliche Entwicklungsvermögen allein als Attribut des Mannes ansieht. Nach seiner Auffassung waren auch die Mädchen zur Erziehung im Dienste der Vernunft befähigt und im Prinzip auch berechtigt. Gleichwohl dachte er in bezug auf die konkrete gesellschaftliche Ausgestaltung des Geschlechterverhältnisses ausgesprochen traditionell-patriarchalisch: eine Inkonsequenz, die uns noch vielfach beschäftigen wird.

Der Bürger und Professor

Gerlach Adolph von Münchhausen, als erster Kurator der Universität Göttingen deren Architekt, hatte den „Göttinger Professor" zu etwas Besonderem machen wollen (vgl. Selle, 16ff.). In der zweiten Hälfte des 18. Jahrhunderts war er es dann in der Tat, und der besonderen einer war Schlözer.

Die Universität Göttingen, vor 250 Jahren gegründet, war wie keine andere deutsche Bildungsstätte Ausdruck und Motor jener Tendenz zur Säkularisierung und Verwissenschaftlichung der Erziehung, die durch den Übergang vom höfischen zum aufgeklärten Absolutismus ausgelöst und vorangetrieben worden war. Die im Jahr 1694 gegründete preußische Universität Halle war in Deutschland die erste der Universitäten gewesen, die dem Bedürfnis, die Welt so kennenzulernen, wie sie tatsächlich aussah, gewidmet sein sollte. Göttingen aber vollendete das in Halle begonnene Werk und brachte die Universitäten endgültig in einen Austausch mit dem praktischen Leben. Mathematik und naturwissenschaftliche Medizin, empirisch gehaltvolle Geschichte und Staatenkunde, moderne Sprachen, aber auch ein neu konzipiertes humanistisches Studium, welches die Vertrautheit mit der Antike als Ferment der moralischen und ästhetischen Erziehung ansah, stellten die Eckpfeiler der Bildungskonzeption dar, an der die Göttinger Neugründung ausgerichtet wurde. Durch die baldige Errichtung einer exzellenten, auch international führenden Universitätsbibliothek wie auch durch den tatkräftigen Aufbau medizinischer Anstalten, wissenschaftlicher Institute und einer Akademie erhielten diese modernen Wissenschaften in Göttingen den erforderlichen institutionellen Rückhalt. Dieses weitgreifende Konzept und diese guten Arbeitsbedingungen, ferner auch eine kluge Berufungs- und Besoldungspolitik durch Münchhausen und die späteren Kuratoren lockten die besten Köpfe in die kleine südhannoversche Stadt. Die großen Gelehrten wiederum wirkten als Magneten, welche als Studenten junge Leute an sich zogen, die sich auf wichtige Positionen in der wachsenden und immer weniger geburtsständisch rekrutierten Bürokratie vorbereiteten. Mme de Staël hatte vor allem Göttingen im Auge, als sie sagte:

„Ganz Norddeutschland ist mit den gelehrtesten Universitäten Europas übersät. In keinem Lande, selbst in England nicht, gibt es so viel Mittel zum Unterricht und zur Vervollkommnung seiner Geistesfähigkeiten... Die Erziehung an deutschen Universitäten, sagt ein französischer Schriftsteller (gemeint ist übrigens Charles Villers, der in unserer Geschichte noch eine tragende Rolle spielen wird;

d. Verf.), beginnt da, wo die Erziehung einiger Nationen von Europa aufhört. Nicht bloß sind die Professoren Männer von erstaunlicher Gelehrsamkeit, sondern was sie vorzüglich auszeichnet, ist ein sehr gewissenhafter Unterricht." (Staël, III, 117)

Als die moderne Universität par excellence wurde Göttingen so zu einer zentralen Institution für die Herausbildung der neuen Sozialschicht des modernen (nichtständischen) Bürgertums, zu einem „Schleusenwerk" sozialer Formung (Gerth, 33) in dem doppelten Sinne, daß viele Aspiranten für den Staatsdienst, jene soziale Hauptbasis der neuen Klasse, in Göttingen für ihre Tätigkeit präpariert wurden und daß ferner einige der führenden Repräsentanten und Gestalter dieser neuen Klasse als Göttinger Universitätsprofessoren Position und Unterhalt fanden (vgl. Bruford 1936, 228 ff.). Schlözer war nun einer dieser herausragenden Vertreter des modernen Bürgertums in statu nascendi.

Schlözer (vgl. zum folgenden Ch. v. Schlözer, I 145 ff., 217, 241, 273, 393, 441) hatte nach vieljährigen Lehr- und Forschungsaufenthalten im Ausland, die schon ein Ordinariat für russische Geschichte in Petersburg eingeschlossen hatten, 1769 eine ordentliche Professur für Geschichte und Politik in Göttingen übernommen – eine reputierliche und ausbaufähige Stellung. Die berühmten Göttinger Professoren, zu denen Schlözer sehr schnell gehörte (spätestens seit 1773 mit seinem Wechsel auf Achenwalls Lehrstuhl), wurden gut bezahlt (Bruford 1936, 232 ff., Gerth, 35). Schlözers Einnahmen dürften selbst für Göttinger Verhältnisse in der Spitzengruppe gelegen haben, weil sein staatliches Gehalt mit seinem wachsenden Ansehen immer weiter gestiegen war und vor allem, weil er für viele Jahre über beträchtliche Nebeneinkünfte in Form der Hörergelder für seine von zahlreichen, auch von vornehmen Studenten besuchten Privata sowie in Form der Honorare für seine auflagenstarken Publikationen verfügte. Schlözer selbst und seine anwachsende Familie zuzüglich der Bedienten bewohnten bald ein eigenes stattliches Bürgerhaus in der Pauliner Straße in Göttingen, das noch Platz für ein Privatauditorium sowie für mehrere Studentenzimmer bot (wobei letztere so viel Miete einbrachten, daß die Zinsen für das Haus gut gedeckt waren). Ferner nannte Schlözer einen teuren Garten nebst Gartenhaus sein eigen. Die Einkommensverhältnisse gewährleisteten also ein behagliches bürgerliches Leben. Zur finanziellen Saturiertheit kam die Hochachtung, die Schlözer entgegengebracht wurde. Mehrere wissenschaftliche Gesellschaften nahmen ihn als Mitglied auf. Ein ehrenvoller Ruf nach Wien erreichte ihn (1781). Die Universität Innsbruck ernannte ihn zum Ehrendoktor (1783), die Hannoversche Regierung zum Hofrat (1782), später (1805) auch noch zum Geheimen Justizrat. Schließlich (1804) sollten sogar noch ein hoher russischer Orden und der russische Erbadel hinzukommen. Man sieht: Schlözer war ein gutsituierter, hochrangiger Bil-

dungsbürger im Staatsdienst, präziser: er war ein Mitglied jener kleinen
Gruppe von universitären Spitzengelehrten, die besondere Einkommens-
vorteile, Privilegien und Titel genossen.

Daß Schlözer, der große deutsche Aufklärer, gerade diese und keine
andere gesellschaftliche Stellung einnahm, entsprach einem allgemeinen
Muster. Generell rekrutierte sich, man weiß es, die personelle Träger-
schaft der Aufklärung in starkem Maße aus Individuen des neuen Bürgertums (neu in Abgrenzung zu den Traditionsbürgern ständischer Herkunft), und dieses Bürgertum wiederum war außer aus dem Handelskapi-
tal vor allem aus dem Staatsdienst (jedenfalls in Norddeutschland) her-
vorgegangen: dem Heer, der Verwaltung, der protestantischen Kirche,
den Schulen und ganz besonders eben aus den Universitäten. Diese Ver-
wobenheit der aufklärerischen Denker mit dem fürstlich-absolutistischen
Staat implizierte in bezug auf die Entfaltung ihres Programms der Vernunft sowohl eine Chance wie auch eine Gefahr. Einerseits war das der
Aufklärung immanente Primat der praktischen Wirksamkeit umso weniger illusionär, je mehr sich die Ideen in Institutionen festsetzen konnten,
welche die Lebenswirklichkeit der damaligen Gesellschaft bestimmten.
Da nun aber der Staat im 18. Jahrhundert noch die entscheidende Macht
des gesellschaftlichen Lebens darstellte, kam die über die gesellschaftliche
Stellung vieler Aufklärer bewirkte Verknüpfung von Staat und Aufklärung der sozialen Wirksamkeit der Aufklärungsideen sehr entgegen. Dies
war die Chance. Andererseits bildete aber der absolutistische Staat selbst
in seiner Zentriertheit auf den fürstlichen Hof und in seiner Ausprägung
als staatliche Obrigkeit die Form, in der die traditionale Ordnung der
Welt massiv ins 18. Jahrhundert hineinragte. Und dies beinhaltete eine
Gefahr. So wichtig die Funktionalisierung des absolutistischen Staats
durch die Aufklärung für deren soziale Wirksamkeit gewesen sein mag,
so sehr war sie auch mit dem Risiko verknüpft, daß die aufklärerische
Kritik an der Tradition aus Rücksicht auf eben diesen Staat gekappt
wurde und abstumpfte.

Wie in der Person vieler Aufklärer so war auch in Schlözer dieser in der
gesellschaftlichen Situation der Aufklärung gründende Widerspruch lebendig. Bei ihm äußerte er sich in Zuspitzungen und Kompromissen, die
wiederum einen allgemeinen Zug ausdrückten, die aber bei einer so star-
ken Persönlichkeit, wie Schlözer sie war, auch sehr deutliche individuelle
Einfärbungen aufwiesen. Als Empiriker und Realist sah Schlözer deutlich, daß der fürstlich-absolutistische Staat nur den Teil der aufklärerischen Ideen aufnehmen konnte, der ihn nicht selbst negierte. So kritisierte
er zwar den Despotismus einzelner Fürsten aufs schärfste, wandte sich
aber gegen eine umstandslose Gleichsetzung von Despotie und absoluter
Monarchie. So ließ er zwar seine prinzipielle Sympathie für den Konstitu-
tionalismus erkennen, bejahte aber im Einzelfall auch den ,,aufgeklärt''

regierenden Fürsten, der, ohne Einmischungen zu dulden, seine Macht effizient einsetzte und nicht für persönliche oder Hof-Zwecke mißbrauchte; entsprechend fanden die Reformen Friedrichs II. und Josephs II. Schlözers Beifall.

Auch war es charakteristisch für Schlözer, daß er die Lebensgepflogenheiten des Adels als Müßiggang und Verstoß gegen die moralische Bestimmung der Menschheit geißelte, daß er zugleich aber seine statistische Wissenschaft jenen Fürsten als höchst zweckmäßiges Mittel andiente, die im Rahmen einer merkantilistischen Politik eine sparsamere Haushaltsführung praktizierten und die die Ressourcen ihres Landes für die gezielte Entwicklung von Handel und Gewerbe einsetzen wollten. Auch unter diesem Gesichtspunkt der „Rationalisierung" waren es wiederum die großen Monarchien, die für ihre Wirtschaftspolitik Schlözers Rat und Lob erhielten. Für den Gedanken freilich, daß die Glückseligkeit der Menschen nicht nur von der Entfaltung ihres Verstandes, sondern auch von der Verfeinerung ihrer Phantasien abhängig sein könnte, daß also eine kluge Politik vielleicht gerade jene wäre, die auf ökonomische Rationalität und psychische Reife zugleich abzielte – für diesen Gedanken, den die Enzyklopädisten durchaus schon gedacht hatten und der in der reflexionsgeleiteten Sinnlichkeit der schönen Literatur des 18. Jahrhunderts sich hat ausdrücken können, war bei Schlözer kein Platz.

„Für schöne Wissenschaft und Künste hatte er im Ganzen sehr wenig Sinn ... Romanleserei blieb ihm beinahe völlig fremd ... Malerei, Architektur, Skulptur vermochten ihm sogar auf seiner Reise nach Italien keine sonderliche Aufmerksamkeit abzugewinnen." (Ch. v. Schlözer, I 430ff.)

Überhaupt hat die Kompromißstruktur des „staatstreuen Aufklärers" nicht nur im hehren Feld der Schlözerschen Wissenschaft und Politik, sondern auch in den kleinen Vorlieben und Eigenheiten des Mannes deutliche Spuren gezeitigt. Wir deuteten bereits an, daß Schlözer in seinen Publikationen und in seinen Kollegs direkt, präzis und faktenbezogen argumentierte und daß der Stil seiner öffentlichen Rede von einer zum Teil geradezu schockierenden Unverblümtheit, ja verletzenden Offenheit gekennzeichnet war. Hinzufügen müssen wir nun allerdings, daß Schlözer durchaus auch in die von herrschaftlicher Repräsentation geprägte Redeform zurückfiel und den versachlichten Sprechstil hintanstellte, wenn er mit Personen von Stand verkehrte, an deren Urteil oder gar Wohlwollen ihm besonders gelegen war. Auf derselben Linie liegt, daß Schlözer – der typische Repräsentant des neuen, unständischen Bürgertums – ein leistungsfundiertes, bürgerliches Selbstbewußtsein artikulierte, daß er durchaus aber auch eine Sucht nach den traditionalen Insignien sozialer Anerkennung zeigte. Schon 1773, bei der Übernahme des Achenwallschen Lehrstuhls, griff er z. B. nach dem Titel des Hofrats

(Schreiben Schlözers an die Landesregierung, 6. 9. 1773), auf den er dann aber doch noch fast zehn Jahre warten mußte. Frühzeitig, auf die ihm gnädigen Gesinnungen Josephs II. reflektierend, betrieb er seine Nobilitierung, die dann allerdings ein anderer, Alexander I. Pawlowitsch, 1804 gewährte (Ch. v. Schlözer, I 439, II 2). Mit allergrößtem Stolze erfüllten Schlözer schließlich die freundlichen Briefe von Fürsten und regierenden Grafen, speziell die seines ehemaligen Landesherrn, des Fürsten Karl von Hohenlohe-Kirchberg, der sich gar als Schlözers ,,ganz ergebenster Diener, Gevatter und wahrer Freund'' bezeichnete (Ch. v. Schlözer, 439f., II 208). Man sieht: Für Schlözer gilt auch hier in spezifischer Ausprägung, was man generell von der Aufkärung sagen kann:

> Sie verhält sich ,,nicht in jedem Fall eindeutig kämpferisch und schlicht negativ zur Tradition. Die Kritik der Aufklärer an der Tradition ist sehr facettenreich und existiert nur im Zusammenhang mit Zustimmungen zu ihr''. (Grimminger 1980, 28)

Schlözer war ein Aufsteiger aus einer protestantischen Pfarrersfamilie (vgl. zum folgenden Ch. v. Schlözer, I 1–147) – auch dieses biographische Merkmal teilt er mit vielen anderen deutschen Aufklärern. 1735 wurde er als einziger Sohn eines Landpredigers in Gaggstadt geboren; bis zu seinem Urgroßvater zurück sind alle Vorfahren väterlicherseits Landprediger in dieser zum Fürstentum Hohenlohe-Kirchberg gehörigen Gegend gewesen. Schlözer hatte drei Schwestern, die allesamt auch mit Pfarrern verheiratet waren. Hätte Schlözer den Dingen ihren gewöhnlichen Lauf gelassen (und zunächst hatte es so ausgesehen, als ob er dies tun würde, denn er absolvierte wie alle seine theologischen Vorfahren in Wittenberg ein Theologiestudium, 1751–1754), dann hätte er eine Landpfarre in seiner Heimat übernommen. Keine übermäßig attraktive Karriere: Die Lebensweise der Landpfarrer war damals reichlich beschränkt. Oft ging es ihnen schlechter als einem durchschnittlichen Handwerker oder Bauern; stets mußten sie ihre Einkünfte aus dem Garten ergänzen oder gar eine richtige Landwirtschaft nebenher betreiben. Schlözer aber war zu strebsam, als daß er sich mit dieser dürftigen Perspektive hätte begnügen können. Eines Tages schrieb er seiner Mutter, die ihn als Pastor im Hohenlohischen zurückhaben wollte:

> ,,Erlauben Sie mir, herzlich geliebte Mutter, mit aller Achtung, die ein Sohn für seine Mutter haben kann, frei heraus zu sagen: Ihre Wege sind nicht die Wege, die mich die Vorsehung zu führen beschlossen hat. Denn als Sie mich dazu bestimmten, ein Pfarrer zu werden, kannten Sie mich nicht. Es war auch wegen der damaligen Umstände, in denen ich mich befand, noch an nichts Höheres zu denken; aber nachher merkte ich selbst den göttlichen Ruf in mir, der mein Herz mit der größten Freudigkeit auf höhere Dinge lenkte, als in einem Dorf zu predigen ... Wer dieses Werk aus Vorbedacht und eigennützigen Absichten hindern

will, dem biete ich im Namen Gottes, der mich dazu ausrüstet, Trotz. Wer es aber nur aus Unwissenheit stören will, mit dem habe ich Mitleiden, und flehe den Höchsten an, daß er ihm eine solche Sünde nicht zurechnen wolle." (25. 3. 1761)

Warum gerade Schlözer mit so großer Freudigkeit sein Streben auf Höheres lenkte, läßt sich nur mutmaßen. Gewiß: daß aus einem protestantischen Pfarrhaus ein Knabe entsproß, der sich von seinem Ausgangsmilieu lösen wollte, war im 18. Jahrhundert keine Seltenheit. Die typisch hohe Fruchtbarkeit der Familien, die zu viele Nachkommen für die vorhandenen Pfarren schuf, und die relativ schlechte materielle Lage des Pfarrhaushalts, die der Nachfolge im väterlichen Beruf viel von ihrer Attraktivität raubte, animierte zur Suche nach alternativen Erwerbsmöglichkeiten. Kontakte zur Universitätsintelligenz, Beziehungen zum Adel, vor allem aber die eigene Bildung und etwaige eigene schriftstellerische Arbeit mögen es den Pfarrern nahegelegt haben, ihre Söhne zum Studium vorzubereiten und anzuhalten. Die protestantische Ethik, insbesondere die hohe religiöse Bewertung einer asketischen Lebensweise und des Erfolgs im Beruf, schuf schließlich eine ideale psychische Disposition zum Aufstieg. Trotz dieser förderlichen Umstände war es, gemessen an der Gesamtzahl der Pastorensöhne, aber doch nur eine Minderheit besonders befähigter und besonders motivierter junger Leute, die tatsächlich die Stufenleiter nach oben zu erklimmen versuchten. Wie nun mochte Schlözer in diesen illustren Kreis hineingeraten sein? Vielleicht war es die durch den frühen Tod seines Vaters bedingte besondere materielle Not, die er nur durch ökonomischste Lebensgestaltung meistern konnte. Vielleicht war es der positive Einfluß seines Großvaters mütterlicherseits, ebenfalls ein Pfarrer, der als siebzigjähriger Greis bei dem fünfjährigen Schlözer die Vaterstelle einnahm und der, wie man den vorhandenen Briefauszügen entnehmen kann, den Knaben bald durch gezieltes Lob zu höchsten Lernerfolgen motivierte.

„Aber lieber Enkel, gestehe nur", schrieb der Großvater dem neunjährigen Knaben, der ihm seine bisherigen Lernfortschritte angezeigt hatte, „Du hasts nicht selbst gemacht; es ist über Deinen Verstand. Ich kann nicht glauben, daß Du, ein so junger Knab, und sollst ein so rares Carmen verfertigen. Die Großmutter sagt es auch, es dünke ihr, es sei unmöglich, daß ein so junger Mensch es soll gemacht haben." Wenn er so fortführe, versicherte der Großvater abschließend in einem schönen Beispiel einer sich selbst bestätigenden Prophezeiung, werde er „dereinst ein weltberühmter Mann" werden. (Haigold, Brief an Schlözer, 9. 4. 1744)

Vielleicht war es schließlich die Entfremdung von der Ursprungsfamilie überhaupt, in welcher der Knabe viel hin- und hergereicht und vor allem der Heftigkeit einer älteren Schwester ausgesetzt worden war, welche ihn besonders intensiv nach Absprungmöglichkeiten suchen und

greifen ließ. Wir können die Frage nach dem Warum nicht genau beantworten und wissen mit Sicherheit nur, daß der Antrieb, sich von den
Schranken seiner Herkunft freizumachen, bei Schlözer ganz besonders
stark war.

Als Schlözer jenen schon zitierten Abwendungsbrief vom 25. 3. 1761
an seine Mutter schrieb, befand er sich gerade in Göttingen und hatte
große Reisepläne im Kopf, die ihn bald nach Petersburg führen sollten.
Nach Göttingen war er schon 1754 nach Abschluß seines Wittenberger
Theologiestudiums gelangt, angezogen vermutlich durch den Ruf der
jungen aufblühenden Universität. In Göttingen war er zunächst in ein
enges Schülerverhältnis vor allem zu Johann David Michaelis getreten,
dessen Methode einer kritischen Interpretation von (theologischen) Texten im zeitgeschichtlichen und geographischen Kontext ihn tief beein-
druckte; später 1759/60, nach einem mehrjährigen Zwischenaufenthalt in
Schweden, wo er das Verfahren der politischen Arithmetik hatte kennenlernen können, wiederum in Göttingen, hatte er sich dann von Gottfried
Achenwalls Statistik stark beeinflussen lassen – jener geisteswissenschaft-
lichen Staatenkunde, die neben vielem anderen auch soziale Tatbestände
beschreibend aufnahm, was Schlözer so viel ,,Vergnügen" bereitete, daß
er ,,ungemeine Lust" hatte, nach Schweden mit dem Ziel zurückzukehren, die dortige Staatsverfassung nach diesen Prinzipien aufzunehmen
(Schlözer an Gjoerwell, 23. 6. 1760). Es kam anders. Schlözer ging 1761
für einige Jahre nach Petersburg, wo schließlich der Grundstock mehrerer Bücher wachsen konnte, deren Erscheinen 1768 bis 1773 seinen wissenschaftlichen Ruhm begründete. 1769 kam Schlözer dann endgültig
zurück nach Göttingen, nunmehr auf die schöne Position eines Göttinger
Universitätsprofessors, die er sein Leben lang einnehmen sollte. Wie
hoch hinauf Schlözer damit gekommen war, mögen nackte Zahlen erhel-
len: Das durchschnittliche Einkommen eines damaligen Landpfarrers,
der Berufsgruppe, in die Schlözer in einer Normalkarriere eingetreten
wäre, wird mit 50 bis 70 Taler jährlich angegeben, das eines Universitätsprofessors der oberen Kategorie mit 1200 Taler (Bruford 1936, 235, 239).
Schlözer freilich hatte wie gesagt bald außerordentlich hohe Nebeneinkünfte und verdiente allein aus seinen ,,Staatsanzeigen" in den guten
Jahren an die 3000 Taler jährlich zusätzlich (Ch. v. Schlözer, I 241).

Diese, man muß schon sagen, gewaltige Karriere beruhte auf dem, was
in Schlözers Persönlichkeit selbst steckte: auf seiner Begabung, vor allem
aber auf seinem Willen und auf seiner Tüchtigkeit. Auch Glück mag eine
Rolle gespielt haben, aber es war das Glück des Tüchtigen. Es war seine
eigene Leistung, mit der sich Schlözer immer weiter nach oben drückte.
Die Vorteile einer hohen Geburt oder eines ererbten Reichtums standen
ihm nicht zu Gebote. In Wittenberg hatte er sich noch von zwei bescheidenen Stipendien ernährt (von denen er eines später mit Zins und Zinses-

August Ludwig Schlözer. Kupferstich 1779

zins zurückzahlen mußte); Aufbesserungen kamen durch ein kleines Erbe, das er mit aufzehren konnte. In Göttingen freilich waren diese Quellen bereits versiegt. Schlözer mußte seinen Unterhalt durch Arbeit verdienen, und er tat dies, indem er strebsam lernte und sein wachsendes
Wissen als Hauslehrer und Journalist, später auch als Forschungsgehilfe
verwertete. Größter Fleiß und sparsamste Lebensführung ermöglichten
es ihm sogar, schon lange bevor er eine feste Anstellung als Professor
fand, seine verwitwete Mutter finanziell zu unterstützen und ein kleines
Kapital für Notfälle anzusparen. Schlözers Karriere gestaltete sich so als
Aufstieg auf dem mühevollen Pfad innerweltlicher Askese.

Lebhaft kann man sich auf diesem Hintergrund die Befriedigung und
den Stolz vorstellen, die Schlözer ergriffen, als er endlich am angestrebten

Ziele angekommen war. Mit Bezug auf die Ereignisse im Zusammenhang
mit seiner Berufung nach Göttingen notierte er aus der Erinnerung in
dem Fragment einer Autobiographie, das sich in seinen nachgelassenen
Papieren fand:

,,Antrag wegen Göttingen! (Gemeint ist: Ruf nach Göttingen; d.Verf.) Auf
Ehre non putaram! Zwar war seit dem Sommer 1754, wo ich zum erstenmale in
Göttingen studierte, mein Symbol: extra Gottingam vivere, non est vivere. Man
verstehe mich nicht unrecht. Es war mein Symbol nur für mich, mein Individuum,
meine Neigungen, meine Pläne. Allein demgemäß konnte ich nur auf Göttingi-
schem Boden gedeihen, auf jedem anderen Boden war ich Unkraut, ... d.i. eine
Pflanze, die nicht an ihrem rechten Orte steht.''

Das erste Angebot vom 18. 4. 1769 hatte er, obwohl es ihn schon
,,entzückte'', wegen unzureichender finanzieller Konditionen noch abgelehnt. Das nachfolgende Angebot vom 2. 5. des Jahres enthielt ,,ungleich
vorteilhaftere Bedingungen'' (für den Anfang nämlich 540 statt der ur-
sprünglich gebotenen 240 Taler) und versetzte ihn ,,in frohe Betäubung'';
er empfand es als ,,Triumph'' und nahm an (Ch. v. Schlözer, I 141–145,
Doering 1836, 143–152). Die Mühen hatten sich gelohnt, und mit dem
Schlözer eigenen ,,eisernen, unbiegsamen Willen'' und ,,unermüdetem
Fleiße'' (Ch. v. Schlözer, I 152, 430) ging es weiter den noch höher ge-
steckten Zielen entgegen.

Aus seinen großen Erfolgen, die er, um seine eigene Formulierung
aufzugreifen, ,,seinem Individuum'' zugute halten konnte, bezog Schlözer ein starkes Selbstbewußtsein. Es war keine ständische Geburt, somit
keine biographisch-zufällige Ursache gewesen, die ihn erhoben hatte,
sondern seine ganz persönliche Leistung: seine Zähigkeit, sein Fleiß, sein
Verzicht, sein Wissen. Sicherlich: Schlözer wird sein Getrenntsein von
traditionalen Sicherheiten auch als Manko empfunden haben, denn sonst
hätte er ja nicht immer wieder auch nach den Ehrenzeichen der altständi-
schen Ordnung geschielt. Aber sein Selbstwertgefühl war doch das eines
Bürgers, der durch die eigene Leistung das ständisch-traditionale Ge-
burts- und Besitzprinzip durchbrochen hatte und der nun eine neue Elite
der Gesellschaft mitbildete. Die neue Elite, zu der Schlözer durch seinen
Aufstieg gehörte, war die der Kopfarbeiter. Die Leistung, auf die das
Selbstbewußtsein dieser Klasse rekurrierte, bestand in der Erzeugung
und in der Akkumulation von Wissen – eines Wissens, welches sich nicht
nur als ein persönliches Kapital erwies, das die hohe gesellschaftliche
Stellung der einzelnen Klassenmitglieder begründete, sondern welches
sogar noch zum Konstituens allgemeinen menschlichen Glücks und historischen Fortschritts hochgewertet werden konnte. Bei Schlözer jedenfalls ging die selbstbewußte Bewertung der Leistungen seiner Klasse
schließlich sehr weit – so weit sogar, daß er im Angesicht der Französi-

schen Revolution, deren Ausbruch ihn faszinierte, voll Stolz auf seinesgleichen ausrief: ,,Das hat Montesquieu, der Aufklärer, getan!" (1788, 369) Die Leistung des zielstrebig arbeitenden Bildungsbürgers und Gelehrten erschien nicht mehr bloß als dessen persönlicher Vorteil, sondern als Motor gesellschaftlicher Fortentwicklung, und das Bewußtsein dieser doppelten, privaten wie öffentlichen Nützlichkeit war es, was das Selbstwertgefühl Schlözers als eines herausragenden Trägers dieser Leistung so sehr steigerte.

Werfen wir abschließend noch einen Blick auf Schlözers Privatleben. Wir springen, wenn wir dies tun, mitnichten in ein völlig neues Thema, denn bei Schlözer war das, was wir bisher erörterten, seine berufliche Stellung und klassenmäßige Verortung, aufs engste mit seinen privaten Lebensformen verflochten. Man kann sagen: So lange Schlözer beruflich und gesellschaftlich noch nichts darstellte, hat er sich ein privates, jenseits vom Beruf liegendes Leben überhaupt nicht erlaubt; sobald Schlözer arriviert war, richtete er sich dann neben dem beruflich-gesellschaftlichen auch ein privates Leben ein, wobei letzteres als Stütze des ersteren organisiert wurde.

In der Zeit seiner Lehr- und Wanderjahre hatte Schlözer weder Zeit noch Geld noch Muße für Beschäftigungen, die nichts mit Arbeit zu tun hatten. Er mußte seine anderweitigen Bedürfnisse in Schach halten, um seine hehren Ziele erreichen zu können, und die Fähigkeit, dies mehr oder weniger perfekt zu tun, dürfte ihm in Kindheit und Jugend wohl auch vermittelt worden sein. Wie erfolgreich Schlözer im Kampf gegen die widerspenstigen Begierden gewesen ist, welche die menschliche Natur nun einmal mit sich bringt, entzieht sich unserer Kenntnis. Aufrührende und aufstachelnde Erlebnisse mag es gegeben haben, denn solchen begegnete ein junger Hauslehrer des öfteren bei seiner Arbeit. Christian, Schlözers Sohn und Biograph, spielt verschämt auf solche Ereignisse an: So auf des 24jährigen Schlözers Faszination durch eine junge Lübecker Schülerin, von der Schlözer selbst sagte, sie habe ,,Verstand ... wie ein Engelchen und Witz wie ein Teufelchen" gehabt und habe schmeicheln können ,,wie ein großes Mädchen"; so auf des 25jährigen Schlözers Irritation durch einen Göttinger Zögling namens Häker, der seinen Lehrer offenbar durch Masturbationsorgien in ähnliche Peinlichkeiten gebracht hat wie der Sohn der Majorin von Kalb den jungen Hofmeister Hölderlin (Ch. v. Schlözer, I 45, 55 f.; vgl. Härtling 1976, 196 ff.). Unterstellen wir aber ruhig, daß Schlözer durch seine eigene Erziehung gut darauf präpariert gewesen ist, mit solchen Anschlägen des Körpers und der Umwelt auf seine Moral fertig zu werden. Die Fähigkeit zur Selbstkontrolle, zur ,,vernünftigen" Beherrschung des eigenen Trieblebens – auch ein Imperativ des neuen bürgerlichen Bewußtseins im 18. Jahrhundert –, dürfte Schlözer durchaus eigen gewesen sein.

Vernunft bedeutete in diesem Zusammenhang freilich auch, daß man den abgedrängten und doch immer wieder bohrenden Bedürfnissen etwas mehr Raum geben konnte, sobald die Situation es erlaubte, sie in kontrollierter Form zu befriedigen. Die Institution, in der dies möglich wurde, war die Ehe, die der bürgerliche Mann in dem Augenblick anstreben durfte, in dem sein beruflicher und gesellschaftlicher Status halbwegs gesichert war. Schlözer verhielt sich genau nach diesem Muster. Die Virtuosität, mit der er seine Lebensorganisation durchzukalkulieren imstande war und die uns als solche staunende Bewunderung abfordert, befähigte ihn, Karriere und Eheanbahnung präzise aufeinander abzustimmen und zu einem zweifachen Erfolg zusammenzuschließen.

Schlözer hatte schon 1759 die damals sechsjährige Caroline Friederike Roederer, die Tochter eines angesehenen Göttinger Medizinprofessors (der übrigens auch den triebhaften Häker mit großen Dosen Kampfers erfolglos zu kurieren suchte), kennengelernt und dann bis zu seiner Abreise nach Petersburg unterrichtet. Die Kleine gefiel ihm so sehr, daß er sie im Auge zu behalten und nach seiner Rückkehr noch, wie er seinem Vetter damals schrieb, ,,in statu quo zu finden wünschte''. So war man denn auch über die Jahre hinweg in Kontakt geblieben. Als nun 1769 Schlözers berufliche Pläne in Erfüllung gingen und er sich eine Verehelichung glaubte genehmigen zu dürfen, griff er, nunmehr 34, auf die inzwischen 16jährige Waise Caroline Friederike zurück. Die Verschränkung von Berufung und Verheiratung gelang nach Schlözers autobiographischer Darstellung perfekt:

,,Nun also durfte ich wieder auf Heiraten denken. Es war hohe Zeit, ich war gerade in dem Alter, das der Stagirite (Aristoteles; d. Verf.) dazu bestimmt hat. Der Hagestolziat war mir von jeher ein Greuel; auch meinte ich wenige glückliche Ehen gesehen zu haben, wo der Mann erst nach dem vierzigsten sich dazu entschlossen hatte ... Mit der Vorsicht, die nicht jedes jungen Mannes Sache ist, der auf solchen Wegen wandelt, fragte ich den 9. Mai an (am 2. Mai hatte er das ihn zufriedenstellende zweite Rufangebot aus Hannover erhalten; d. Verf.). Die Antwort war, man wollte die Sache mit Überlegung nehmen; aber ich war pressiert; den 11. Mai mußte Strube (Schlözers Hannoveraner Verhandlungspartner; d. Verf.) Antwort haben. Die Vertrauten waren außer der Hauptperson die Großmutter und zwei Onkel und Tanten. Aber wozu lange Überlegung? Man kannte mich ja und alle meine Umstände; also erhielt ich schon den 13. Mai ein stilles Ja! Der Vormund mußte ein Dokument in rechter Form haben, ich bat also Strube darum in meinem Schreiben an diesem Tage, worin ich die Anerbietungen annahm. Den 16. Mai war schon ein Reskript von der hannoverschen Regierung da, des Inhalts, dieselbe würde den andern Tag mich dem Könige zum Professor mit den genau angegebenen Vorteilen vorschlagen. Die Vokation selbst erhielt ich den 16. Juni...; Verlöbnis wurde gefeiert den 18. Juni, und die Hochzeit den 5. November.'' (zit. nach Ch. v. Schlözer, I 145 ff.)

Zweck- und planmäßiger kann man sich das Leben kaum einrichten. Bei Schlözer war nicht nur das öffentliche Aktionsfeld, sondern auch das Refugium des Privaten nach dem Maßstab der Vernunft geordnet. Mit welcher Meisterschaft Schlözer in der Tat das Prinzip der Rationalität auf sein Leben anwendete, mögen zwei zusätzliche Informationen belegen: Erstens der Hinweis darauf, daß die Verheiratung mit der Tochter Roederer aufs beste mit Schlözers Aufstiegsabsichten konvergierte (denn das Mädchen brachte eine hohe Mitgift ein und stammte aus einer Familie, die seit Generationen dem hohen Bürgertum angehört hatte; vgl. Küssner, 62 ff.). Zweitens die Anmerkung, daß Schlözer einen Eventualplan in petto hatte (denn für den Fall, daß es mit der Professur in Göttingen doch nicht klargegangen wäre, hatte er eine berufliche und familiale Alternative in Hohenlohe vorbereitet; Ch. v. Schlözer, I 139, 155).

Was Schlözer nach seiner Vermählung mit den Beziehungen in der Ehe und, als dann Zug um Zug die Kinder* hinzukamen, in seiner Familie anfing, wissen wir kaum. Hier half ihm vielleicht, wie vielen anderen in der Zeit, die historisch vorgeformte patriarchalisch-autoritäre Vorstellung von der Familie. Die neue Schicht der Bildungsbürger hatte sich im Privatbereich ein Gutteil des Patriarchalismus und der Strenge des Frühbürgertums bewahrt, aus dem viele ihrer Mitglieder gekommen waren. In frühbürgerlichen Haushalten kam es dem Vater zu, von seiner Familie Unterwürfigkeit zu verlangen. Das häusliche Regime war streng, und die persönlichen Beziehungen, selbst die nach heutiger Einschätzung intimsten, waren weit formeller, als uns heute normal erscheint. Die Geschlechtsmoral war, zumindest für die Frauen, außerordentlich eng. Ähnlich stand es mit den anderen Normen; hier herrschten jene Tugenden, die uns immer noch als die bürgerlichen erscheinen: Ehrlichkeit, Fleiß, Bescheidenheit, goldene Mitte (Bruford 1936, 212 ff., 253 f.).

Die Beschreibungen, die wir bei Christian von Schlözer (I 55, 429, 433–37, 441–43, II 235), dem ältesten Sohn, über das Leben im Schlözerschen Hause finden, passen cum grano salis in dieses Muster. Schlözer soll seiner Familie gegenüber eine ,,lieblose Härte" bewiesen haben. Wenn es auch wohl ,,höchst selten (zu) körperlichen Mißhandlungen gegen die von ihm abhängigen Personen" gekommen ist, so mangelte es Schlözer doch offenbar sehr an ,,Weichherzigkeit": an Einfühlungsvermögen und Verständnis. Sinnenfreude hat Christian von Schlözer an seinem Vater nicht erkennen können; auch der Umgang mit der Mutter sei leidenschaftslos und förmlich gewesen. Luxus war tabu. Höchste Sparsamkeit galt als selbstverständliches Prinzip, insbesondere wurden etwaige Wünsche der Kinder häufig streng verweigert. Über den künftigen Lebensweg

---

*Dorothea * 1770, Elisabeth * 1772 † 1774, Christian * 1774, Ludwig * 1776, Georg * 1778 † 1779, Karl * 1780, Elisabeth * 1783, August * 1788 † 1791

Familie Schlözer. Silhouette, auf Glas gemalt, 1784

seiner Kinder entwickelte Schlözer früh präzise Vorstellungen; sie sollten
in allen zentralen Berufsfeldern des Bürgertums Spitzenstellungen einnehmen: Christian selbst in der Wissenschaft als Professor, der mittlere
Bruder Ludwig im Staatsapparat als General und der jüngste Bruder Karl
in der Ökonomie als Bankier. (Schlözers Planungen für Dorothea werden
uns im weiteren Schritt für Schritt beschäftigen.) Soweit die Vorbereitun-
gen für diese Karrieren in der Familie erfolgten, organisierte und kontrol-
lierte sie Schlözer selbst. Schließlich: Je älter Schlözer wurde, desto stärker trat nach seines Sohnes Bericht ein ,,cholerischer'' Zug bei ihm in
Erscheinung, den er sich gegenüber der Familie voll auszuleben gestattete, wobei die Ehefrau und die Tochter die Hauptleidtragenden seines
Jähzorns gewesen sein sollen:

,,In fortschreitendem Alter ... brach seine angeborene, bis dahin nur mühsam
gezügelte Heftigkeit mit doppelter Stärke hervor ... Vorzüglich litten in jener
Hinsicht die weiblichen Mitglieder seiner Familie ... Je näher ihm überhaupt
jemand stand, desto mehr ward dieser das Spiel und Opfer seiner Launen ... Das
unbedeutendste, argloseste Wort konnte von ihm übel gedeutet werden, und
reichte alsdann hin, ihn, den Melancholisch-Mißtrauischen, zum heftigsten Zorne
zu reizen. Oft vergaß er morgen, was er heute befohlen und geäußert hatte ...
Unaufhörlich wollte er unterhalten sein, wenn seine üble Laune z.B. bei Tische
nicht hervorbrechen sollte; ebenso verlangte er unaufhörlich durch etwas, was
seine Kinder betraf, angenehm aufgeregt zu werden, jenem Großen gleich, der
jeden Tag eines neuen Prachtwerks, eines neuen Juwels, einer neuen Bronze
bedurfte, um seinen Umgebungen nicht unerträglich zu werden.'' (I 434 ff.)

Vergegenwärtigen wir uns die Gesamtsituation, die nach den uns vor-
liegenden Informationen im Hause Schlözer bestanden haben muß, so
fallen uns viele Übereinstimmungen mit anderen bürgerlichen Haushalten des späten 18. Jahrhunderts auf. Faßt man freilich die moderne bürgerliche Familie als eine vom „ganzen Haus" unterschiedene Familie
(Grimminger 1980, 91), die von einem „Haustyrannen" geleitet wurde,
der „von seiner Familie dieselbe Unterwürfigkeit" verlangte, „die er
selbst nach außen seinen Vorgesetzten zu zollen hatte" (Bruford 1936,
213), so paßt dieser Begriff nicht richtig zur Schlözerschen Familie. Der
Schlözersche Haushalt trug eher die Merkmale eines bildungsbürgerli-
chen Rest-Oikos, und Schlözer selbst, dessen Herr, war ein Despot nur
im Innern, ein höchst selbstbewußter, freier Bürger aber nach außen.

Als eine Art Oikos erscheint uns das Schlözersche Haus zunächst deshalb, weil in ihm Arbeit und Leben nicht streng getrennt waren. Schlözer, der Gelehrte, arbeitete überwiegend im Haus: Hier hatte er sein
Arbeitszimmer; hier hielt er, sofern der Platz reichte, seine Vorlesungen;
hier empfing er Studenten und andere Besucher. Schlözer war ein charak-
teristisches Exemplar jener zurückgezogenen gelehrten Existenzen, die
Mme de Staël als typisch für die kleinen norddeutschen Universitätsstäd-
te bezeichnet und aus deren Mangel an öffentlicher Kultur heraus erklärt
hat:

„Die Bürger dieser idealen Republik, größtenteils frei von allen öffentlichen
und besonderen Verrichtungen, arbeiten im Verborgenen, wie Bergleute, und wie
diese, unter verschachteten Schätzen hingestellt, bringen sie die intellektuellen
Reichtümer des menschlichen Geschlechts an den Tag." „Diese kleinen norddeutschen Städte, wo man Menschen von großen Fähigkeiten antrifft, bieten oft keine
Art von Belustigung: kein Schauspiel, kein Umgang; tropfenweise rinnt hier die
Zeit, und kein Geräusch unterbricht die einsame Reflexion." (93, 92)

Das war richtig beobachtet. Hinzufügen muß man nur, daß es ganz
einsam in diesen Bergwerken des Geistes nicht gewesen ist: Hier lebten
außer dem Gelehrten eben auch noch dessen Frau und Kinder, deren
Leben freilich von der Notwendigkeit bestimmt war, dem Gelehrten zu
dienen oder ihn doch wenigstens in seinen Geschäften nicht zu stören.
Hier wurden im übrigen auch immer ein paar Studenten beherbergt, die
eventuell direkt im Hause belehrt wurden und an den Familien-Soupers
teilnehmen konnten (Vgl. Poel 1884, 245). Hier gab es schließlich noch
die Bedienten. Das Haus eines solchen Gelehrten von der Art Schlözers
war also eine autoritär regierte Wohn- und Arbeitsgemeinschaft, in der
eine größere Anzahl von Personen über die Arbeits- und Reproduktions-
bedürfnisse des Gelehrten miteinander verbunden war. Die anderen Personen mußten sich den Bedürfnissen des Hausherrn unterordnen, kamen
dafür aber auch in den Genuß der väterlichen Fürsorge, die dieser seinen
Haushaltmitgliedern angedeihen ließ.

*Das Schlözersche Haus in der Paulinerstraße. Zeichnung
von Louise von Schlözer um 1850*

Der Begriff der Oikodespotie trifft unseres Erachtens ein zentrales
Merkmal dieses Haushalts auch deshalb, weil für Schlözer ganz selbstverständlich der Sitz der Freiheit ausschließlich im öffentlichen Bereich, in
der Universität und in der Politik lokalisiert war, während für den privaten Haushaltsbereich selbst, in dem die Notwendigkeiten des Lebens
bewältigt wurden, ihm ebenso fraglos Zwang und Gewalt gerechtfertigt
erschienen. Den Satz, den Hannah Arendt auf die griechischen Philosophen bezogen hat, kann man auch auf Schlözer anwenden:

„Die Notwendigkeit, deren Zwang alle Sterblichen unterworfen sind, rechtfer-
tigt die Gewalt; gewaltsam befreien sich die Menschen von der Notwendigkeit,
die das Leben auf sie legt, für die Freiheit in der Welt." (Arendt 1958, 33; vgl.
Habermas 1962, 13, 30)

So hat nun August Ludwig Schlözer, Dorotheas Vater, für uns Gestalt
angenommen. Er steht vor uns als ein großer deutscher Aufklärer: ein
führendes Mitglied des neuen Bildungsbürgertums, ein selbstbewußter
Gelehrter, ein einflußreicher Erzieher seiner Klasse, ein mutiger Kritiker
der politischen Despotie. Zugleich erkennen wir in ihm aber eine Persönlichkeit von beträchtlicher Zerrissenheit. In allen Fragen der persönlichen
Lebensgestaltung verhielt er sich „unaufgeklärt", despotisch. Seine Be-

ziehungen zu anderen waren machtmäßig oder instrumentell geregelt. Mit persönlichen Eigenheiten, Neigungen, überraschenden Zügen der andern, aber auch mit seinen eigenen Affekten, konnte er sich auf der Ebene von Subjekt zu Subjekt nie reflektiert auseinandersetzen. Blind für die Welt der Gefühle und Phantasien, pochte er starr auf die sachliche Begründetheit der Instrumentalisierung anderer Personen, die autoritär zu erzwingen ihm legitimiert erschien. Seine Unfähigkeit zu lebendigen zwischenmenschlichen Beziehungen und die Verwicklungen, die diese ihm und anderen auferlegte, wurden ihm nicht zum Problem. Die Anlehnung an die tradierte bürgerliche Familienform gestattete es ihm, Aufklärung auch in seiner Familie so zu praktizieren, wie sie faktisch oft im Staate praktiziert wurde: als wohlmeinende Despotie. Daß die Art und Weise, in der die Menschen ihre Beziehungen untereinander gestalten, auch etwas mit der ,,Sache'' der Aufklärung zu tun haben könnte, kam Schlözer nicht in den Sinn.

Das Experiment 1

Schlözers „aufklärerische Mischung" ist für seine Zeit keine Ausnahme. Bezeichnend für diese Periode ist aber, daß es die verschiedensten Varianten und Mischungen gegeben hat und daß sich deren Vertreter zuweilen gehörig in die Haare gerieten. Die gesamte Aufklärung bewegte sich auf eine Phase zu, „in der sie über sich selbst keinen Konsens mehr erzielen" konnte (Grimminger 1980, 62).

Schlözer blieb als Streiter für das, was er für die richtige Aufklärung hielt, so leicht keine Antwort schuldig. Seine Polemiken waren messerscharf und gefürchtet. Warum er nun aber seine wütendste Kontroverse gerade mit dem Pädagogen Basedow vom Zaune brach, erfordert etwas Mühe zum Verständnis. Dieser Streit freilich war der Auslöser für das Erziehungs-Experiment, das er mit Dorothea durchführte. Die Motive für den Streit, die Anlage der Argumente, könnten uns deshalb auch Aufschluß geben über das, was Schlözer mit diesem Versuch beabsichtigte, was ihn dazu trieb.

Johann Bernhard Basedow hatte ab 1768 die Idee einer Folge von Schulbüchern zur „Verbesserung des Schulwesens" entwickelt. Er sandte den Entwurf seiner Gedanken an „Menschenfreunde und vermögende Männer", zusammen mit einem Bittschreiben um „Beförderung der Schulbibliothek und des Elementarbuches". Er bat also um Geldspenden zur Finanzierung seines Werkes, das er selbst mit Hilfe von Ratgebern, später auch mit Mitarbeitern, auszuführen gedachte. Diejenigen, die spendeten, bekamen Bescheinigungen. Gönner und Öffentlichkeit wurden ständig über den Fortgang der Arbeiten unterrichtet. Nach Herausgabe des Werkes sollten die Spender ihre Beiträge verzinst in der Form von Buchexemplaren des neuen Werkes zurückerhalten. Eine Art Subskription also, aber auch eine öffentliche Hilfsaktion für etwas, das viele Menschen jener Zeit – von aufgeklärten Herrschern über Gelehrte und Hofmeister bis zu schlichten Bürger-Eltern – als äußerst wünschenswert angesehen haben müssen. Goethe, als Autor des „Werther" schon berühmt, reiste im Sommer 1774 eine Weile mit Basedow und dessen Freund Lavater auf einer dieser wohl sehr inspirierenden „Werbetourneen". Darauf bezieht sich der Vers:

Und, wie nach Emmaus, weiter ging's
mit Sturm und Feuerschritten:
Prophete rechts, Prophete links,
das Weltkind in der Mitten.*

Der Erfolg der Sammelaktion war einigermaßen überwältigend. Er übertraf die Erwartungen Basedows im Jahre 1771 bereits um das Dreifache: 15000 Taler waren eingegangen (Fritzsch, XVI). Währenddessen hatte er sich schon eifrig ans Werk gemacht. 1770 war nicht nur das „Methodenbuch für Väter und Mütter der Familien und Völker" erschienen, sondern auch die erste Fassung seines „Elementarbuchs".

Basedow übernahm in diesen Arbeiten Rousseaus Maximen einer kindgerechten und wirklichkeitsbezogenen Erziehung aus dem „Emile", der 1762 erschienen war. Sie wurden zum Teil schlicht übersetzt und kommentiert. Besonders im Elementarbuch aber, das als „ABC-Buch der realen und nominalen Erkenntnis" zur direkten Verwendung bei Kindern dienen sollte, wurden sie auch in konkrete Unterrichtsregeln und Lehrmaterialien umgeformt. (Später – ab 1774 – führte Basedow diese pädagogischen Maximen in dem von ihm gegründeten „Philanthropin" in Dessau, einer Reformschule, der Praxis zu. Das Philanthropin stand allerdings nur kurze Zeit unter seiner Leitung.**)

Diese beiden Werke nun, das Methodenbuch und das Elementarbuch, nahm Schlözer aufs Korn. Basedow muß ihm sowohl mit seiner Aktion als auch mit den beiden Arbeiten etwas angetan haben. Die Vehemenz und das Ausladende des Angriffs Schlözers sprechen dafür. Was es allerdings war, das er ihm zugefügt hatte, darüber rätselten auch die Zeitgenossen. Manch einer, so ist aus einer eigenen Äußerung Schlözers zu entnehmen, hat wohl gemeint, ob er nicht ein bißchen viel Aufhebens um etwas mache, was man doch auch als einfache Unvollkommenheiten Ba-

---

* Goethe lobte später, daß sich Basedow, der „besseren Erziehung" der Jugend angenommen und zu einer „frischeren Weltanschauung" beigetragen habe. Auch schätzte er die Absicht, den Unterricht lebendig, naturgemäß und gegenwartsnah zu gestalten. Allerdings kritisierte er die zu starke Zergliederung des Lehrstoffs im „Elementarwerk", die den Zusammenhängen, in denen die Dinge stehen, nicht gerecht werde (Dichtung und Wahrheit, 271–274). Ähnlich fiel dann auch, wie wir sehen werden, die Kritik von Schlözer an Basedow aus.
** Dennoch darf man die Verdienste Basedows für die Verbesserung des deutschen Schulwesens nicht unterschätzen. Sein Philanthropin gab den Anstoß für die Landesschulreform des Fürsten Franz von Anhalt-Dessau (eines herausragenden aufgeklärten Fürsten). Dies war eine große bürgerliche Schulreform, die dem Land schon damals für einige Jahrzehnte ein rein staatliches (also nichtkirchliches), relativ einheitliches und lebensnahes Schulsystem gab. Das Philanthropin wirkte durch eine Fülle von Tochter-Gründungen auch in die Breite (Hirsch, 89 ff.).

sedows abtun könne. Nein, war sein energischer Kommentar, ,,die
Louisdors unserer Zeitgenossen, und die Religion, die Tugend, und die
Aufklärung unserer Nachwelt", das sei der wahre ,,Status Controver-
siae" (Schlözer 1771 b, 3). Also doch immerhin auch die Louisdors!
Schlözers Göttinger Erzfeind, der wegen seiner spitzen Zunge und noch
spitzeren Feder ebenfalls gefürchtete Kästner, unterstellte Schlözer denn
auch in einem knapp dreißigseitigen Pasquill, er sei ja nur auf die vielen
Groschen neidisch, die Basedow zu- und an ihm vorbeigeflogen seien:
,,Schnapp! happ! nein auch nicht einen erhaschten Sie, alles ging vorbei."
(Kästner, 1772, 7). Tatsächlich muß die Sache mit dem Geld Schlözer sehr
geärgert haben. Er kommt ein über das andere Mal darauf zu sprechen
(1771 a, XII, XLI, XLIII, XLVII, LVIII, LXIII, LXXVI; 1771 b, 38),
redet von Profit und Selbstbetrug, Täuschung, der Pädagogik unwürdi-
gen ,,Prix-Courant-Zetteln" und vielem anderen mehr; aber doch vielleicht weniger aus Neid – das hatte er eigentlich nicht nötig –, sondern
aus Ärger über die anmaßende ,,wirkliche Unbescheidenheit", mit der
Basedow meinte, sich in einer gerechten Sache fördern lassen zu dürfen.
Er fand Basedow ,,lächerlich – ekelhaft – prahlerisch", und wir fragten
uns, ob wir es hier nicht mit dem Ärger des Hasen zu tun hätten, dem der
Igel sein ,,Ick bün all hier" entgegengerufen hatte. Schlözer scheint doch
entschieden der Meinung gewesen zu sein, daß er selbst für so etwas der
berufenere Pädagoge gewesen wäre. An die Adresse des ihm persönlich
unbekannten Basedow gerichtet, schrieb er:

,,Er denke sich bei mir einen praktischen Pädagogen, der das Handwerk seit 22
Jahren, obgleich nicht als Handwerk, treibt; der in dieser Zeit wenigstens 50
Kinder von allerhand Alter, Stande, Geschlecht und Fähigkeiten, in Sprachen,
Wissenschaften, und Sitten, ... unterrichtet hat; der die junge Menschenseele
anfangs ... studiert, und nachher sie seit 16 Jahren durch pädagogische Tagebü-
cher und Protokolle ... belauscht hat; der eine Menge öffentlicher und Privater-
ziehungen in und außer Deutschland mit eigenen Augen beobachtet, und einen
guten Teil alter und neuer Erziehungsschriften gelesen und exzerpiert hat; der
schon im Jahre 1762 ein Dutzend Elementarbücher schrieb, ..., der diese Büchel-
chen ... mit erweislichem Nutzen bei seinen Eleven brauchte, aber sie noch nicht
hat drucken lassen, nicht weil er keine Pränumeranten oder Verleger bekommen
kann, sondern weil er die hohen Forderungen eines Elementarbuchs kennt, und
solche zu erfüllen sich noch nicht für fähig hält; der von der Notwendigkeit und
Wichtigkeit einer Erziehungsreformation lebhaft durchdrungen ist, aber selten
davon spricht, und niemals darüber deklamiert; der es mit dem menschlichen
Geschlechte herzlich gut meint, aber nicht damit Parade macht; ..." (1771 a, XV/
XVI)

Tatsächlich scheint er von der Richtigkeit seiner Ansprüche an ein
Elementarbuch für Kinder wie an ein Methodenbuch für Erwachsene
ebenso überzeugt wie in deren Herstellung zurück gewesen zu sein. Daß

er flugs den französischen Pädagogen Chalotais übersetzte, ihn als vor-
bildlich erklärte und seine Anwürfe gegen Basedow in umfangreichen
Vor- und Nachworten sowie verstreuten Anmerkungen unterbrachte,
macht einen etwas überstürzten Eindruck. Das wurde auch vom scharf-
sinnigen Kästner bemerkt:

Der „wahre Utschitel von ganz Deutschland" – Kästner titulierte den schul-
meisternden Schlözer mit dem russischen Wort für fürstliche Hauslehrer – „Herr
Utschitel" also habe gesucht, „in aller Geschwindigkeit" etwas zu finden, das
„den eilfertigen Groschen die Flügel beschnitte, um sie in ihrem schnellen Fluge
nach Altona (wo damals Basedow saß; d. Verf.) aufzuhalten". „Zum Glück fiel
Ihnen der Chalotais in die Hände, halt! schrien Sie, der kommt mir eben recht, er
mag nun wollen oder nicht, so soll er den blinden Deutschen, sie mögen nun
wollen oder nicht, den Star stechen. Ah! qu'il est bon pour ouvrir l'esprit."
(Kästner 1772, 9) „Pour former le coeur" fügt er in ironischer Anspielung auf
Schlözers schwächste Seite an, habe dieser „das streitbare Tier" dann in Form
seiner Zusatzbemerkungen „mit Hörnern und Schwänzen, zum Schrecken aller
Zuschauer" versehen. (20) „Eine wahrhaft schändliche Schrift" – so diktiert es der
Schlözersche Familiengeist noch dem Sohn Christian beim Hinweis auf Kästners
Äußerungen in die Feder (Ch. v. Schlözer, I 191).

Es könnte also doch sein, daß die Kontroverse inhaltlich viel Lärm um
nichts war. Eine gründliche Gegenüberstellung der pädagogischen Ansätze Basedows und Schlözers nur könnte es erweisen, sie würde aber unseren Rahmen sprengen. Tatsache ist, daß Schlözer neben vielen ersichli-
chen Übertreibungen auch eine Reihe von ernstzunehmenden Argumen-
ten vortrug (vgl. 1771a, VII, XXIV, XXXVIf., XL, XLV, LIII, LV,
LXX, LXXIIff., LXXX, LXXXIII, LXXXV; 1771b, 54). So kritisierte
er sicher zu Recht das Unhistorische, das Menschheitsübergreifende der
Basedowschen Pädagogik; ob das geschichtlich Gewordene nun allerdings mit einer Weltgeschichte für Kinder in die Pädagogik hereinzuho-
len ist, wie er sie dann selbst 1779 vorgelegt hat, bleibt zweifelhaft. Daß
das heftige und wiederholte Insistieren auf dem völligen Fehlen eines
„Plans" bei Basedow, einer „Sukzessionsordnung der Ideen", dagegen
berechtigt ist, möchten wir verneinen. Basedow hat nur einen anderen
Plan als Schlözer. Die Quengeleien über die unnötigen, die falsch oder
richtig plazierten und zudem teuren Kupferstiche, die Basedow von Cho-
dowiecki zur Illustration des Elementarbuchs hatte herstellen lassen, hat
Schlözer wohl selbst nicht als sein wichtigstes Argument angesehen. Aber
es ist bezeichnend für seinen teilweisen Konservatismus, daß er „nicht
das ganze Heil des Kinderunterrichts im Bildersehen" wurzeln lassen
wollte und den alten „Orbis pictus" des Comenius immer noch für „weniger bedenklich" hielt. Einige andere seiner Argumente muten dagegen
sehr modern an: Er kritisierte die Trennung von Schule und Arbeit, die
Trennung der Praxis von der Theorie und die mangelnde Überprüfung

der pädagogischen Theorie durch die praktische Anwendung; er betonte
die notwendige fachwissenschaftliche Grundlegung auch didaktischer
Werke und befand, daß, wenn schon „Gelehrte von Profession" sich
nicht zu Elementarwerken für Kinder herabließen, man lieber auf solche
verzichten solle, statt unwissenschaftliche anzubieten; er gab dem „Real-
bezug" den Vorrang vor dem „Verbalbezug", der nur zum Memorieren
und kenntnislosen Schwätzen verführe; er betonte die Notwendigkeit,
Fähigkeiten und Fertigkeiten der Kinder zu erforschen, bevor man seinen
Unterricht auf sie richte; er kritisierte den mangelnden „Kinderstil" und
die zu weitgehende Verwendung von Fremdworten in der Sprache des
Elementarbuchs. Mit diesen „progressiven" Einwänden rannte er bei Basedow allerdings offene Türen ein, der mindestens der Intention nach
häufig mit ihm übereinstimmte. Zum Teil ist dieser in seiner vollkommen
überarbeiteten Auflage des Elementarbuchs von 1774 ganz brav auf solche und ähnliche Einwände eingegangen. (Erst einmal hat er aber, auch er
ein rechter Streithammel, Schlözer so grob geantwortet – 1771 –, daß
selbst Basedows Freund Lavater erschrocken war und zur Mäßigung
mahnte.)
    Echte Unterschiede zwischen den Auffassungen Schlözers und Base-
dows bezogen sich, soweit wir sehen, auf die Gebiete der Religion und
der moralischen Erziehung, der Geschichte, der Mathematik sowie auf
die lateinischen und griechischen Klassiker. Es waren dies, wie wir später
zeigen werden, genau die Gebiete, die Schlözer neben anderen in den
Erziehungsplan für seine Tochter einbezog. Mag er also auch in manchem gewaltig überzogen haben, so war es ihm doch subjektiv offensicht-
lich kein Scheingefecht, was er da lieferte. Wir glauben ihm, daß er mit
dem Erziehungsexperiment an Dorothea, wie er in einem Brief später
erklärte, darauf gesetzt hatte, „an ihr zu beweisen, daß ich in puncto
Pädagogik nicht der Ignorant wäre, wofür mich Basedow erklärt hatte"
(an Schmettow, 9. 9. 1787).
    Sicher hatte der leidenschaftliche Empiriker Schlözer es kopfschüttelnd
zur Kenntnis genommen, daß Basedow keine empirische Überprüfung
der Brauchbarkeit seiner Werke vorsah und keine empirisch gestützte
Verbesserung der Methodik und Didaktik anstrebte, daß er dagegen mit
„eingebildeter Unfehlbarkeit" und dem angeblichen „Vorsatz, in dem
projektierten Elementarwerke überhaupt ein für allemal nichts zu ändern", sich unterstand, ein Methodenbuch zum Gebrauch für Väter und
Mütter zu schreiben, „ohne vorher die Brauchbarkeit seines Elementarbuches bewiesen zu haben" (1771, 10, 13, 26). Es spricht für Schlözers
wissenschaftliche Redlichkeit, für seinen unerschütterlichen Glauben an
die Beweiskraft der Empirie, gleichzeitig aber auch für die in sozialer
Hinsicht bedenkenlose Rigorosität seiner Überzeugungen, daß ihn diese
Kritik an Basedow geradewegs in ein Experiment mit einem seiner Kin-

der, mit Dorothea, führte. Das mußte ihm als das schlagende Beweismittel erscheinen.

Und der Aufklärungstheoretiker, der politische Kopf Schlözer, der den Frauen im Ansatz gleiche Rechte zugestand wie den Männern, war der nicht auch am Projekt dieses Experiments beteiligt? Die Auswahl gerade einer Tochter für seinen empirischen Nachweis könnte doch dafür sprechen. Dies gerade auch deshalb, weil sein Gegner Basedow den Entwurf des Geschlechterverhältnisses, das dazugehörige Frauenbild und die Einstellung zur Erziehung von Mädchen von Rousseau übernommen hatte. Er verschärfte dessen Anschauungen noch, indem er sie jeden emanzipatorischen Anspruchs entkleidete und zu einer schlichten Umformung frühbürgerlicher Herrschaftsverhältnisse machte:

„Das männliche Geschlecht", so hatte er geschrieben, „ist von Natur geschickter, viel zu arbeiten, Erfahrungen aus der Ferne zu ziehen; Handwerke, Künste, Commerzien oder Wissenschaften zu erlernen; folglich die Bedürfnisse der Familie zu erwerben und Ämter zu verwalten; seine vorzügliche Stärke macht es auch geschickter, die Familie zu schützen. Alles dieses ... gibt dem Manne die entscheidende Herrschaft in der Familie. Hingegen ist eine Person des anderen Geschlechts am geschicktesten, durch ihre Annehmlichkeit dem Manne zu gefallen, durch die Sorgfalt für viele kleine Bedürfnisse und Vergnügungen, und durch kluge Abwendung vieler kleiner Übel und Verdrießlichkeiten, dem Manne, sich selbst und der ganzen Familie, im ganzen sehr große Dienste zu leisten. ... Sie ist unter der Herrschaft; folglich muß sie dieselbe zu ertragen wissen; ... Daraus folgert, daß die Erziehung einer Tochter die Ausübung all dieser Pflichten erleichtern müsse. Sie muß angewöhnt werden, ihre Person und ihren Umgang angenehm zu machen und zu erhalten; das männliche Geschlecht als das zum Vorzuge der Herrschaft bestimmte von Jugend auf anzusehen; sich dasselbe durch Sanftmut, Geduld und Nachgeben geneigt zu machen; ...“ (Basedow 1770, 275–277).

Wir suchten aber vergebens nach einer wütenden Stellungnahme Vater Schlözers zu diesem Punkt: Es gibt überhaupt keine. Das war also anscheinend kein direkter Auslöser für die Kontroverse und das Experiment „Dorothea". Zudem können wir Basedow trotz seiner theoretischen Äußerungen in praktischer Hinsicht nur begrenzt als echten Antipoden Schlözers in der Frage der Mädchenbildung sehen. Zwar gab es auf Basedows Philantropin, entsprechend seinen Lehren, keine Koedukation.* Ein einziges Mädchen gab es auf Basedows Schule aber doch: dessen Tochter Emilie, von der man allerdings, wie Schlözer später in einem Brief süffisant feststellte, „lange nichts mehr gehört hat" (an

---

* Im Zuge der Landesschulreform bekamen die Dessauer Mädchen dann allerdings wenigstens eine Hauptschule (Hirsch, 144). Auch ist anzumerken, daß es Philanthropisten mit für Frauen bildungsfreundlicheren Auffassungen gab, so z. B. Carl Friedrich Bahrdt (Gooch, 365).

Schmettow, 9. 9. 1787). Also ein edler oder unedler Wettstreit zweier Väter mit Hilfe ihrer Töchter? Wir konnten nichts Ausdrückliches in dieser Richtung entdecken. Bleibt also die Annahme, daß Schlözer auf Dorothea zurückgriff, nicht weil sie eine Frau war, und auch nicht, weil die „Herzenstochter", das „himmlische Glück" (L. v. Schlözer, 14) mit ihren ausgezeichneten Entwicklungsfähigkeiten ihn etwa als Ausnahmeerscheinung von Anbeginn an dazu hätte ermutigen können. Er griff auf sie zurück, weil sie just zu dem Augenblick, als es ihm darauf ankam – am frühen Beginn der 70er Jahre –, das einzige Kind war, das er besaß. Die Tatsache, daß sie ein Mädchen war, stellte für ihn nicht mehr und nicht weniger dar, als daß sie kein Hinderungsgrund war.

Dieses Ergebnis unserer Motivsuche ist zwar zunächst von ernüchternder Trivialität. Dennoch sollte man Vater Schlözer zugute halten, daß dieser Schritt, den er selbstverständlich tat, zur damaligen Zeit auch ohne aufsehenerregende Begründung, sozusagen als konkludentes Handeln, schon außergewöhnlich genug war. Das spricht eben doch auch für Schlözer als Gleichheitstheoretiker in praktischer Absicht: Die Tatsache, daß sein erstes Kind ein Mädchen war, konnte ihn nicht davon abhalten, gerade auch mit diesem Menschenkind das Experiment durchzuführen. Wenn er den Gebrauch der Menschenrechte an Bildung gebunden und damit einen großen Teil der Bevölkerung einschließlich der Frauen faktisch ausgeschlossen hatte, so zeigte er doch mit diesem Schritt, daß er die Aufgabe der Pädagogik, Voraussetzungen für den allgemeinen Gebrauch der Menschenrechte zu schaffen, ernst nahm.

Und so kam es also: Unter Schlözers Anleitung lernte die kleine Dorothea früh und außerordentlich schnell zu sprechen. Seine ersten uns bekannten Protokollnotizen beziehen sich auf ein Alter von 15 Monaten (also auf die Zeit, die 6 Monate nach seinem Kommentar zu Basedow liegt):

„87 Wörter und 192 Ideen, falls ich richtig gezählt habe." Mit 18 Monaten: „Mein Dortchen spricht nun alles und lernt das ABC nach einer neuen Methode, die, wenn sie glückt, ich in einem eigenen gelehrten Werk beschreiben will. Wenn nur das Aufschreiben der Observationen nicht so mühsam wäre!" Mit 25 Monaten: „Dortchen geht manchmal mit mir auf dem Wall (einem beliebten Göttinger Fußweg – d. Verf.) spazieren. Es sieht schnackisch aus, ein Kind von 25 Monaten, klein wie eines von 15 Monaten und diskutierend als wäre sie sechs Jahre alt." (L. v. Schlözer, 14f.)

Mit 32 Monaten war ihr das Plattdeutsch-Sprechen beigebracht. Damit trug Schlözer (der selbst übrigens Hohenloher war, seinen Dialekt aber weitgehend abgelegt hatte) nicht nur der niedersächsischen Umgebung Rechnung, sondern suchte zugleich einen geschickten Übergang zum Erlernen der Fremdsprachen, die Dorothea sukzessive, „nach einem auf-

baumäßigen Fortschritt von einem Dialekt zu andern verwandten"
(Schlözer in Dorotheas Curr.vit. v. 17. 8. 1787) beigebracht wurden: vom
Platt zum Englischen, Schwedischen, Holländischen. Französisch und
Italienisch wurden dazwischengeschoben. Mit dem Lateinischen wurde
erst im elften Lebensjahr angefangen, mit dem Griechischen erst im fünfzehnten. Die Fähigkeit, die deutsche Sprache zu lesen und zu schreiben,
erwarb Dorothea beginnend mit dem Alter von vier Jahren und zwei
Monaten, und zwar mit Hilfe jener vom Vater ausdrücklich dafür verfer-
tigten Fibel ,,Dortchens Reise . . .'' (1774). Mathematik wollte Schlözer
seiner Tochter nicht selbst beibringen, da hier seine eigenen Kenntnisse
dürftig waren. Mit fünfeinviertel Jahren wurde der mathematische Priva-
tunterricht aufgenommen. Es spricht für Schlözers auch sich selbst gegenüber unnachsichtige Konsequenz, daß er über seinen eigenen Schatten
sprang und Dorothea in der Mathematik unter den Einfluß seines Erz-
feindes, den des Kollegen Kästner, stellte. Kästners Rang als Wissenschaftler war zwar auch etwas zweifelhaft, so daß Gauß später sagen
konnte, unter den Dichtern sei er der beste Mathematiker und unter den
Mathematikern der beste Dichter gewesen. Aber als ein Vermittler, der
die Mathematik in das Bewußtsein der gebildeten Welt einführte, war
Kästner wohl einmalig (Selle, 102 f.). In den Genuß dieser Fähigkeit kam
nun auch Dorothea, die unter Kästner so große Fortschritte machte, daß
dieser höchstpersönlich ihr, als sie sieben Jahre alt war, in einem Prü-
fungszeugnis attestierte:

,,Mademoiselle Dorothea Schlözerin . . . hat mir den Pythagoräischen Lehrsatz
und desselben Beweis ordentl. und zusammenhängend vorgetragen, und von jedem der Sätze, die in diesen Schlüssen vorkommen, auf mein Befragen, Rechen-
schaft zu geben, gewußt, warum er wahr sei, und wozu er im ganzen diene. . . Wer
diesen Beweis geben kann, der muß die meisten Sätze des ersten Buchs von Euklid
ziemlich fertig innehaben. Indessen machte ich noch Proben mit einem und andern dieser Sätze, als mit dem: daß Parallelogramme zwischen einerlei Parallelen,
über einer Grundlinie, gleichen Inhalts sind, und fand überall, daß sie diese Lehren nicht auswendig gelernt, sondern mit Verstand gefaßt hatte.'' (L. v. Schlözer,
28 f.)

Während Religion und die Erlernung der Sprachen anscheinend mehr
als Grundlagenfächer angesehen wurden, war Mathematik neben Geschichte und Mineralogie eines der drei – wie man heute sagen würde –
,,Hauptfächer'' Dorotheas. ,,Physisch-mathematische'' und ,,historisch-
politische'' Wissenschaften sah Vater Schlözer, wie er später formulierte,
,,beide gleich schicklich in einem weiblichen Studio'' an, ja, wegen ihrer
Ernsthaftigkeit zweckmäßiger als die ,,belles lettres'' (in Dorotheas Curr.
vit.). Die schöne Literatur freilich ließ Schlözer so gut wie gar nicht an
seine Tochter heran. Gedichte und Romane zu lesen, hielt er für schäd-

lich. Aus der deutschen wie aus der damals in Deutschland beliebten englischen Dichtung (Richardson) wurde Dorothea überhaupt kein Werk gestattet. Voltaires ,,Henriade" war ihres historischen Gehalts wegen zugelassen, auch einige römische und griechische Dichter gelangten in die Hand des Kindes (B. A. 1818b, 54; L. v. Schlözer, 28ff.). – Im übrigen brachte man Dorothea all das bei, was nach Auffassung des Vaters von einer ,,kultivierten Deutschen" erwartet wurde: die Fertigkeiten nämlich für die ,,eigentliche(n) weibliche(n) Geschäfte, die sowohl ad esse (Haushaltsgeschäfte, Stricken, Nähen usw.usw.) als auch ad bene esse (Zeichnen, Musik, Tanzen usw. usw.)" verstanden wurden (L. v. Schlözer, 16).

Was so bei der reinen bestandsaufnehmenden Aufzählung ein wenig zusammengesucht aussieht an diesem Bildungsgang, muß doch in Vater Schlözers Augen mindestens teilweise System gehabt haben. Bei näherem Hinsehen entdeckten wir wesentliche Kritikpunkte an Basedow wieder, nun in praktisch-positiver Wendung: Das Sprachenlernen hatte, vom niedersächsischen Platt bis zum Griechischen, Plan. Das Platt war für das Kind das Nächstliegende, es wurde in der Stadt damals allerwärts gesprochen (,,ist – beiläufig gesagt! – ...auch für das bürgerliche Leben einer Niedersächsin sehr nützlich"; Jacobi/Kraut 1787a, 122). Darauf folgten weitere Sprachen (außer dem Deutschen) in ihrer ,,genealogischen Ordnung". Das fernerliegende Französisch kam seiner Bedeutung wegen außer der Reihe früh, wurde aber ebenso wie das Italienische nicht als reines Bücherwissen, sondern durch die Konversation mit ,,französischen Mägden" und italienischen Gastgebern mit praktischem Leben erfüllt (Dorothea Schlözer, Curr. vit.).

Auch was die Gesamtheit der Wissenschaften anbetrifft, waren sie in einen Plan integriert, der auf sie alle ,,ging". Die Auswahl aus diesem Plan fand dann allerdings ,,nach Neigung und Konvenienz" statt (Jacobi/ Kraut 1787a, 125). Vom Religionsunterricht erfahren wir nur, daß er bis ein halbes Jahr nach der Konfirmation fortgesetzt wurde. Geschichte scheint besonders intensiv betrieben worden zu sein; vor allem hörte Dorothea die Kollegien ihres Vaters, studierte aber zugleich unter seiner Aufsicht wichtige Bücher von dessen Kollegen Spittler und Pütter (Dorothea Schlözer, Curr. vit.). Am deutlichsten ist, daß Dorotheas Fächerkanon Religion/Geschichte/Mathematik genau mit Schlözers härtesten Einwänden gegen Basedow übereinstimmte. Entsprechend diesen Einwänden verzichtete Schlözer auch nicht auf römische und griechische Klassiker, aber sie kamen spät und, ganz wie postuliert, eher zur Geschmacksbildung als unbedingt zum Sprachenlernen. Da Schlözer selbst der Meinung war, die Griechen hätten uns am wenigsten zu sagen, traten sie zuletzt und am schwächsten in Erscheinung.

Sein Anliegen, die Bildung nicht vom praktischen Leben abzutrennen, sondern mit ihm zu verbinden, kam ebenfalls deutlich zum Ausdruck.

Einmal, wie schon gesagt, beim Sprachenlernen; zum andern dadurch, daß Schlözer Dorothea an seiner eigenen Reiselust teilhaben ließ und sie auf zahlreichen kleineren und größeren Reisen mitnahm, die aber nie eine Unterbrechung ihres Unterrichts, vielmehr seine theoretische und praktische Fortführung darstellten; zum dritten durch die Ergänzung ihrer mineralogischen Studien, die sie privatissime bei Gmelin begonnen hatte, durch eine sechswöchige praktische Bergwerkskunde in Clausthal, Andreasberg und anderen Grubenorten im Harz (Dorothea Schlözer, Curr. vit.), ein ebenso lehrreiches wie ganzheitliches Erlebnis. Ihr seit frühester Kindheit außergewöhnlich entwickelter ,,Bemerkungsgeist" wurde durch solche Erlebnisse und Erfahrungen weiter in der von Schlözer als notwendig erachteten Richtung der Verbindung von Theorie und Praxis geschult. Es wurden ,,die Tempi sehr in Acht genommen, bei Anschauung sinnlicher Gegenstände die mit ihnen verbundene(n) wissenschaftliche(n) Kenntnisse zu studieren, die dann freilich leichter gefaßt und besser behalten wurden als sonst" (Jacobi/Kraut 1787a, 125).

So verstärkt sich also der Eindruck, daß Dorotheas Erziehung eine pädagogische Gegenkonstruktion zu Basedow darstellen sollte. Dazu paßt, daß Vater Schlözer seine Tochter Dorothea vom fünften Lebensjahre an – als also Erfolge sich abzuzeichnen begannen – als seinen ,,Anti-Basedow" bezeichnete (Brief an Schmettow, 9. 9. 1787).

Ein ,,Anti-Basedow" war Dorothea aber auch in einem ganz anderen von Schlözer nur begrenzt intendierten, aber faktisch praktizierten Sinne. Wie wir gesehen haben, spielte in beiden pädagogischen Konzepten die ,,Weiblichkeitserziehung" eine Rolle. Die Basedow-Rousseausche Frauenerziehung war dabei vor allem als Erziehung zu inneren Einstellungen, zur ,,Empfindsamkeit" konzipiert. Die Präparierung Dorotheas auf die ,,eigentlichen weiblichen Geschäfte" hatte damit wenig zu tun.

Damit – so hatte Basedow, Rousseau nachempfindend, gesagt – die ,,schwache Frau" die ,,Triebwerke" in Gang zu setzen vermag, ,,die sie brauchen kann", nämlich ,,die Leidenschaften des Mannes", sollen ,,alle ihre Hebel ... das menschliche Herz bewegen" (Basedow 1770, 299). Das kann geschehen in erster Linie durch Sanftmut, Geduld und Nachgeben, um sich das männliche Geschlecht ,,geneigt" zu machen (277) und den Mann sein unvollkommenes Wesen nicht so spüren zu lassen (288). Geneigt machten sich die Frauen die Männer durch Bearbeitung der eigenen Seele und Gestalt, indem sie den ,,Männern ... gefallen und ... nützen, sich ihre Liebe und Hochachtung ... erhalten, sie verpflegen, ihnen raten, sie trösten, ihnen das Leben annehmlich und süß machen" (283), kurz: indem sie die Männer indirekt zur Tugend lenken. (,,Wenn das weibliche Geschlecht ist, wie es sein soll, so ist es der natürliche Richter der Verdienste des männlichen.") Klar, daß dies die widerspruchslose Unterwerfung unter die Sittengesetze der Zeit voraussetzte, waren es nun ,,Gesetz" oder ,,allgemeine Gewohnheit" (299). Aufmerksamkeit, Arbeitsamkeit und Botmäßigkeit gegenüber dem Mann (287), eine Art Imagepflege der Ehrbarkeit gegenüber dem ,,Mann, dem

Nächsten und Jedermann" (281), sowie wirkliche Keuschheit (302) und Treue
zum Zwecke der Identifizierbarkeit leiblicher Kinder durch den Mann (280) entsprachen dem. Klar auch, daß „bei unseren Einrichtungen", wie Basedow mit
Rousseau sagte, „das Leben einer rechtschaffenen Frau ein beständiger Kampf
wider sich selbst" ist (287). Befleißige sie sich aber dieser allgemeinen „Furcht-
samkeit", so bekomme sie dafür mit der Sicherheit eines Naturgesetzes die „Eh-
rerbietung" des Mannes (301). Aber die „Natur" habe auch auf eine viel effektive-
re Art vorgesorgt.

Die „uneingeschränkte Begierde" der Frau erlege ihr an sich dort keine „Mäßigung" auf, wo sie „die Natur von dem andern (Geschlecht) fordert" (den Männern – d. Verf.). Diese Begierde werde jedoch wiederum durch natürliche Zurückhaltung und Schamhaftigkeit in Grenzen gehalten, da ja die Folgen der Vereinigung der Geschlechter viel eher geeignet seien, die Kühnheit der Frau zu be-
schneiden als die des Mannes (279). Weil nun aber „die Vereinigung von dem
Manne nicht im eigentlichen Verstande erzwinglich ist; da die Frau in einem
zureichenden Grade widerstehen kann, ja die Scham ihr einige Weigerung auferlegt; so wird dadurch das stärkste Geschlecht auch von dem schwächern einigermaßen abhängig" (279). Im Notfall, besonders bei nicht vorhandener oder ver-
blassender Schönheit, war dabei die „List" als „natürliche Gabe" des weiblichen
Geschlechts erlaubt und notwendig, „ein billiger Ersatz der Stärke, die ihm man-
gelt", ohne welchen die Frau aber nicht „Gehilfin", sondern „Sklavin" des Mannes wäre. Letzteres freilich solle sie nicht sein, denn der Mann wolle eine „Freundin" und keine „Magd". „Will er sich der größten Reizung ihrer Gesellschaft
berauben? will er, um sie sich desto unterwürfiger zu machen, sie in ein Uhrwerk
verwandeln? Nein, gewiß nicht! das ist nicht der Rat der Natur, die den Weibern
einen so angenehmen und feinen Geist gibt. Sie will, daß sie denken, urteilen,
lieben, ... Sie müssen vieles lernen: doch nur dasjenige, was sich für ihr Geschlecht schickt." (283) Damit langte dieser Kreislauf affirmativer Gesellschafts-
Teleologie wieder vorn, bei der Sanftmut und Unterwerfung, an. Untermauert
wurde der Ansatz durch die Versicherung, daß die so erzogenen Töchter nicht nur
besser für die Männer seien als „Ausnahmen", mit denen sich „galante ... Verehrer des schönen Geschlechts behelfen" möchten, sondern daß eine solche Erziehung auch besser für die Töchter selbst sei: „denn durch Bitterkeit und Halsstar-
rigkeit vermehren die Weiber allezeit nur ihre eigenen Übel, und die Erfahrung
zeigt ihnen, daß sie nicht durch diese Waffen überwinden sollen." (288)

Man sieht: Bei Basedow nahm die Normierung der inneren Eigenschaften, die die Frauen durch Erziehung erwerben sollen, einen sehr großen
Raum ein. Die Hinführung zu einer neuen Form der Selbstkontrolle
stand im Vordergrund. – Der Kanon weiblicher Tätigkeiten, die erlernt
werden sollten, orientierte sich demgegenüber noch an den alten Formen
der Arbeitsteilung im frühbürgerlichen Haushalt und enthielt nichts wesentlich Neues:

Nähen, Stricken, Klöppeln, Lesen, Schreiben, Rechnen, Sich-Auskennen in
Küche, Keller und Speisekammer, Regentin-des-Gesindes-und-der-Kinder-Sein-
Können, Gesundheitserziehung, Vermeidung von Verweichlichung (Frauen dür-

fen nicht stark sein wie Männer, aber „wohl für dieselben, damit sie starke Männer gebären können"), Singen und Tanzen (1770, 277, 284f., 290ff., 297, 304f.).

Für sehr wichtig ist dieser zweite Teil der Weiblichkeitserziehung auch bei Dorothea angesehen worden. Im späteren Bericht über Dorotheas Erziehung wird sie sogar vor der Erwähnung ihrer Gelehrsamkeit betont:

> „Mademoiselle Schlözer näht, strickt, versteht die gewöhnliche bürgerliche Ökonomie, ist gesund, tanzt gerne, liebt Unterhaltung mit ihrem Geschlecht, und man muß schon ihr Zutrauen erworben haben, ehe man die Gelehrte in ihr kennenlernt." (Jacobi/Kraut 1787a, 121)

Ferner erfahren wir, daß sie auch in Zeichnen und Musik unterwiesen wurde (Jacobi/Kraut 1787a, 121; Schlözer in Dorotheas Curr. vit. sowie im Brief an Schmettow v. 9. 9. 1787). Doch die äußerliche Übereinstimmung in der Palette der Frauentätigkeiten darf nicht darüber hinwegtäuschen, daß Basedow und Rousseau bei der Erziehung der Mädchen zu bestimmten Gefühlen und inneren Einstellungen etwas ganz anderes im Auge hatten als der trockene und pragmatische Schlözer, dessen geschlechtsspezifischer Erziehungsteil sich auf die Erwerbung der erwähnten Fertigkeiten beschränkte. Basedow bereitete mit Rousseau die innere Zurichtung der Frau für eine Unterwerfung vor, die ihr ganzes Wesen bis in die Tiefen ihrer Psyche hinein prägen sollte. Was Schlözer verlangte und woraufhin er erzog, das war äußere Unterwerfung des Mädchens, der Frau, unter die Herrschaft des Vaters, des Mannes. Für ihn regulierte sich der Seelenhaushalt automatisch in Richtung Tugend, wenn nur asketisch – d. h. ohne gefühlsmäßig geprägte Vorurteile – erworbene Wahrheit vermittelt und viel zu ihrer „Erlernung" gearbeitet wurde. Zwar setzte er dabei, ohne es planend zu wollen, auch psychische Druckmittel ein. So hat er etwa mit denkbar schlechter Laune reagiert, wenn Dorothea nicht so streng lernte, wie er sich das vorstellte (Ch. v. Schlözer, I 429f., 435f.). Aber wie es im Innern Dorotheas aussah, das war nicht Gegenstand seines Interesses. Er ahnte es vielleicht, wollte es bei seiner Abneigung gegen den Ausdruck von Gefühlen aber gar nicht wissen.

Für diese Interpretation spricht neben vielen anderen Indizien ein Brief von Caroline Michaelis-Böhmer (spätere Schlegel-Schelling). Die Nachbarstochter und Freundin Dorotheas schrieb 1787, nach dem erfolgreichen Abschluß von Dorotheas Ausbildung, an ihre Schwester Lotte Michaelis:

> „Schlözer stell ich mir lebendig vor und find' ihn auch so in dem Gedicht, das mir Dortchen schickte (offenbar hatte Dorothea Caroline das auf S. 128f. abgedruckte Gedicht zugeschickt; d. Verf.) – eine in harten Worten hingeworfene Bescheidenheit, der der Übermut hinten aus der Kehle hervorquillt. Dann glaubt er auch, er hats so recht getroffen, und will den und jenen Zweck mit denen und

jenen Äußerungen erlangen, und wenn er nur wüßte, daß Dortchen so gar nicht
das Mädchen ist, das er zu erziehen wähnt – nur vis à vis de lui ein Geschöpf des
blinden Gehorsams, und deren Wesen gar nichts mit dieser Subordination weiter
gemein (hat), als wie das militärische Exercitium mit dem Menschen. Es freut
mich denn doch, daß es so gut abgegangen ist."

Caroline traf einen zentralen Punkt: Schlözer war mit der äußeren
Subordination und dem sichtbaren Erfolg seiner Tochter zufrieden. Daß
es eine Dorothea gab, die außerhalb dieses Rahmens „lebte", hat er zuweilen als drohende oder zu bearbeitende Störung seiner Absichten
wahrgenommen. Der Innenraum von Dorotheas heranwachsender Persönlichkeit war ihm aber nicht eine Gefühlswelt, die etwa auch erkundet
und mit gezielten psychosozialen Mitteln hätte bearbeitet werden müssen. Wenn ihm etwas pädagogisch „schädlich" erschien, versuchte er es
durch eine Vergrößerung des Arbeitspensums zu unterdrücken. (Wir
kommen darauf in dem noch folgenden zweiten Kapitel über das Experiment zu sprechen.)

Darauf, daß Schlözer die Wendung nach innen bei Basedow fremd, ja
sogar zuwider war, weisen auch Aussagen von ihm selbst (1771 a, LVIII,
LXII, LXVI, LXXI; 1771, 12): seine wiederholten Ausfälle gegen Basedows „Empfindeleien". Basedows „brausende Imagination" lasse ihn
Überzeugung contra Wissen setzen, wo doch ruhige Vernunft am Platze
wäre. Er folge seiner „bis zum Siedpunkt erhitzten Imagination, winselt
... wo man nur kalte Vernunft erwartet". Das versehe ihn mit einer
„eingebildeten Unfehlbarkeit", die zu einem unerträglichen „Reforma-
torstolz" führe. Nun hatte zwar Schlözer ersichtlich selbst ein beträchtli-
ches Missionsbewußtsein. Nur hieß seine Heilsbotschaft wissenschaftlich
bewiesene Wahrheit, sie durfte und mußte, soweit möglich, jedermann
implantiert werden; auch der zu bildenden Frau, wie wir an Dorothea
sehen. Die Heilsbotschaft einer spekulativen Natürlichkeit dagegen mußte ihm irrational, als eine „Sünde wider den methodologischen Gott"
(Grimminger 1980, 45) und damit als zutiefst illegitim erscheinen. Auch
in diesem Sinne also ist es in Dorotheas Erziehung sehr „anti-basedo-
wisch" zugegangen.

Schlözer war mit dieser Einstellung in seiner Zeit kein Sonderling. Er
verkörperte vielmehr eine relativ frühe Aufklärungsströmung, in der ty-
pischerweise formal-rationale erkenntnistheoretische Positionen mit einer Zurückweisung verstandesmäßig unkontrollierter Gefühle und einer
gewissen Offenheit gegenüber gelehrter weiblicher Bildung einhergingen.
Der frühaufklärerische Rationalismus als solcher blieb – unabhängig von
den Einstellungen zu weiblicher Bildung – als eine Strömung unter mehreren im Umfeld der kameralistischen Staatswissenschaften insgesamt bis
in die späte Aufklärung hinein lebendig; so auch bei Schlözer, der ja zu
diesem Umfeld gehörte.

Vergegenwärtigen wir uns den geistesgeschichtlichen Hintergrund dieser Form des Rationalismus, der Frauengelehrsamkeit immerhin ermöglichte, wenn auch selten betrieb, und betrachten wir die Gegenbewegungen, die so folgenreich für die bürgerliche Frau sein sollten.

Bei Schlözers Rationalismus handelt es sich um jene Art aufklärerischen Denkens, die durch die „ausgesprochen theoriefreudige, naturwissenschaftlich interessierte und didaktisch-lehrhafte Periode" Wolffs und Gottscheds eingeleitet worden war und sich durch „systematisch geschlossene Theoriezusammenhänge" auszeichnete, „die sämtliche wichtigen Denk-und Daseinsbereiche zu ordnen im Stande sein" sollten (Grimminger 1980, 42). Die Naturrechtskonstruktion als „allgemeine Physik der Vergesellschaftung" (Habermas, 43) ließ die Erkenntnis von Naturgesetzen mit der Erkenntnis der Vernunft zusammenfallen (Grimminger, 45). Analog zu den Sätzen der klassischen Mechanik war die reine Erkenntnis der Theorie Voraussetzung zum richtigen Denken und Handeln auch in Gesellschaft und Staat. So erschien das sittlich gute, tugendhafte Handeln als die praktische Konsequenz der verstandesmäßigen Rationalität (Grimminger, 44). Bildung wurde daher als die Voraussetzung der „allgemeinen Glückseligkeit" verstanden, d. h. jenes utopisch-idealen Gesellschaftszustandes, den sich alle Aufklärung, nicht nur die frühe, aber eben auch schon diese, zum Ziel setzte. Bildung sollte nicht nur Wissen gewährleisten, sondern auch Tugend, denn richtiges Wissen halte vom „schlüpfrigen Weg des ärgerlichen Lebens" ab (Lehm bei Hanstein, I 65). Folglich galt es als Endzweck zum Beispiel auch der Kunst, wie besonders Gottsched und dessen mit ihm zusammenarbeitende Frau Adelgunde meinten, „mit den rhetorischen Mitteln ihres streng belehrenden Vergnügens" die Moral zu verbessern.

Es lag in der Logik dieser Konstruktion, die die Erkenntnis von individuellen Begleiterscheinungen methodisch zu reinigen trachtete, daß sie den Frauen den Zugang auch zu gelehrter Bildung eröffnete. Einigen wenigen Frauen der Zeit – wenn auch nicht „den" Frauen, (wie Hanstein sagt) – half sie, „den Hörsaal, die wissenschaftlichen Gesellschaften (zu) eröffnen und die akademischen Würden (zu) erringen" (Hanstein, I 72). Gottsched, der hier die extremste Position vertrat, hatte es nicht dabei sein Bewenden haben lassen, allen (begüterten) Frauen zur Hebung ihrer Tugend den Genuß ausgewählter Früchte der nützlichen und schönen Wissenschaften anzuempfehlen (1748, 193 ff., 251 ff.). Für ihn kam sogar die Möglichkeit in Betracht, daß Frauen wie Männer den Beruf des Gelehrten ausübten. Er verwies hier auf das Vorbild der Mme Dacier (1647–1720), die von einer ungeheuren Gelehrsamkeit gewesen ist und durch ihre Übersetzungen griechischer und lateinischer Autoren ins Französische der Auseinandersetzung mit dem Altertum neue Impulse gegeben hat. In dieser Frau wären, so sagte er, in vorbildlicher Weise große Gelehrsamkeit und noch größere Tugend vereinigt gewesen (348 ff.). Auch lobte Gottsched (331 ff.) Anna Maria Schürmann (1607–1678), welche ihre Gelehrsamkeit unter anderem dazu benutzt hat, in einer lateinischen Abhandlung die Fähigkeit des weiblichen Geschlechts zur Wissenschaft und die Schicklichkeit des Frauenstudiums zu begründen.

Mit Gottsched allerdings hatte dieses Denken dann auch schon seinen Zenit überschritten. Neue Aufklärungsströmungen formierten sich zum

Teil neben dem Frührationalismus, überformten ihn aber auch. Nicht nur fing die Jugend an, ,,sich nach Gefühl und Leidenschaft in der Poesie zu sehnen", wohingegen ,,Gottsched ihr nur trocknen Verstand und starre Regeln bieten" konnte (Hanstein, I 142). Vor allem wurde der Primat der rationalistischen Ordnung durch alternative Modelle von Erfahrung und Empfindung (gegenüber Wissenschaft und rationalistischer Moral) in der Hochaufklärung eines Lessing, Wieland und Klopstock in Frage gestellt.

Wo früher Empfindung als Irrationalismus und Vorurteil die reine Erkenntnis gestört hatte und so auch kein Beitrag zum richtigen Handeln sein konnte, wurde subjektiv-sinnliche äußere und innere Erfahrung nun zu einem unentbehrlichen Bestandteil theoretisch-erkennender Vernunft auf der einen, praktisch-handelnder Vernunft auf der anderen Seite. Dem ,,Richtigdenken" stellte sich das ,,Selbstdenken" gegenüber. Moral ergab sich für dieses Denken nicht mehr umstandslos aus Wissen. Die inneren Erfahrungen, die nun immer mehr als Ausgangsstoff praktisch-handelnder Vernunft interpretiert wurden, bestanden – Vollkommenheit vorausgesetzt – aus ,,jener moralisch gereinigten Liebe des Herzens, die sich je nach Anlaß zärtlich, mitfühlend und freundschaftlich oder als Menschenliebe und karitativ tätiges Mitleid äußern kann", teilweise (so z. B. bei Rousseau) auch in einer ,,Liebe zur Gerechtigkeit". Jene ,,Empfindungen" galten als Verfeinerungen der ,,anarchischen Leidenschaften der menschlichen Triebnatur". Sie waren Folge der produktiven Bearbeitung, nicht mehr der rationalistischen Verdrängung innerer Impulse. Eine neue ,,natürliche" Religiosität machte sich breit, deren Inbegriff der ,,gütig-liebende Gott" war und als deren ästhetisch bedeutendstes Werk Klopstocks ,,heilige Poesie" galt (Grimminger, 48–53).

Die Gefühle, die man nun in Reaktion auf den steifleinenen Rationalismus der Frühaufklärung stärker betonte, wurden zunächst noch keineswegs ausschließlich als weibliche Gefühle verstanden. Das müssen wir von heute aus gesehen betonen. Die ,,empfindsame" Zeit war auch die große Zeit der Männertränen. Das Zeigen von Gefühlen wurde im Freundeskreis geradezu inszeniert. Die ,,hohe Wertschätzung der Freundschaft, das leidenschaftliche Verbrüderungsgefühl der Menschheit" verlangte nicht nur unter vier Augen hervorgekehrt zu werden. Es erhielt umso größere ,,Weihe", je mehr Freunde Zeugen der inneren Bewegtheit waren, welche die Tränen ausdrücken sollten. (Vgl. z. B. Hanstein, I 118 ff. zum Wiedersehen Wielands mit seiner nunmehr mit Frank La Roche verheirateten Sophie.) So wenig in der Kultivierung von Gefühlen schon eine Spezialität des weiblichen Geschlechts gesehen wurde, so sehr richtete sich der Kampf gegen Regel und Dogma der Frühaufklärung aber doch notwendig gegen einen bestimmten Typus der Weiblichkeit: die gelehrte Frau. Statt der ,,Ausbesserung" des Verstandes, an der Gottscheds Frauenbild so sehr gelegen gewesen war, wurden nun eher das ,,zärtliche Herz" und die ,,schöne Seele" berufen; ,,die Tugend gelangte allmählich mehr unter die Obhut des Gefühls" (Martens, 369). Versucht

man zu datieren, so kann man sagen: Die Entgegensetzung von weiblicher Tugend einerseits und Vernunft und Wissenschaft andererseits, damit die Vereinseitigung des Frauenbildes in einer einzigen Dimension:
der Empfindsamkeit, wurde in den 70er Jahren – in Dorotheas erstem
Lebensjahrzehnt also – zur Hauptströmung.

Die Rousseau-Rezeption, für die auch Schlözers Gegner Basedow steht, lieferte
einen Beitrag dazu, der in seiner Wichtigkeit kaum überschätzt werden kann. Fast
alle Männer, die Ende des 18. Jahrhunderts die Autonomie des Individuums auf
ihr Banner geschrieben hatten und den Subjektivismus entdeckten, Männer, die
der Gesellschaft und dem Staat zornig-kritisch gegenüberstanden, legten der Frau
ein Ich-Ideal nahe, das, psychoanalytisch gesprochen, die rigorose Bekämpfung
oral-sadistischer und/oder phallisch-aggressiver Strebungen voraussetzt: das
,,Ich-Ideal eines bescheidenen, sanften, gehorsamen oder reinlichen kleinen Mädchens – im Gegensatz etwa zum wilden, frechen, schmutzigen kleinen Jungen"
(Jacobson 1937, 409). Die Welt, die Rousseau in sich selbst zu finden wünschte,
war die der intimen bürgerlichen Privatsphäre, die nicht nur, wie Habermas
meint, außerstaatlich war, sondern die in dieser Zeit auch außergesellschaftlich
gedacht wurde. Im Privatbereich sollte endlich der Frieden herrschen, die Erfüllung möglich sein, die die voranschreitende Zivilisation draußen, in Staat und
Gesellschaft unmöglich gemacht hatte. Das so gedachte Private war aber nur zu
realisieren durch die innere Unterwerfung und Pazifizierung der Frau. Nur unter
dieser Voraussetzung brauchte die Oberherrschaft des Mannes nicht ständig unter
Beweis gestellt zu werden. Nur dann sicherten die inneren Kontrollen der Frau
gegenüber sich selbst jene holde Eintracht, in welcher der bürgerliche Mann Erho-
lung vom Kampf und Bestätigung seiner Tugend finden konnte, in der er zudem
seine Kinder angeblich mit seiner Frau gemeinsam wie in einem ungesellschaftli-
chen Nest nach den höchsten Maximen seiner Selbst-und Welterkenntnis gesell-
schaftsabgewandt, aber für eine bessere Gesellschaft aufziehen konnte.

Es liegt nahe, in diesem Frauenbild, das so viele Männer der Epoche
geradezu hinriß, eine schlichte Reaktion auf die Bedrohung der jungen
bürgerlichen Intelligenz Ende des 18. Jahrhunderts zu sehen. Diese ge-
gesellschaftliche Schicht befand sich nicht nur in politischer Distanz zum
Staat, sondern hatte darüber hinaus einen empfindlichen Mangel an Auf-
stiegschancen, gemessen an der schnell wachsenden Zahl der gebildeten
jungen Männer, zu ertragen. Gewiß ist die Selbstmordwelle, die Goethes
,,Werther" anstieß, nicht allein den wachgerufenen und gesellschaftlich
nicht unterzubringenden Leidenschaften geschuldet. Grimminger weist
darauf hin, daß das Phänomen auch auf die objektiv beengte Situation
jener jungen Männer zurückzuführen war. Immer hat es auch schon
Spottgedichte der jeweiligen Männergeneration gegeben, wenn Frauen
poetische oder gelehrte Ehren erreichten, die die Sorge über zu viele
Vorteile auf einer Seite – der weiblichen – deutlich machen (ein Beispiel:
das Spottgedicht der Leipziger Studenten auf die Zieglerin 1736; vgl.
Hanstein, I, 131).

Aber Konkurrenzangst als Ursache für die rasante Verbreitung des Rousseauschen Frauenbildes anzunehmen, greift als alleinige Erklärung doch zu kurz. Es ging um den Kampf der Männer gegen eine überlebte adlige Gesellschaft und gegen die Entfremdungserscheinungen der sich neu etablierenden Ordnung, welche in den ökonomischen und staatlich-bürokratischen Machtapparaten immer striktere Formen annahmen. Der „neue" Mann mußte sich den Rücken freihalten. Der gesellschaftlich bedrohte Mann konnte sich keine „innere Front" leisten.

So entsprach auch die Rolle, die die bürgerlichen Frauen in der Französischen Revolution spielten, genau dem Rousseauschen Bild.* Forderungen auf Gleichstellung wurden zwar gelegentlich gestellt (Condorcet, Lepeletier/ Robbespierre), aber abgewiesen (Abray, 43 ff.; Drechsel, 11 ff., 35 ff., 94 ff.; Stübig, 144 ff.). Die treuen und duldenden Geliebten und Ehefrauen, die wir in Büchners „Dantons Tod" nacherleben können, entsprechen historischen Vorbildern. Chaumette, eigentlich ein Linker innerhalb der Bergpartei, drückte die auch unter Radikalen verbreitete Stimmung aus, als er im Oktober 1793 betonte, der Sansculotte habe ein Recht darauf, daß sich seine Frau der Versorgung der Familie annehme, während er Revolution mache. Dieses, und nur dieses seien ihre bürgerlichen Pflichten (Hufton, 102).

Schlözer – Dorotheas Vater – hat zu seiner Zeit einige wenige Züge der neuen Denkströmungen adaptiert, soweit sie wissenschaftliche Erkenntnis betrafen. Bei „Empfindeleien" aber hörte das auf, sie waren nicht einmal Thema für ihn: Klopstock las er einfach nicht („. . . ich (lese) nicht seinen Messias und er nicht meine Staatsanzeigen"; nach L. v. Schlözer, 34). Dies ist in einem unserem Zusammenhang ziemlich eindeutiges Indiz. Inwiefern er Autoren wie Wieland und Lessing kannte, wissen wir nicht. Es ist aber wahrscheinlich berechtigt, seine Einstellung zu Klopstock zu verallgemeinern. Seine Biographie und die Schwerpunkte seines wissenschaftlichen und politischen Wirkens lassen jedenfalls keine Ansatzpunkte für irgendwelche Sympathien in Richtung „Empfindsamkeit" erkennen, eher deutliche Antipathien.

Wenn das richtig ist, und wir sehen nicht, was gegen diese Einschätzung sprechen sollte, dann bedeutet es freilich auch, daß es ihm denkbar fernlag, mit Dorotheas Weiblichkeitserziehung auch nur teilweise einen Tribut an das empfindsame Frauenbild zu entrichten. Falls Schlözer überhaupt das Leitbild einer Frauenrolle im Kopf hatte, dann muß es von

---

* Die Massenaktionen von Frauen der unteren Schichten, insbesondere am 5. 10. 1789, hatten nichts mit der Gleichstellung von Mann und Frau zu tun. Sie stellten Notstandshandlungen dar, die aus der Unmöglichkeit der Frauen resultierten, ihrer traditionalen Reproduktionsfunktion gerecht zu werden (Michelet 1854, 24 ff.; Furet/Richet 1965, 120 ff.; Hufton, 92 ff.).

früheren Vorstellungen geprägt gewesen sein. Dorotheas wissenschaftliche Bildung auf der einen Seite, ihre „Weiblichkeitserziehung" auf der anderen Seite könnten, auf diesem Hintergrund gesehen, gut als Entsprechung zu den Konzepten Gottscheds interpretiert werden. Ob es nun aber tatsächlich Gottsched war, an dem sich Schlözers Bedenkenlosigkeit in der Frauengelehrsamkeit orientierte, oder etwa sogar der fast ein Jahrhundert frühere große Anwalt der Frauenbildung, Comenius (dessen „Orbis pictus" Schlözer ja auch wesentlich besser gefiel als die Kupferstiche in Basedows Elementarwerk), das können wir nicht sagen. Was wir jedoch mit einiger Sicherheit festhalten können, ist dies: Dorotheas „Weiblichkeitserziehung" galt gewiß nicht der inneren Formung, wie Rousseau und Basedow sie im Auge hatten und wie sie mit dem Frauenbild der Empfindsamkeit vorbereitet, danach im Sturm und Drang und auch in der Romantik weiter idealisiert wurde.

Unsere Analyse der Motive Schlözers für sein Experiment mündet also in eine Erkenntnis, die ihn nur auf recht schillernde Weise als etwaigen Vorkämpfer der „Frauenemanzipation" erscheinen läßt. Schlözer „baute" seine Tochter zu Zwecken eigener Selbstbestätigung auf und benutzte dazu sowohl seine neue bürgerlich-etablierte ökonomische und wissenschaftliche Macht als auch seine überlieferte Macht als Patriarch, der unbedingten Gehorsam verlangte. Von der neuen „empfindsamen", der weiblichen Gelehrsamkeit feindlich gesinnten Frauenauffassung, blieb er zwar unbeeindruckt. An Dorotheas weibliche Zukunft dachte er jedoch auch nur in einem Sinne, der die herkömmliche Frauenrolle nicht wirklich transzendierte. Der einzige Unterschied, der uns neben seiner Bedenkenlosigkeit gegenüber Dorotheas „höherer Bildung" tatsächlich bemerkenswert erscheint, ist etwas anderes. Es ist die Tatsache, daß er in einer Zeit, in der die Empfindsamkeit schon hohe Wellen schlug, offenbar noch zu jenen Männern und Vätern gehörte, deren psychische und soziale Situation es ihnen nicht nahelegte, die Frau zu einem Teil von sich selbst zu machen, der sie von innen her nährte und stützte. Schlözer unterwarf Frau und Kinder noch äußerlich durch die autoritäre Machtausübung des rationalistischen Hausvaters und nutzte sie durch arbeitsorganisatorische Integration in die Hausökonomie und die nach außen gerichtete Repräsentation für seine Zwecke. Dieser Unterschied bewirkte zusammen mit den Inhalten ihrer Erziehung für Dorothea, daß sie etwas mehr als die ersten zwei Jahrzehnte ihres Lebens in einer Atmosphäre zubrachte, die sozial und kulturell in besonders reiner Form einer Aufklärungsströmung zugehörte, die untergründig eine auf vielen Gebieten weiter mitbestimmende, aber nicht mehr die aktuelle war.

Der Umstand, daß Dorothea mit den neueren, „empfindsamen" Strömungen zunächst nicht in Berührung kam, hatte in diesen ersten Jahrzehnten zur Folge, daß sie manchen äußeren, deutlich wahrnehmbaren

Zwang zu erdulden hatte. Auf der anderen Seite wurde ihr durch diese Art der Erziehung aber in viel geringerem Maße zugemutet, sich nach dem Bilde der „sanften Frau" Selbstkontrollen zu unterwerfen: Äußere Repression greift nicht unbedingt in alle Winkel des Charakters. Dorothea ist vielleicht nicht gerade ein wildes, sondern nach außen hin ein sich immer an die Regeln haltendes Kind und junges Mädchen gewesen. Aber sie muß doch bis ins Alter von knapp zwanzig Jahren ganz munter und beherzt gewesen sein. Im späteren Bericht über ihren Bildungsgang wird das, was wir mit den beiden folgenden Beispielen zeigen wollen, zwar vorwiegend als Notwendigkeit praktischer Anschauung hingestellt oder als Gesundheitserziehung, die der Abhärtung des weiblichen Körpers zum Zwecke seiner Stählung für geistige Tätigkeit dienen sollte. Das paßte um 1787 noch halbwegs, um ihre Erziehung nicht allzu exotisch erscheinen zu lassen. Tatsächlich scheint es uns aber so gewesen zu sein, daß Dorothea zu jener Zeit noch Erfahrungs- und Entfaltungsmöglichkeiten hatte, die ihre Intelligenz wie auch ihr Temperament in geringerem Maße unterdrückten und kanalisierten, als es der „empfindsame" Entwurf der Mädchenbildung getan hätte.

Ihre Erkundungsreise nach Clausthal im Harz unternahm sie als sechzehnjährige allein, wenn sie auch bei Bekannten, der Familie des Generalsuperintendenten Dahme, abstieg (Dorothea Schlözer, 1787b). Sie fuhr, nur von einem Steiger begleitet, wacker in die Bergwerke mit ihren verschiedenen Gruben ein. Dabei verlor sie ihr Leder, ihren Hut, fand beides aber wieder, überstand schlechte Luft und Durchgänge, durch die man kaum kriechen konnte, frühstückte über einem Sumpf im Bergesinnern und schlug sich mit ihrem Fäustel ein Stück „krystallisch Rothgülden los, das ihr zum Lohn versprochen war". Eine Erzhütte bei Nacht zu sehen, begeisterte sie:

> „Es ist mit nichts als einem brennenden Haus zu vergleichen; allein da wird einem das Gefühl der Schönheit durch den Schrecken und Schauer genommen: hier aber kann man ganz gelassen dabei stehen."

Das Hinunterklettern ins Bergwerk, in die dunkle Tiefe, war kein ungefährlicher Vorgang. Vor allem eine Frau konnte mit ihrer unpraktischen Kleidung am Gestänge des Fahrschachtes hängenbleiben. Jedenfalls erforderte es einen beträchtlichen Mut, den Rousseau und mit ihm Basedow sicher eher für mädcheninadäquat gehalten hätten. Dorothea berichtete:

> „Die Kunst geht einem (in den Andreasberger Schächten – d. Verf.) oft dicht auf dem Rücken her; auch ist der Treibschacht ganz offen neben dem Fahr-Schacht, das mir äußerst unangenehm war; zumal wenn ich eben den vollen Kübel erblickte, und mir vorstellte, daß das Seil losrisse; In der Grube selbst war dieses ein schrecklicher Gedanke." Eine bestimmte Art von Gestänge schien ihr besonders „unbequem...., weil man immer mit dem Fuß darin hängenbleibt". Daß es

nach diesen Erkundungen offenkundig auch etwas zu waschen gab an Dorothea, zeigt, daß die Touren doch recht handfest gewesen sein müssen. Sanftmut und Schüchternheit waren da nicht unbedingt am Platze, und sie waren wohl auch nicht Dorotheas Art. Als die Bergleute eines Tages, ,,200 Lachter (1200 Fuß) tief, im Reiche des Plutos'' für sie ,,Blühe, liebes Veilchen'' sangen, freute sie sich so darüber, wie ,,die männlichen Stimmen ... dumpfig durch den Treibschacht empor(drangen)'', daß sie ihnen von etwas weiter oben ,,wie ein Echo, im Discant'' antwortete; ,,die knarrende Kunst accompagnierte mit den ausgießenden Sätzen; mausestill war sonst alles ringsumher: es war unbeschreiblich schön!'' (3)

In unserem anderen Beispiel tritt uns Dorothea als unerschrockene Reiterin entgegen. Geschicklichkeit und ,,Gegenwart des Geistes'' (Jacobi/Kraut 1787a, 126) standen ihr auch hier zu Gebote. Als einmal auf einem Ausritt gemeinsam mit ihrem Vater ihr Pferd wegen eines bellenden Hundes durchging und Schlözer zuletzt ,,desparate Dinge'' angestellt haben muß, ,,wie eine Seebärin am Nordpol tun soll, um ihr Junges zu retten'', hielt sie sich auf dem Tier wohl eine ,,volle halbe Stunde Wegs in vollem Galopp''. Vater Schlözer lag der ,,Schrecken ... noch immer in den Gliedern'', als er dies an Schmettow (9. 9. 1787) berichtete. Dorothea aber scheint nichts geschehen zu sein.

Wir können kein vollständiges Bild von Dorothea zusammenlegen, weder für diese Zeit noch für später. Diese unsere beispielhaften Bruchstücke (wie auch ein Kupferstich Fiorillos von der zwanzigjährigen Dorothea) lassen das Bild eines jungen Mädchens, einer jungen Frau vor uns erstehen, die einen ungebrochenen, selbstbewußten, lebensfrohen und etwas bodenständigen Eindruck macht. So glaubt man der Beschreibung ihrer jugendlichen Persönlichkeit, daß der Erfolg ,,einer ... zu gleichen Teilen gemischten männlichen und weiblichen Erziehung ... bei aller Empfindlichkeit ihres Geschlechts und bei einem sanften weiblichen Herzen zugleich eine standhafte männliche Seele'' (Jacobi/Kraut 1787a, 126) hervorgebracht habe – oder jedenfalls das, was man damals dafür hielt. Wir werden das für die jüngere Dorothea im nächsten Kapitel, das von ihrer großen Reise im Rahmen des Experiments handelt, noch genauer zeigen können.

Die Reise

Die Intention für das Experiment Dorothea, so haben wir gesehen, war im wesentlichen, daß Vater Schlözer für seine pädagogische Qualifikation einen schlagenden Beweis liefern wollte. Eine Widerlegung des Rousseauschen Frauenbildes war nicht beabsichtigt, sondern ergab sich allenfalls als Nebeneffekt. Die Orientierung an früheren Befürwortern gelehrter Frauen ist nicht nachweisbar, aber möglich.

Von Herbst 1781 bis Frühjahr 1782 unternahm Schlözer nun eine große Forschungsreise nach Italien (vgl. Ch. v. Schlözer, I 274 ff.; L. v. Schlözer, 39 ff.). Ganz im Sinne der Maximen seines Experiments hatte er Dorothea schon vorher verschiedentlich auf kleineren Reisen mitgenommen. Nun sollte sie, elfjährig, auch auf dieser großen Reise zu seiner Begleitung gehören – zum hellen Entsetzen der braven Göttinger. Reisen war damals eine höchst strapaziöse Sache. Schlechte Wege, unbequeme Karossen, beutelschneiderische Wirte, gemeine Wegelagerer: alles dies machte Fahrten über Land zu einer so leidvollen, ja gefährlichen Angelegenheit, daß mancher sein Testament aufsetzte, bevor er von Göttingen nach Einbeck aufbrach. Eine Reise ins Welsche gar – ins Land der Malaria, der Briganten, wo gerade erst Winckelmann erdolcht worden war – galt den meisten daher als eine so abenteuerliche Expedition, daß man sie einem jungen Mädchen schlechterdings nicht glaubte antun zu sollen. Schlözer ließ sich nicht beirren, nicht einmal durch den hochverehrten Michaelis, der ihm ebenfalls Bedenken mitgeteilt hatte. Am 12. Oktober 1781 machte sich die Göttinger Reisegruppe auf den Weg: Schlözer, dessen Diener Schminke, ein reicher junger Adliger mit Hofmeister, ein bürgerlicher stud. jur. – und eben Dorothea.

Für sich selbst als Gelehrten und Publizisten sah Schlözer im Reisen nicht nur eine Chance zur Aufnahme und Pflege wichtiger Kontakte, sondern vor allem eine lebendige Quelle neuer Informationen und Erfahrungen. Schlözers Faible für das, was er eine „statistische Reise" nannte (Brief an die Hann. Landesreg., 6. 9. 1773), lag die feste Überzeugung zugrunde, daß die Erfahrbarkeit des Wirklichen an ein spezifisches Erkenntnis- und Methodenverständnis gebunden ist. Das Verständnis nämlich, daß im „statistischen" (i. e. gesellschaftswissenschaftlichen) Erkenntnisprozeß auf das Verfahren der direkten Anschauung, auf die Rückbindung der Analyse an die Primärerfahrungen des Forschers selbst nicht zu verzichten ist, wie sehr auch immer das unmittelbar-sinnlich

Wahrgenommene im Medium der instrumentell gewonnenen Erfahrung kritisch reflektiert und relativiert werden muß. Daher stand für ihn fest, daß es den „Staats-"Wissenschaften nicht gut bekäme, wenn sie von lebensfernen Schreibtischgelehrten als „Katheder- und Studierstuben-statistik" (Schlözer 1804, 41) betrieben würde. Der Weg in die Fremde, das war seine Überzeugung, eröffnete, richtig angelegt, dem Wissenschaftler die unverzichtbare Quelle neuer Erfahrungen. Deshalb reiste Schlözer auch noch als etablierter Professor; deshalb pries er auch seinen Studenten das Reisen als krönenden Abschluß der wissenschaftlichen Ausbildung sowie als Einstieg in eine „Carrière politique" (Schlözer 1804, 41; 1795/97); deshalb legitimierte er schließlich die statistische Reise als wissenschaftliches Erkenntnisverfahren. Den „unsäglichen Nutzen des Reisens" (Schlözer 1804, 97) sah er nicht zuletzt in der Chance, daß vor Ort statistische Daten berichtigt und verfeinert, daß gängige Urteile der Staatenkunde dem Test der Tatsachenwelt ausgesetzt, daß eingefahrene Denkgewohnheiten der Gelehrten aufgesprengt, Ideenlosigkeiten erkannt und wissenschaftliche Phantasien angeregt werden könnten.

Schon dieser Hintergrund ergibt, daß die Mitnahme Dorotheas auf die große Reise nach Italien nicht als trocken geplantes Stadium im Erziehungsexperiment „Dorothea" angesehen werden darf. Allein die einleuchtenden Überlegungen Schlözers zur Nützlichkeit des Reisens zeigen, wie sehr es ihm in seinen eigenen Erziehungsmaßnahmen – unabhängig von jedem Experiment – darauf ankommen mußte, daß aus Dorothea kein Bücherwurm wurde. Wo immer er die Möglichkeit sah, baute er erhellende Beispiele und praktische Demonstrationen ins Lehrprogramm ein. Und wie bei allen Anliegen, die ihm am Herzen lagen, so war er auch in dieser Absicht einfallsreich und mutig. So ließ er Dorothea eben auch schon frühzeitig bei seinen Reisen mitmachen.

Hinter Schlözers Formulierungen erkennen wir aber auch noch einen anderen Antrieb, die „staubige Gelehrtenstube" zu verlassen, der überhaupt nichts mit wissenschaftlich-pädagogischen Erwägungen zu tun hatte. Das Reisen besaß für Schlözer einen ungeheuer hohen persönlichen Erlebnisgehalt, und an diesen Freuden sollte nun auch Dorothea teilhaben. Über Jahrzehnte hinweg schon hatte die Ferne auf Schlözer einen zauberhaften Reiz ausgeübt, plagte ihn unwiderstehlich der „Reisewurm". Diese Leidenschaft hatte ihn einmal ausrufen lassen:

„laßt mich ... laufen und schwärmen, bis ich dreißig Jahre hinter mir habe: dann werde ich müde und reisesatt nach Hause kommen ..." (Brief an Schwester Schulz, 7. 8. 1759)

Es trieb ihn auch 1781, als Sechsundvierzigjährigen noch hinaus.

Für Dorotheas Spontaneität und Freimütigkeit, für ihre „Dreistigkeit", wie ihr Vater im Ton der Zeit sagte, bot sich mit der Italienreise ein

Entfaltungsraum, der für sie ebenfalls verlockend gewesen sein muß. Wir
dürfen annehmen, daß sie freudig in das ungewöhnliche Unternehmen
einwilligte. Was ihre Mutter dazu sagte, wissen wir wieder einmal nicht
genau. Es sieht aber fast so aus, als wäre sie selbst auch gern mitgefahren.
Ein Brief Schlözers nimmt anscheinend auf eine entsprechende Erwägung
Bezug:

„Du hättest unmöglich mit nach Italien reisen können wegen 100 Ursachen...“
(An C. F. Schlözer, 30. 1. 1782). Schlözer versprach außerdem seiner Frau, so
wahr er lebte, eines Tages auch sie einmal „entweder nach Augsburg oder auf eine
noch größere Reise“ mitzunehmen; später wurde daraus sogar Florenz oder Mailand. (29. 10. 1781, 16. 3. 82)

So wird das Reiseabenteuer ihres „Hühnchens“ Caroline Friederike
Schlözer nicht nur mit Sorge erfüllt haben, sondern sie wird auch Verständnis für die Faszination gehabt haben, die es ausübte, und sie ihr
gegönnt haben. Immerhin bestand sie aber auf der Mitnahme des Dieners
Schminke; vielleicht weil sie hoffte, daß er wenigstens für ein Minimum
an Versorgung aufkommen konnte.
   Reisen verändert, und von unterwegs schreibt man Briefe. Beides zusammen macht die Reiseberichte Dorotheas, besonders aber die Schlözers an seine Frau zur ergiebigsten Quelle, die wir besitzen, um uns ein
Bild von seiner Persönlichkeit, seinen Beziehungen zu Dorothea und –
ein wenig auch – ihres Verhältnisses zu ihm zu machen. Wir werden
später zeigen, daß wir durch Nachverfolgung dieser Züge zur Entdek-
kung tieferliegender Zusammenhänge zwischen seiner individuellen wie
historisch geprägten Persönlichkeit und seinem Engagement für seine
Tochter in der Form des Experiments gelangten.
   Aus der Beschreibung des Göttinger Alltags der Familie Schlözer wissen wir (vgl. S. 41 ff.), daß Schlözer in Göttingen eher schwer zu ertragen
war und daß Dorothea von diesem Joch ebensowenig befreit war wie ihre
Mutter, trotz der großen Wertschätzung, die ihr Vater sicher für sie
hegte. Zwar mag die Schilderung seines Vaters durch Christian von
Schlözer (I 428 ff.) aus der Sicht seines extrem spannungsreichen Verhältnisses zu ihm gefärbt sein. Alle Indizien (vgl. B. A. 1818a, 39 f., Doering
1836, 377 bis hin zu Karle, 38 ff.) sprechen aber dafür, daß Schlözer
tatsächlich in Göttingen jener mißtrauische Melancholiker war, dessen
eingeschränkte Beziehungsfähigkeit sich in Hypochondrie und Über-
empfindlichkeit gegen Mißachtung verdeckt äußerte, dessen innere Einsamkeit und Leere durch die Überzeugung abgewehrt wurde, etwas ganz
Besonderes zu sein, während andere nichts waren; bei dem Größenphan-
tasien und Minderwertigkeitsgefühle unverbunden nebeneinander erlebt
wurden; dessen Selbstwertgefühl unersättlich nach immer neuer Hebung
durch Bewunderung verlangte, deren Wirkung jedoch schnell verpuffen

mußte, so daß ein depressiver Grundzug das Erscheinungsbild bestimmte; der durch schroffes und taktloses Verhalten sich selbst immer mehr zum Sonderling machte und eher eine Art Fernsprechleitung zur Außenwelt unterhielt, damit er nur nicht Nähe, Kontakt und vor allem nicht Emotionalität hautnah erleben mußte; der seine verdrängten Gefühle fast nicht mehr kannte und bei dem infolgedessen die mangelnde Gefühlssicherheit mit objektiven Sicherheiten wissenschaftlicher Natur kompensiert werden mußte. Auf Reisen wurde ihm alles leichter – aus der Ferne war ihm vieles möglich, das es aus der Nähe nicht war. In der ungewohnten, anregenden Umgebung gab es oft genug „vernünftige" Gründe, um von Regeln, die sonst eisern eingehalten werden mußten, abzuweichen. So war es auch während der Reise nach Italien, auf die ihn Dorothea begleiten durfte.

Gleich in seinem ersten Brief an seine Frau noch in Nürnberg (23. 10. 1781) hören wir, daß er sich mit „lauter Wonne", „wie im Himmelreich" fühlte. „Allmächtiger Gott, was bin ich nun schon für ein anderer Mensch! Ganz aus der Gelehrsamkeit heraus, gesund wie ein Fisch, zerstreut wie ein Hofmann." Nur eine Stunde an seinem wissenschaftlichen Briefwechsel zu arbeiten, wurde ihm „schon entsetzlich sauer". „Himmel, wenn mein Glück nur halb so fortdauert, was werde ich nach Ostern (zurück in Göttingen; d. Verf.) für ein froher Mensch sein." „Schon am vierten Tag der Reise ward ich von meiner Hypochondrie frei, die mich seit Pfingsten gequält hatte ..."

Diese Hochstimmung blieb nicht ganz so. Schlözers Wohlgefühl verlief kurvenartig. Zunächst stieg es von Nürnberg über Augsburg nach Innsbruck immer weiter an, in Bozen und Trient gab's den ersten kleinen Dämpfer, Venedig wurde schon ziemlich unangenehm.

Tapfer schrieb er, daß es „so lustig nicht mehr" wäre, aber: „ich lerne unerwartet viel" (20. 12. 1781); schließlich aber am 7. 1. 1782 von Loreto aus: „Nein, so teuer mag ich nichts mehr lernen", es wäre ein „Hundeleben" in der „italienischen Wüste", nun hätte seine Frau endlich „Revange" (wahrscheinlich dafür, daß sie nicht mitkommen durfte).

Nach der Ankunft in Rom ging es aber bald wieder bergauf.

„Bin ich nicht ein Glückskind, oder besser, verstehe ich nicht die Reisekunst?" „Nun leben wir auf wie Mistkäfer im Sonnenschein." (30. 1. 1782)

Auch diese Freude neigte sich gegen Ende der Reise wieder, aber eher sanft. Er war nun satt des Reisens, müde, nicht am Körper, sondern an der Seele, er kam sich vor wie jemand, der zuviel gegessen hatte und nun Zeit zur Verdauung brauchte (23. 2. 82). Mit Florenz und Mailand ergaben sich vor der anstrengenden Rückreise über den Mont Cenis nach Straßburg noch einmal letzte Glanzpunkte, zu kurz, um noch voll ausgeschöpft, zu spät vielleicht auch, um noch ganz aufgenommen werden zu können.

Zu Haus fehlte es Schlözer angeblich an Appetit, und er war sehr wählerisch im Essen (Ch. v. Schlözer, I 324). Die Eßlust nahm unterwegs offenkundig ungeheuer zu. Kein Brief, der sich nicht mit den genossenen Speisen beschäftigte, zum Teil detailliert. Die Folgen blieben nicht aus. „Dortchen wächst sichtbar, ich aber werde sichtbar dicker." (29. 10. 81) Der Stimmungshöhepunkt in Innsbruck fiel mit den größten kulinarischen Genüssen der Reise zusammen. „Ich muß fort von Innsbruck, sonst eß ich mich krank." (17. 11. 81) Aber auch die Tiefpunkte der Reise hingen eng mit dem leiblichen Wohl zusammen.

Nachdem sie in Trient mit zu viel Huhn, Hahn und Kapaun traktiert worden waren (26. 11. 81), gab es in Venedig nur noch selbstgemachten Tee mit Milch, kein gutes Essen mehr und vier Wochen lang keine Einladung (20. 12. 81). Auf dem Tiefpunkt in Loreto, an dem von Dortchen berichtet wurde, sie hätte nun „das Heimweh" und er „kriege es auch wohl nächstens", drückte er seine Wehmut kulinarisch, aber eindeutig aus: Zwar wäre das Essen am Ort erträglich. „Aber, aber, hätte ich eine Schüssel (niedersächsische – d. Verf.) Vitsbohnen!" (7. 1. 82) Dem Stimmungsaufschwung in Rom entsprachen wiederum zahlreiche Einladungen zum Speisen und endlich die Versorgung durch einen eigenen deutschen Koch (18. 1. 82). Gegen Ende der Reise – kurze Besuche in Florenz und Mailand standen allerdings noch bevor – konnte er dann schließlich „keinen italienischen Wein mehr riechen" (23. 2. 82), stellte aber – entsprechend der positiven Gesamtbilanz – fest: „Mein Reitrock wird mir schrecklich enge." – Was für ein Gegensatz zu dem miesepetrig mäkelnden Schlözer, den wir uns in Göttingen vorstellen können. Er muß sich auf dieser Reise mehr als sonst das haben gestatten können, was er Kindern zuschrieb: „Essen und Trinken sind allerdings das erste und liebste, womit sich die Gedanken der Kinder beschäftigen." (Schlözer 1771 b, 27)

Nun dürfen wir allerdings die eindeutige Kovarianz von kulinarischen Genüssen und Reisestimmung nicht umstandslos zu einer Beziehung von Ursache und Wirkung machen. Natürlich waren die beiden Schlözers, zum Teil auch ihre Begleiter, immer dort gut versorgt, wo der bekannte Vater Schlözer viel Anerkennung und Auszeichnung erhielt. Dort waren Empfänge, Essen und andere Festlichkeiten, ausgerichtet von Fürsten, Botschaftern und Kardinälen an der Tagesordnung, von einfacheren Vergnügungen ganz abgesehen. Natürlich befriedigte ihn diese Bewunderungszufuhr zutiefst.

„In dem großen Rom ziehen doch schon eine Menge Menschen den Hut vor mir ab, weil mich alle Bediente von allerhand Rot-Strümpfen (Kardinälen), Violett-Strümpfen (Prälaten) und Ambassadeurs kennen." (30. 1. 82)

Hier, im Ausland, wurde das Vergnügen und diese Hebung des bürgerlichen Selbstbewußtseins anscheinend nicht vergällt durch den ungerechtfertigten Stolz ständisch übergeordneter Personen, den man in Deutschland noch eher dulden mußte. In Augsburg hatte Schlözer jedenfalls diese kränkende Herabsetzung seines Selbstgefühls noch sehr geärgert:

„Den Patriziern bin ich noch zur Zeit spinnefeind. Was die Menschen und ihre Weiber verdammt stolz tun." (29. 10. 81)

An sich aber genoß er auf der gesamten Reise größte Hochachtung aufgrund seiner Verdienste. Sein gesellschaftlicher Rang im Sinn seiner Stellung in der ständischen Hierarchie interessierte nur von Ferne. So durfte er hier selbst „zerstreut wie ein Hofmann" sein, denn er mußte sich nicht ständig mühsam aufbauen – und demzufolge war er eben auch „gesund wie ein Fisch".

Es war aber keinesfalls nur die Entgegennahme formeller Ehrungen, was Schlözers Wohlbefinden auf der Reise begründete. Vor allem sieht es so aus, als hätte er seine Beziehungstore auf der Italienreise weit öffnen können. Gefühle erreichten ihn plötzlich, er drückte selbst sogar welche aus.

„Alle Menschen freuen sich über mich und ich freue mich über alle Menschen." (23. 10. 1781) Das heißt nicht nur, daß er es handgreiflich merkte, daß alle Menschen ihn „lieb" hatten, sondern ganz gegen seine Gewohnheit ließ er sich auch dazu herab, das zu sagen, was er „Schmeicheleien" nannte. Er erzählte seiner Frau von den verschiedensten Gefühlen, die er hatte, von „Adieu, liebes Augsburg, ich möchte weinen!" bis zu „Juxen", die er sich gemacht oder sich zu bereiten vorhatte. (20. 10., 17. 11. 81, 30. 3. 82)

Was schon die bisher herangezogenen Zitate, immer aus Briefen an seine Frau, erkennen ließen, kann man direkt so ausdrücken: Die Beziehungen Schlözers zu seiner Frau erscheinen hier, verglichen mit dem Göttinger Alltag, verwandelt. Sie wurden zwar nicht gerade das Gegenteil von dem, was sie gewesen waren; sie wurden ganz gewiß nicht leidenschaftlich. Die Briefe zeigen Schlözer oft als pragmatisch, beauftragend, anweisend, ganz leise auch zurechtweisend. Aber es überwog in ihnen doch der Ton einer liebenswürdigen Zuwendung. Er machte seiner Frau Komplimente.

Sie schriebe exzellente Briefe, „wie ein Mann" (17. 11. 81), „nur mach mehr Punkta" (10. 12. 81). In Augsburg, wo die Kinder nicht gestillt würden, hätte er sehr groß mit ihr getan, daß sie es schon mit sechsen gemacht habe (29. 10. 81). An den Bericht über jemanden, der ihn mit ironischem Seitenhieb auf sein wenig anziehendes Äußeres gefragt hatte, ob er auch gewiß wüßte, daß die hübsche Dorothea seine Tochter sei, schließt er an: „Ja! dachte ich, du solltest ihre Mutter sehen!" (29. 10. 81) Von Rom aus schrieb er, man hätte ihm gesagt, ,,ganz Rom spreche von Dortchen". Seine Antwort: ,,wäre ihre Mutter hier, von der würde ganz Italien sprechen" (30. 1. 82). Und, nicht genug der Schmeicheleien, ,,verquackelt" er einiges Geld für sie (30. 1. 82), schickte ihr Geschenke und kündigte in gut Göttinger Spracheinfärbung an: ,,Mach Dich man gefaßt, wie ich Dir schmeicheln will, wenn ich leider könnte." (17. 11. 81) Ein unangenehmes Erlebnis seiner Frau in Hannover beantwortete er mit Bedauern und Mitgefühl (,,ich hätte bersten mögen, als ich es las"; 10. 12. 81). Neckisch fügte er hinzu ,,siehst Du nun?", als er – ein Mal von mehreren – berichtete, daß man ihn in natura für weit jünger halte als er auf den Portraits aussehe, beugte aber auch versteckt ihrer Eifersucht vor: ,,Dem Herrn Dieze sag: die Weibsleute in Verona wären nicht so schön, wie zu seiner Zeit." (10. 12. 81)

Vielleicht ließ sich eine so gut temperierte Beziehung zu ihr aus der Ferne besser ausbauen als aus der Nähe. Vielleicht wollte er seine Frau auch ein wenig entschädigen. Wie immer. Tatsache ist, daß sich auch die persönlichen Nahbeziehungen, die er in unmittelbarer Form mit seinen Reisegenossen hatte, wechselwirkend sicher zu seiner Offenheit auf dieser Reise sehr positiv entwickelten.

,,. . . alle Freude wäre doch nur halb, wenn nicht die 4 1/2 Menschen immer bei wären." Nicht nur Dorothea, die er hier zur halben Person machte, hatte, wie wir gleich sehen werden, ein gutes Leben bei ihm. Seinem Diener Schminke, diesem ,,Extra-Kerl von Reise-Bedienten", war er wohlgesonnen und gönnte ihm, daß er ,,Burgunder . . . aus Biergläsern" trank (29. 10. 81). Auch mit den anderen schien er vorzüglich auszukommen und meinte, auf ständische Huldigungsformen anspielend: ,,alle würden mich aus- und ankleiden, wenn ich es litte" (23. 10. 81).

Steht also auf dieser Reise ein ganz anderer Schlözer vor uns als der, den wir bisher kennengelernt haben? Ja und nein: Die Reise entfaltete an ihm Qualitäten, die zu Hause offenkundig regelmäßig verkümmerten, weil sie systematisch unterdrückt wurden. Er schätzte Göttingen als jenen Ort, wo er seine Karriere machen konnte (vgl. S. 38). Trotzdem konnte er auch sagen, daß ihm dort ,,alles fatal und nichts lieb ist" als sein Haus ,,und was darinnen ist" (22. 1. 74). Im Kontrastbild zur Reise wird deutlich, wodurch das geschah: durch arbeiten ,,auf Göttingisch" (17. 11. 81). Auf Göttinger Art zu arbeiten bedeutete für Schlözer nicht nur vormittags zu arbeiten, sondern bis in die späte Nacht hinein. So konnte er in Göttingen nur ,,des Jahrs etwa 4 mal" mit jenem ,,Gesicht der Gesundheit" herumlaufen, das ihn in Rom nur dann verließ, wenn er es auch hier eben wieder einmal ,,Göttingisch" getrieben hatte.

,,Wenn ich einmal des Nachts bis nach 12 Uhr aufbleibe, so sieht mir's Sch. den andern Morgen gleich an." (30. 1. 82)

Er selbst meinte, daß er unter den Gelehrten (im Alter von real 46/47 Jahren) für einen 66jährigen gehalten worden wäre, während nun immer

wieder gestaunt würde, was er für ein „junger Bursche" sei (u. a. 17. 11.
81). So viel Erfolg sie ihm auch bescherte: aus der Perspektive des Reisens
erschien wohl auch Schlözer die Arbeit in jenem Göttinger Bergwerk der
Gelehrsamkeit, von dem Mme de Staël sprach, als Fron. So betrachtet,
machte es dann auch Spaß, „aus der Gelehrsamkeit heraus" zu sein.

Geht man von den Reisebriefen aus, so hatte Arbeit nach Göttinger Art
mit dem hohen Maß an Selbstdisziplin, das sie Schlözer abforderte, nicht
nur Auswirkungen auf seinen körperlichen, sondern auch auf seinen seelischen Zustand. Die nicht nur körperlichen, sondern auch seelischen
Folgen zeigten sich auch an folgender Episode:

> „Gestern früh, und abends nach 9, arbeitete ich auf Göttingisch im Briefwech-
> sel, und um 11 Uhr weinte mir die Dortchen die Ohren voll: ‚Ich wäre so ver-
> drießlich, ich müßte böse auf sie sein, und sie wüßte nicht warum.' So gar andere
> Menschen sind wir!" (17. 11. 81)

In diesem Fall stellte sich Dorotheas Besorgnis als unberechtigt heraus, aber
vorübergehend scheint die Eintrübung des Klimas durch viel Arbeit doch so
deutlich gewesen zu sein, daß es die Tochter an häusliche Erfahrungen erinnerte.
Beiläufig erfahren wir durch diese Episode noch etwas Interessantes über zu
Hause: wie seismographisch Dorothea nämlich auf den Vater reagierte.

Allerdings darf man die zitierten Briefstellen nicht in der Weise interpretieren, daß Reisen für Schlözer schlicht deshalb so schön gewesen ist,
weil es ihn von der Last der Arbeit befreite. Gewiß: das Reisen öffnete
die Poren des Arbeitstages, und das empfand auch Schlözer als entla-
stend. Doch waren die Zusammenhänge verwickelter. Das Verhältnis
Schlözers zur Arbeit war ambivalent. Wie stark auch immer er einerseits
über die Last stöhnen mochte, wenn er sie aus der Perspektive der Nicht-
Arbeit betrachtete, so vermißte er sie andererseits doch, wenn er sich
ihrer enthalten hatte. Arbeit war Schlözer nicht äußerlich. Er konnte
ihrer nicht ledig werden und trug die Verpflichtung zu ihr, wahrscheinlich auch eine gewisse Lust an ihr, immer auch im Reisegepäck mit sich.

> „Also – man lebt hier so recht à son aise. Aber übermorgen geht das Arbeiten
> an; ich habe unerhört viel eingesackt." (Rom 30. 1. 82)

Die Arbeit war so sehr Teil seines Wesens, daß er dadurch auch manchmal den puritanischen Eindruck hatte, „vor lauter Visiten und Wohlleben
nicht Atem holen" zu können (18. 1. 82). Selbst wenn es ihm wie gesagt
manchmal „schon entsetzlich sauer" wurde, auch nur eine Stunde zu
arbeiten, saß er doch an anderen Abenden oft allein, wenn die anderen
ausgegangen waren. In solchen Zeiten erholte er sich „von vielen
Schmäusen", indem er studierte (29. 10. 81). Das Bild von der Notwendigkeit des „Verdauens" der vielen neuen Eindrücke hatten wir schon
einmal; es muß Schlözer sehr sinnfällig erschienen sein (23. 2. 82). Daher
sieht es so aus, als wäre das Arbeiten für Schlözer nicht nur Grundlage

seines Broterwerbs gewesen. Er brauchte es offenbar gleichsam auch innerlich, um mit den auf ihn einstürmenden Eindrücken und Erlebnissen fertig zu werden, sie zu verarbeiten und sie auf den ihm richtig erscheinenden Platz setzen zu können.

Vor allem stellte das Reisen für Schlözer aber einen eigenständigen Genuß dar, der sich bei ihm unbeschadet seines Verhältnisses zur Arbeit per se einstellte. ,,Über Reisen geht doch nichts, und alle andere Lust ist Quark dagegen" (29. 10. 81) – dieses Motto hatte schon für seine früheren Reisen gegolten, und es schien sich nun auf der Italienreise aufs wunderbarste zu bestätigen.

Die übergroße Freude dieser Reise wurde aber erst legitimiert und sozusagen erlebbar gemacht durch die besondere Nützlichkeit, die Schlözer ihr zuschreiben konnte. Wie ein roter Faden ziehen sich durch alle seine Reisebriefe Nützlichkeitserwägungen, welche zwar nicht immer, aber doch meistens positiv aufgingen, und die eben deshalb Schlözer geradezu zu elektrisieren schienen.

Nützlich war für ihn die Reise z. B. deshalb, weil sie ihm viel Ehrungen und Genugtuungen einbrachte, die ihrerseits durch den Nutzen, den er selbst gestiftet hatte, begründet erschienen. Die willkommenen Einladungen galten ihm keineswegs als unverdiente Glücksfälle oder Beziehungs-Entdeckungen; vielmehr war er überzeugt davon, daß er diese Ehrungen mit seiner gelehrten Arbeit verdient hatte, die den einladenden Würdenträgern und Funktionären ja bereits zu einer aufgeklärteren Herrschaftsausübung nützlich gewesen war: Ehre also als Maß des Nutzens, den er selbst stiftete. – Nützlich war die Reise aber auch, weil sie sein Prestige zu Hause zu steigern geeignet schien. Die raren Geschenke z. B., die er seiner Frau a conto der Reise machen konnte, galten keinesfalls nur dieser persönlich, sondern dienten vor allem auch der Erregung des Neids der Göttinger, die ihn in diesen erkennen sollten:

,,Weil dir der Zitz so eine Freude gemacht hat, so hätt ich Dir von Grund der Seele gern auch von hier aus was geschickt; aber ich weiß es nicht fortzubringen. Wegen der Frisur, Taffent usw. habe Geduld, bis ich auf dem Rückweg bin. Vermutlich geht's über Straßburg, da verlaß Dich auf mich! die Göttingerinnen sollen lange von meiner Reise sprechen. Die Reise kostet mich ohnehin, wenn's so fort geht, 160 Dukaten weniger, als ich gerechnet hatte: dieser Überfluß soll meist für Dich angewandt werden. Der Zitz kostet in Augsburg in allen Läden 28 Dukaten, aber Schüle ließ ihn mir für den Preis, wie er ihn an die Krämer verkauft, nämlich für 16 Dukaten. – Es machte mir eine unausprechliche Freude, wie ich las, daß ich damit so gut bei Dir und andern angekommen wäre. ... O was ist ein Gelehrter, der nicht gereist ist, für ein ärmliches Geschöpf! ... Wenn Dir die Weiber peinliches von der Reise sagen, so sage ,Du wünschtest ihnen, daß der liebe Gott ihre Männer auch in den Stand setzen und sie mit so viel Mut, Verstand und Dukaten ausrüsten möge, daß sie eben diese Pein ihren Weibern antäten'."
(20. 12. 81)

Nützlich war die Reise, weil man auf den Bildhauer Trippel traf, der – wir kommen darauf noch zurück – eine sehr schöne Büste Dorotheas anfertigte, für die man nichts bezahlen mußte, denn Trippel tat es „zu seiner Lust" (23. 2. 82). Nützlich war die Reise schließlich auch deshalb, weil sie, wir verstehen es jetzt besser, so unermeßlich viel einbrachte und dennoch wenig kostete: für Schlözer geradezu ein „wohlfeiles Mirakel". Teils läßt sich dieses Geheimnis als Folge der zahlreichen Einladungen enthüllen, welche die Geldbörse entlasteten und Schlözer auch in dieser Wirkung Vergnügen bereiteten. Teils resultierte es aber aus der „gescheiten Ökonomie", alle Kosten in vier Teile zu teilen (23. 10. 81). Dafür, daß seine Reisegenossen Geld einbrachten, erhielten sie aber auch etwas: Schlözers Reisekontakte. Alles hatte auch hier seine Ordnung, und befriedigt konnte Schlözer feststellen, daß das „Attachement" seiner Mitreisenden „mit jedem Tage" wüchse, „weil sie sehen, daß ihnen meine Gesellschaft mehr nutzt, als sie gehofft haben; denn wo ich eingeladen werde, da werden auch sie eingeladen" (23. 10. 81).

Solche Kalküle, auf die man bei Schlözer immerfort stößt, offenbaren uns einen grundlegenden Zug seines Charakters: Die Herrschaft des Tauschprinzips war ihm selbstverständlich. Alles wurde in seinem Bewußtsein nach seinem Nutzen beurteilt. Auch auf der Reise maß Schlözer alles an dieser Elle von Nutzen und Tausch. Glücklich stimmte ihn die Reise gerade deshalb, weil sie mit vielen Ereignissen verknüpft war, die, an diesem Ideal bewertet, sehr gut abschnitten.

Natürlich gab es auf der Reise auch gegenteilige Situationen, in denen das Nutzenkalkül nicht aufging. Machen wir also die Gegenprobe. Wenn es stimmt, was wir sagten, muß Schlözer auf solche Erfahrungen besonders kritisch reagiert haben. Und so war es denn auch. Besonders verbittert reagierte er auf Prellerei.

Nachdem er in Bozen, damals habsburgisch, noch einmal „schändlich … geprellt" worden war, schrieb er aus Verona, also aus dem Veneto: „Von Augsburg an bis nach Italien prellten uns die Leute, wie Höllen-Teufel, wie Göttinger! Von nun an ist alles menschlich." (29. 11. 81) Da irrte er, und so war für den erwähnten Tiefpunkt seiner Stimmung in Loreto nicht nur das schlechte Essen und die italienische „Unreinlichkeit", sondern auch das Geprellt-werden verantwortlich: „allmächtiger Gott, das ist arg! lieber will ich künftig in die Tatarei". (7. 1. 82)

Nicht geprellt zu werden, muß für ihn auch etwas mit Tüchtigkeit zu tun gehabt haben, denn, überzeugt von seiner eigenen, war er schließlich auch der Meinung, daß seine Reisegenossen, die ohne ihn von Rom nach Neapel ausgeflogen waren, „jämmerlich geprellt" werden würden, weil er nicht mit wäre. (30. 1. 82)

Wert und Gegenwert hatten bei Schlözer so unumstößlich in Entsprechung zu stehen, daß er dieses Prinzip gelegentlich selbst dann exekutierte, wenn es ihm zum Schaden gereichte. So trank er bezahlten Wein aus, auch wenn es ein bißchen viel war und das letzte Glas „roter Veronawein" noch das abendliche Briefeschreiben begleitete und beschwerte (20. 11. 81). Überhaupt erwähnte er in Briefen noch allerlei Ereignisse (29. 10. und 20. 12. 81; 30. 1. 82), die im Maßstab des Äquivalententausches betrachtet und gestaltet wurden, obschon dieser nur zwanghaft angelegt werden konnte. Doch wir verzichten hier auf die Darstellung weiterer Episoden und wollen nur zusammenfassend feststellen, daß uns Schlözer mit seinem durchgängigen Nützlichkeitsdenken ein Beispiel dafür bietet, wie schon in der bürgerlichen Gesellschaft in statu nascendi Beziehungen, die keine realen Güteraustauschbeziehungen waren, dennoch im übertragenen Sinne als Warenbeziehung gestaltet wurden. Von hier aus gewinnen wir anhand der Reise auch einen neuen Zugang zu Schlözers Ablehnung von jedem Zuviel an Gefühl, seiner Ablehnung der „Empfindsamkeit". Eine kleine Begebenheit gibt uns Gelegenheit, diesen Aspekt der Schlözerschen Persönlichkeit anklingen zu lassen.

„In Nürnberg war ich abends beim Bamberger Gesandten Leigerber; eben war auch mein alter guter Freund, Baron (nun Graf) Rothenhahn da; beide hatten sich bei mir melden lassen. Wie es 6 schlug, sagte der Graf, nun wäre die Statistik aus, nun müßte ich eine Pfeife rauchen, und wollte absolut Tabak bringen lassen! – Die Fräulein Leigerber, meine große gelehrte Gönnerin, 18 Jahr alt, sagte an Braun: Sie wollte lieber, daß sie mich gar nicht gesehen hätte, weil sie mich nur 1/2 Stündchen gesprochen hätte, und nicht einige Wochen. Sie ist empfindsam!" (28. 10. 81)

Die Ironie der letzten Sätze läßt nachfühlen, wie übertrieben Schlözers klaren Kalkulationen die Gefühlsäußerung Fräulein Leigerbers vorgekommen sein muß. Jeder mußte doch wissen, daß ihm mehr als eine halbe Stunde mit diesem Mädchen gar nichts „nützte", denn als Achtzehnjährige konnte sie seine richtige Gönnerin nicht sein. Wenn er ihr aber überhaupt eine halbe Stunde schenkte: warum sollte sie diese dann nicht nehmen wollen, da ihr die halbe Stunde doch immerhin mehr „nützte" als die sowieso illusorischen Wochen? Es war wohl nicht nur die Metaphorik dieser Gefühlsäußerung, die Schlözer nicht verstehen konnte. Für ihn waren Gefühle, die sich nicht auf dem soliden Boden eines „do ut des" bewegten, als solche albern.

Das galt auch für eine andere Sorte von Gefühlen, bei denen er sich sogar selbst einmal ertappte, von denen er sich aber sofort distanzierte. In den ersten Tagen der Reise, als er so innerlich strahlend davon berichtete, daß seine Hypochondrie ihn verlassen habe, hieß es noch vor seinem Hinweis auf seine Freude mit und über Menschen: „seitdem lacht mir die ganze Natur" (23. 10. 81). Später in einem Brief aus Verona sagte er:

„Pompös fuhren wir gestern in Italien ein! O mein Gott, welche Freude. Es war ein Tag, wie – nicht im Mai – sondern – im Junis-Tag in Göttingen: lauter

Maulbeer-, Pommeranzen-, Zypressen-Bäume unterwegs. Doch ich mache mir nichts aus Gegenden . . ." (29. 11. 81)

Daß sich sein Hochgefühl an der Natur berauschte, war ihm offenbar unheimlich, mußte beherrscht werden. Wer Natur erkennen wollte, um ihre Gesetze nutzbringend für die Menschengesellschaft anzuwenden, durfte sich von ihr nicht begeistern lassen. Jede Andeutung von Animismus oder gar Magie war da fehl am Platze, war irrational und mußte abgewehrt werden. Was für die Beziehungen zur Natur galt, sollte im Prinzip auch für die Beziehungen unter Menschen gelten. Wer die rechten Zusammenhänge für den wahren Weg zum Gemeinwohl finden wollte, durfte nicht auf jedes Papperlapapp hereinfallen.

In diesem seinem Denken wird Schlözer kurz nach dem 29. 11. 81 eine schmerzliche Bestätigung erfahren haben. An den Satz ,,Doch ich mache mir nichts aus Gegenden: . . ." hatte er nämlich – tatsächlich wohl in einem für seine Verhältnisse brausenden Gefühlsüberschwang – noch angefügt: ,,aber die Menschen sind so charmant!" In Italien, wir kennen das schon, würde nun alles menschlich. Gleich darauf folgte aber der Einladungs- und Essens-Tiefpunkt in Venedig, der Prellerei-Tiefpunkt in Loreto. Diese schmerzliche Erfahrung, daß es nicht so menschlich weiterging, wie es angefangen hatte, wird Schlözer wieder einmal die Notwendigkeit einer besseren Gefühlskontrolle bestätigt haben. Wenn er also ausrief: ,,Da bin ich in einer neuen Welt! Frankreich, Schweden, Rußland, Deutschland, alles ist nach meinem Leisten und Modell, aber Italien!" (10. 12. 81), so danken wir der Herausforderung, die dieses Land für ihn darstellte, nicht nur den Blick darauf, wie diese ihn fast aus dem Häuschen holte, sondern auch darauf, welche modi der Ent-Emotionalisierung und der Rationalisierung ihm zur Verfügung standen, um wieder erkennende und instrumentalisierende Distanz zu Natur und Menschen zu gewinnen.

Wie war dies nun im Fall von Schlözers Beziehungen zu seiner Frau? Wir sagten schon, daß die Reisebriefe in einem anderen als dem Göttinger Normalton geschrieben waren. Gibt es auch Hinweise, die andeuten, daß sich die in den Briefen ausgedrückte freundlichere Stimmung schnell wieder mit neuen Distanzierungsimpulsen Schlözers gegenüber seiner Frau durchsetzten? Der Typus der Beziehungen, die Schlözer zu seiner Frau unterhielt, ist schwer zu bezeichnen. Es war keine Erkenntnisbeziehung und keine reine instrumentelle Austauschbeziehung, mag sie auch einige Elemente von beiden gehabt haben. Da Schlözer sich aber nur diese Arten von Beziehungen bewußt machte, mußte das Verhältnis zu seiner Frau für ihn eine Art Nicht-Beziehung darstellen: Gesellschaftlich gehörte seine Frau zu ihm, war Teil von ihm: ob als sein verlängerter Arm zur Erledigung seiner Aufträge oder zur Repräsentation seiner Person in den

Göttinger Konzerten und Assemblées (10. 12. und 20. 12. 81) oder als
Empfängerin seiner Ehrungen, Teilnehmerin seines Aufstiegsglücks. Seines war auch das ihre. Er wiederum tat groß mit ihr, und zwar nicht nur
mit den sechs Kindern, die sie gestillt hatte, sondern auch mit einem ihrer
Kunstwerke, einer bestickten Weste, die er bei der Audienz beim Papst
trug (30. 1. 82) – allerdings anscheinend ohne Resonanz.

Diese so solidarisch geschlossene Front nach außen hatte allerdings
eine Kehrseite. Das ,,Intime'' und ,,Private'' war als die dem gesellschaftlichen Leben besonders abgewandte Seite wenig sozial durchformt und
gestaltet. (Vgl. Elias 1939, I 226f., der sich allerdings auf das 19. Jahrhundert bezieht.) Das bekamen zu Hause alle diejenigen in unangenehmer
Form zu spüren, die Schlözer nahestanden, d. h. Frau, Tochter, Söhne,
jener Teil des Schlözerschen Oikos, in dem relativ undistanzierte Beziehungen herrschten. Von ihnen kann man sagen, was auch heute noch für
manche Aufstiegsfamilie gilt, nämlich, daß diejenigen, die dem Aufsteiger
am nahesten sind, am rücksichtslosesten behandelt werden. Der eiserne
Wille, mit dem man sich selbst in Schranken hält, unterwirft gnadenlos
und ungebrochen auch jene mitaufsteigenden Teile des Mannes, die in
Form von Familienmitgliedern existieren. Die Beiträge, die sie zu leisten
haben, werden mit Mitteln eingefordert, die mit den Regeln des gesellschaftlichen Verkehrs unter Umständen wenig zu tun haben. Man ist sich
ausgeliefert – oder, wie Schlözer seiner Frau einmal aus Venedig bedeutete: ,,Wer's Feuer will, muß den Rauch leiden'' (20. 12. 81).

So sind wir am Ende doch geneigt, das Verhältnis zwischen den Eheleuten Schlözer als insgesamt kühl zu bezeichnen. Die Reise hatte dieses
Verhältnis sozusagen auseinandergezogen; im Briefwechsel wurde ihrer
beider Verhältnis ein ,,sozialeres'', als es im Alltag war – nicht nur, weil
der Raum, der sie trennte, kommunikativ überbrückt werden mußte,
sondern vielleicht auch, weil die Briefe gar nicht so privat waren, wie sie
uns heute erscheinen. Das gebildete Bürgertum des ausgehenden 18. Jahrhunderts war generell eine brieffreudige Klasse. Eindrücke, Ereignisse,
Probleme, Erkenntnisse – unablässig schrieb man alles in Briefe hinein.
Doch man notierte das nicht nur für sich selbst, sondern zeigte die
Schriftstücke herum, las aus ihnen vor. Und so werden wohl auch Schlözers Briefe nicht nur an Caroline Friederike Schlözer, sondern auch an
ihre Göttinger Kontaktpersonen gerichtet gewesen sein. Folglich stellte
man sich brieflich so dar, wie man wollte, daß das Verhältnis auch Dritten erscheinen sollte. Dieses geschriebene Bild war nicht notwendig identisch mit jenem, welchem die distanzlose Enge des Alltags ihren Stempel
aufdrückte.

Für Dorothea war ein Hauptpunkt der Reise, Italienisch zu lernen. Ferner sollte sie ihre bisherigen Studien weiterführen und – natürlich, wie

Schlözer selbst – neue Erfahrungen machen, die einem „Göttinger Pinsel" versagt blieben: „O Ihr Göttinger Pinsel, was dachte ich und ihr für
dummes Zeug von Italien!" (26. 11. 81)

Ob Schlözer sich freilich die neuen Erfahrungen, die Dorothea machte,
so vorgestellt hat, wie sie tatsächlich ausfielen, erscheint uns mehr als
fraglich. Für Dorothea aber waren es ganz gewiß wertvolle Erfahrungen.
Ihre Entschlossenheit, ihre Lebhaftigkeit und ihr natürlicher Witz, die
viele der jungen Dorothea attestiert haben (nicht nur Christian von
Schlözer ⟨I 316f.⟩, sondern auch objektivere Zeugen wie Goethe ⟨Tag-
und Jahres-Hefte, 182⟩ und Piter Poel ⟨Poel 1884, 245⟩), sind durch
diese Erlebnisse sicher unterstützt und weiter ausgeformt worden. Die
Dorothea im Harzer Bergwerk kann man sich schwer ohne die Dorothea
in Rom vorstellen.

Beherztheit und Mut hat die Zwölfjährige des öfteren gebraucht, auch
wenn die Reisegesellschaft kein einziges Mal körperlichen Schaden nahm.
Kein Achsenbruch, kein Überfall: „Niemand bringt einen in Italien um,
aber das Prellen...", meldete ihr Vater nach Hause (7. 1. 82). Daß die
Italiener mit Prellereien ans Geld der Reisenden wollten, hat Dorothea
ebenfalls sehr geärgert, aber in Lebensgefahr wird sie sich nie gefühlt
haben. Dennoch war ihr gewiß manchmal recht unbehaglich.

Es war wohl doch kein Spaß, eine Stunde mit dem Vater zusammen verlassen in
einer Kutsche zu sitzen, weil man hoffnungslos steckengeblieben war und die
italienischen Fuhrleute sie sitzengelassen hatten (7. 1. 81). Auch das abenteuerliche Gebilde aus einfachstem Schlitten und aufgebundenem Tragstuhl, auf dem sie
gemeinsam mit dem Vater auf der Rückreise ein gutes Stück den Mont Cenis zum
Ort Ramasse hinunterrutschen – „ramassieren" – mußte, kann nicht sehr ver-
trauenerweckend gewesen sein (D. Schlözer 1787a).

Aber nicht nur Mut, auch körperliche Belastungsfähigkeit, Ausdauer
und ein fester Wille gehörten dazu, um die Strapazen der Reise zu überstehen. Schließlich war auch der Umstand wichtig, daß Dorothea Ge-
witztheit und Unbefangenheit zugute kamen. Die Reiseberichte sind gefüllt mit entsprechenden Episoden; einige Kostproben:

Dorotheas Haut, als Göttinger Mamsell hatte sie eine bleiche, war harten Prü-
fungen ausgesetzt. Die Sonne machte sie „gelb wie eine Zigeunerin". Vater Schlözer bekam ein schlechtes Gewissen, wollte ihr eine Maske machen lassen: „vielleicht bleicht sie sich auch wieder" (20. 12. 81). Dorothea aber gab der Sache eine
selbstbewußte und humorvolle Wendung: Als Signor Barazzi, ein sehr wohl
gesonnener alter Herr, „ihr ihre Schopfhaare von der Stirne (hebt – d. Verf.), und
jauchzt, daß sie so ein schönes Mädchen sei; und lacht, daß sie auf der Stirne weiß,
und im übrigen Gesicht braun sei", antwortete sie auf italienisch, „hier (um die
Nase herum) sei Italien und oben Deutschland" (30. 1. 82). Das war wohl typisch
für ihren Witz. Er kam meistens dadurch zustande, daß sie nüchtern Dinge zu-
sammenbrachte, zwischen denen einen Zusammenhang herzustellen nicht jedem

einfiel: Ob sie nun die Via Flaminia mit „unseren hannöverschen Chausseen", den Tiber mit der Leine und den Obelisken des Kaisers Augustus aus Heliopolis mit dem Johanniskirchturm in Göttingen verglich oder – nach allerhand Mühe – kurzerhand feststellte: „Was soll ich Ihnen alles das beschreiben, es steht ja alles schon im Volkmann*" (D. Schlözer an Frau Loder, 29. 1. 82). Ihre genaue Beobachtungsgabe half ihr dabei (auf der Kanzel Cäsars in Rimini seien „eben Nudeln getrocknet" worden), aber auch die altkluge Übernahme väterlicher Spottrichtungen: „S. Antonio Abbate. Dieses Heiligen sein Fest war just heute. Da wurde ein Stück von seinem Arm herumgetragen in Prozession: das sah aus als wenn man den Kehraus durch alle Stuben tanzt, nur ging es etwas langsamer. Es wurden auch wirklich englische Tänze in der Kirche gespielt, eben dieselben, die wir in Gotha getanzt hatten. Sie können leicht glauben, daß mir hierbei das Tanzen in die Beine kam: aber die Musik war in der Kirche!" (An Frau Loder, 29. 1. 82)

Ein gewisses Improvisationstalent, die Möglichkeit, spontan eine unbefangene Geste zu tun, war ihr gegeben und zeigte, daß sie die Umstände einer solchen Reise weniger einengten als zu unerwarteten Initiativen befreiten.

Als in einer Gaststube, noch in Süddeutschland, unter allerlei Fuhrleuten und anderem Volk ein Mädchen zur Harfe sang, nahm Dorothea ihren Reisehut und sammelte ringsum für das Mädchen Geld. „Diese gutgemeinte Dreistigkeit fand soviel Beifall, daß selbst jeder gemeine Fuhrmann lächelnd sein ledernes Beutelchen zog und reichlich spendete." (Ch. v. Schlözer, I 320) Dorothea war stolz darauf, daß das Mädchen sich freute.

Nach und nach wurde sie auch auf dem gesellschaftlichen Parkett, das sie häufig und meistens in Gesellschaft mit Erwachsenen betrat, sicherer und konnte sich dadurch auch hier unbefangen geben. Hatte sie in Nürnberg in einem Gemäldekabinett noch eine „schrecklich geschminkte" Dame lange entgeistert angestarrt (Schlözer an C. F. Sch., 23. 10. 81), so konnte sie doch bald das machen, was man in Italien eine „bella figura" nennt. Sie begleitete ihren Vater mit zur Audienz beim Papst und war mit dabei, als der Vater mit dem Großherzog Leopold in Florenz und dem Grafen Firmian, dem kaiserlichen Gouverneur in Mailand, parlierte. Dem Grafen Firmian küßte sie gar gekonnt die Hand (16. 3. 82).

Dorothea trank also ganz begierig aus dem unkonventionellen Brunnen der Erkenntnis, den ihr ihr Vater mit dieser Reise offerierte. Sie fühlte sich dabei so wohl wie selten in ihrem vorherigen und späteren Leben. Noch 1825, in Avignon, unmittelbar vor ihrem Tode, sollte sie sich zurückerinnern und in ihren letzten Notizen festhalten:

„Als Kind tat ich in Rom eigentlich den ersten Blick in die schöne Welt... Wie glücklich war ich in Rom." (L. v. Schlözer, 320)

---

* Volkmann 1777/78 – damals der Führer der deutschen Italien-Reisenden.

Dorothea Schlözer. Ölbild von Friedrich Rehberg
1781

Wir bezweifeln nun allerdings, daß die Rom-Begeisterung der jungen Dorothea allein der planvollen Methodik erfahrungsoffenen Lernens geschuldet war, mit der Schlözer vor sich selbst die Reise gerechtfertigt haben mag. Zwar lernte Dorothea tatsächlich durch dieses Unternehmen viel hinzu. Was sie aber wirklich an der Reise faszinierte, werden wohl eher die Begleiterscheinungen ihrer sprachlich-gesellschaftlichen Kontakte wie ihrer Kunstbetrachtungen gewesen sein.

Die wichtigste Erfahrung, die sie dabei machte, dürfte die gewesen sein, zu spüren, daß sie eine eigene persönliche Anziehungskraft hatte – auch neben ihrem Vater, wie bekannt und geschätzt auch immer dieser gewesen sein mag. Ob in Augsburg, in Venedig, in Rom – immer fand sie

Menschen, die sie aus der Gasthaus-Atmosphäre der männlichen Reisegesellschaft herausholten und sie einluden, in ihren vornehmen, kultivier-
ten Häusern mit ihnen (oder zuweilen mit den jeweiligen Töchtern) die
Zeit zu verbringen. Und das tat man ganz eindeutig nicht nur, um ihrem
Vater einen Gefallen zu tun, sondern auch aus Vergnügen an ihr (Schlözer an C. F. Sch., 29. 10. und 20. 12. 1781, 23. 2. und 30. 3. 82; vgl. Ch.
v. Schlözer, I 321 f.). Der Kontakt zum Bildhauer Trippel kam ausschließlich durch sie selbst zustande (er hatte sie mit ihrem ebenso hübschen wie deutschen Aussehen in Begleitung des Bedienten auf der Straße
gesehen und angesprochen). Die vielen interessanten und sorgsamen Ein-
tragungen, die ihr Stammbuch am Ende der Reise aufwies, legen für die
Bereitschaft, mit der man sich ihr zuwandte, Zeugnis ab.

Ihr Bruder Christian ließ gelegentlich einfließen, daß sie keine Schönheit gewesen sei, aber zu jener Zeit ein ,,äußerst einnehmendes'' Wesen
gehabt habe (I 316). Immerhin wurde ihr aber auch ihrer Schönheit wegen auf der Reise oft geschmeichelt. Selbst Vater Schlözer, der, als er aus
Nürnberg davon berichtete, noch von dieser Schönheit geschrieben hatte:
,,davon wußte ich, weiß Gott, in Göttingen nichts'' (an C. F. Sch., 23. 10.
1781), scheint nach und nach gewahr geworden zu sein, daß er wirklich
eine hübsche Tochter hatte – und wenn es durch solche Bemerkungen
war wie die, man hätte bisher gar nicht gewußt, ,,daß Gelehrte auch
hübsche Kinder zeugen könnten'' (29. 10. 81).

Die Menschen, die Dorothea kennenlernten, empfanden ihre Gesellschaft also als angenehm. Das brachte für sie auch Genüsse mit sich, die
Vater Schlözer mit Sicherheit nicht eingeplant hatte. Dorothea wurde zu
Bällen und Konzerten mitgenommen, ging auf Redouten und Maskera-
den, wurde in die Oper und zum Karneval eingeladen. Angesichts dieser
Vergnügungen hatte Schlözer wohl seine liebe Not, für die ,,Nützlich-
keit'' ihrer Reise zu sorgen. In Gotha, der ersten Station, wo Dorothea
sich bereits im ,,wahren Paradies'' wähnte, wies er sie mit folgenden
,,Donnerworten'' (Ch. v. Schlözer, I 319) auf gut Göttingisch zurecht:

,,Höre Mäken, Trödelbüchse, Flunkersche; morgen sollst Du um 5 1/2 aufste-
hen und eher nicht vom Flecke gehen, als bis diese beiden Blätter vollgeschrieben
sind.''

Streng war Schlözer noch am Anfang. Den Ball auf dem Kaufmanns-
Saal in Augsburg verließ er vorzeitig mit Dorothea, ,,zur Strafe, daß sie
gegen meine Ordre sich hatte überwältigen lassen, deutsch (Walzer;
d. Verf.) mit zu tanzen'' (29. 10. 1781). In rein katholischen Gegenden
schickte er sie mit einer Begleitperson und einem neuen Göttinger Ge-
sangbuch in die Messe, wo sie dann die von ihm vorgesehenen Gebete in
aller Stille durchexerzieren mußte (29. 10. 81). Immer wieder beteuerte
er, sie halte sich gut, er wäre mit ihr zufrieden oder ,,noch'' zufrieden, sie

führe ihr Reisejournal ordentlich (29. 10. und 20. 12. 1781, 7. 1. und 12. 1.
82). In Rom schickte er sie in eine Nähschule, in der auch Religion
unterrichtet und gelesen wurde und prüfte durch persönliche Anwesenheit ihren Italienisch-Unterricht. Dennoch scheint er mit seiner Kontrolle selbst nicht immer ganz zufrieden gewesen zu sein, denn von Venedig
an klang es so, als müßte er sich etwas nun aber ganz fest vornehmen: ,,In
Rom werd' ich sie bei mir behalten, damit sie auch was lernt." (20. 12.
1781)

Was das Verhältnis von Vater und Tochter betrifft, so bestätigen uns
die Zeugnisse von der Reise den vorherigen Eindruck. Dorothea war aus
dem diffusen Sozialverhältnis der Schlözer sonst noch ,,Nahestehenden"
ausgegliedert, sie stellte für ihren Vater etwas Besonderes dar. Diese Besonderheit ihrer Stellung blieb aber auch auf der Reise eingespannt in das
Zweck-Mittel-Verhältnis, als das es der Vater vor sich selbst definierte.
Die Quellen sagen uns auch etwas darüber, wie Dorothea selbst mit
dieser Konstellation umging. Für sie kam es allem Anschein nach in erster
Linie darauf an, sich ihren Vater wohlgesonnen zu machen. Für sie hingen Freud und Leid davon ab, ob er ,,böse auf sie" war oder nicht. Hatte
er schlechte Laune, so bekam sie Heimweh, geschehen in Loreto.

Sie widmete diesem Punkt folgerichtig die genaueste Aufmerksamkeit.
Die Mittel, die ihr zur Verfügung standen, um gut Wetter für sich zu
machen, waren wiederum, dank der Experimentsituation, klar definiert,
wenn auch begrenzt. Zwar versuchte Dorothea auch noch – und es
scheint ihr sogar manchmal gelungen zu sein –, ihren Vater durch
Schmeicheleien, indirekte Komplimente, eigene gute Laune und liebevol-
le Ideen aufzuheitern (Schlözer an C. F. Sch., 17. 11. und 20. 11. 1781,
16. 3. 82; Ch. v. Schlözer, I 321). Dorothea wußte aber auch, was eigentlich zentral war: lernen, arbeiten.

Als sie einmal zur Maskerade wollte und die übrige Reisegesellschaft schon
zwei Stunden lang ein gutes Wort für sie eingelegt hatte, holte sie demonstrativ ihr
Mathematik-Heft hervor und ,,studierte ganz gewaltig". Da konnte Schlözer
nicht mehr widerstehen, schmunzelte sogar merklich noch beim Bericht darüber
und ließ sie gehen (29. 11. 1781).

Je mehr sie arbeitete, je stolzer ihr Vater auf sie sein konnte, je mehr sie
ihm als Vorposten zur Bestätigung seines Selbstwertgefühls geeignet erschien, desto mehr konnte sie von ihm bekommen. Je weniger das der
Fall war, desto mehr riskierte sie, daß er ,,böse" war. Sie hat das als
Fünfzehnjährige, also einige Jahre nach der Reise selbst ganz klar ausgedrückt.

,,Freilich wenn ich Latein oder einen schweren Satz im Euklides auszuarbeiten
habe, so vergeht mir wohl zuweilen die Geduld, aber ich denke denn, wenn ich
diesen Satz und Latein fix verstehe, so lerne ich dadurch, wie eine Brille beschaf-

fen sein muß, und das ist doch wohl angenehmer, als bei Hitze und Frost in der
Küche zu stehen. Und wird es mir manchmal ein wenig sauer, so werde ich jetzt
schon genug dafür belohnt, weil mir mein Vater manches Extra-Vergnügen dafür
erlaubt." (An Luise Michaelis, 19. 1. 1785)

Was Vater Schlözer sich für Rom vorgenommen hatte, hätte sich auch
so sagen lassen: Der Extra-Vergnügen waren es jetzt genug, jetzt mußte
erst mal wieder gearbeitet werden.

Gerade in Rom aber wurde ihm die Realisierung dieses Vorsatzes
schier unmöglich gemacht. Dort geschah nämlich, wie er selbst sagte,
„sein bestes Abenteuer auf der ganzen Reise mit Dortchen" (30. 1. 1782).
Nachdem er zusammen mit seiner Tochter bei dem äußerst wohlhaben-
den und einflußreichen Bankier Barazzi in Rom zum Mittagessen eingeladen worden war, ereignete sich folgendes:

„Dortchen insinuierte sich gleich bei dem Alten, weil sie französisch, englisch
und italienisch plauderte, und bei seiner sehr galanten 30jährigen Frau, weil sie
feuerrote Backen hatte. Nach Tische brachten sie ihre Bitten an, das Mädchen
sollte gleich dableiben, und Vater und Mutter da finden." (Schlözer an C. F. Sch.,
30. 1. 1782) Dorothea: „Das wurde ... mit Kußhand angenommen." (An Frau
Loder, 29. 1. 82)

So verbrachte Dorothea nun also ihre ganze römische Zeit in diesem
Haushalt, in dem es alles andere als asketisch zuging. „Da lebt nun das
glückliche Geschöpf wie eine Fürstin! ... Die Mägde bedienen sie wie
eine Kronprinzessin", jauchzte jetzt sogar der Vater. Es muß eine herrliche Zeit für Dorothea gewesen sein. Ihrer Tante schrieb sie:

„Heute vor acht Tagen ... zog ich mit Sack und Pack von unserer Gesellschaft
aus, und quartierte mich bei Madame Barazzi ein. Den Abend nahm sie mich in
die Oper mit: auch die andern Tage ward fast immer ausgefahren, bald auf ihre
Villa außen vor Rom, bald anderswohin. Des Mittags ist beständig Gesellschaft
bei uns... Den Abend ist gewöhnlich Conversazione (Assemblée) hier, da wird
gespielt. ... Ich habe eine Art Kammerjungfer, und dann sind noch zwei andere
Mädchen zum Aufpassen da. ... Wenn einer von unserer Gesellschaft kommt und
mich besucht, so ordinier ich Schokolade oder Punsch. Kurz ich habe ein fürstli-
ches Leben. Gott segne meine liebe römische Mama Barazzi." (An Frau Loder,
29. 1. 82)

Schlözer selbst wurde – nun notabene durch Dorotheas Vermittlung –
häufig zum Essen geladen; das Angebot freilich, sogar seine Kleidung
zum Flicken herzubringen, nahm er nicht an. Er war beeindruckt: „Himmel, welche Leute!" Aber während es ihn in Innsbruck noch völlig beruhigt hatte, Dorothea in Begleitung einer „wackeren Frau" allein zur Maskerade gehen zu lassen (17. 11. 81), schwand sein Vertrauen in Signora
Barazzi mehr und mehr. Diese „sehr galante Frau" war so gar nicht das,
was er unter „wacker" verstand. Zwar sorgte sie dafür, daß Dorothea

hinter einem Wandschirm völlig ungestört ihre protestantischen Gebete beten konnte, obwohl sie selbst und alle – ebenso besorgten wie neugierigen – Mägde natürlich katholisch waren; zwar gab sie ihr Italienisch-Unterricht; zwar versorgte sie sie in allen Dingen auch des täglichen Lebens auf das liebevollste. Daß man in ihrem Hause dem Vergnügen an sich aber einen positiven Wert beimaß und an Muße und Entspannung als notwendigem Korrelat zu ernsthaften Lernanstrengungen festhielt, das irritierte Schlözer doch sehr. Er schrieb an seine Frau:

„Mittags speiste ich bei Barazzi... Ei, ei! beinahe hätte ich mit Madame Barazzi gezankt. Ich fragte nach einem Sänger, der Dortchen Stunden geben sollte. Madame fuhr auf: man brächte das Mädchen um durch übermäßiges Arbeiten; sie lernte schon Italienisch, schriebe so viel, und nun gar noch Musik!... Bloß weil sie vier Sprachen lallt, das macht sie schon zum Mirakel. Denn so viehisch kann man sich keine Erziehung denken, wie die in Italien. Das Ende vom halben Zanken war: wenn sie sich schon krank arbeiten, eine gelehrte Dame werden und nicht täglich mit ihr ausfahren sollte, könnte sie es tun; aber dann solle sie nicht sagen, daß sie in Rom bei Madame Barazzi gewohnt und doch Rom nicht gesehen habe. Nachher beichtete mir Dortchen, es wären schon mehrere Spitzen von gelehrter Dame vorgefallen; die Mägde dürften sie nie aufwecken, ‚weil sie sonst krank würde‘; wenn sie ihr Journal schriebe, kriegte sie immer scheele Gesichter. Also kein anderer Rat, als daß ich das glückliche Geschöpf schlummern lasse; sie wird’s wohl künftig wieder einbringen.“ (30. 1. 82)

Schlözer paßte sich an, so gut er konnte, und versuchte, sich zu beruhigen:

„Sie behält alles, was sie sieht, und spricht gescheit davon.“ „Das beste ist, das Geschöpf spricht schon flinker Italienisch wie Englisch; ich kann sie schon ordentlich wie Dolmetscherin gebrauchen.“ (30. 1. 82)

So kann er sich und seiner Frau versichern, daß sie „ein so gutes und doch dabei so nützliches Leben hat“ (30. 1. 82). Dorothea aber spürte, daß sie seinen Ansprüchen mit einem solchen Leben nicht ganz genügen konnte. Mit schlechtem Gewissen notierte sie in dem erwähnten Brief an ihre Tante auch:

„Das Schreiben und Arbeiten wird mir seit einigen Tagen unaussprechlich sauer; ist der Scirocco-Wind schuld daran oder habe ich einen Ansatz, eine römische Dame zu werden?... Künftig, wenn ich wieder deutsch werde, will ich wills Gott auch fleißiger sein.“ (29. 1. 82)

Eine weitere zentrale Erfahrung Dorotheas auf dieser Reise war der Zugang zu den schönen Künsten. Immer wieder waren bereits unterwegs Gemälde angeschaut und Kunstakademien besucht worden – was Schlözer betraf ohne sonderliche Begeisterung. Noch aus Loreto meinte er gegenüber seiner Frau, sie hätte zwar nicht wie er ein „Stück von Raffael“

Dorothea Schlözer. Gipsbüste von Alexander
Trippel 1782

gesehen, dafür aber „gut gegessen und auf Federn geschlafen", sie wäre
daher im Gegensatz zu ihm ein „glücklicher Mensch" (7. 1. 82). Auch in
Dorotheas Curriculum war die Kunst bisher eher stiefmütterlich behandelt worden. In Rom nun schließlich ließ sie sich aber nicht mehr länger
zurückdrängen. Zwar hatte sich Schlözer „heilig vorgenommen, in Rom
nichts zu bewundern" (ein besonders rigider Standpunkt, wenn man sich
auch vergegenwärtigen muß, daß der uns geläufige Begriff der italienischen Reise und die dazugehörige Rom-Euphorie erst gut dreißig Jahre
später unter dem Einfluß von Goethes retrospektivem Italienbild entstanden ist ⟨Oswald, 88ff⟩). Aber in Rom selbst konnte Schlözer sein
Wort nicht halten: „. . . bei St.Peters- und Maria-Maggior-Kirche kam ich
aus aller Fassung" (an C. F. Sch., 18. 1. 1782). Pragmatisch wie er nun
einmal war, schickte er sich ins Unausweichliche: Der Romaufenthalt
sollte dazu benutzt werden, Dorothea in die Kunst einzuführen.

Das war ein neues Glück für Dorothea, zumal die Rolle des Cicerone Wilhelm Heinse zufiel, jenem Schüler Wielands, der sich seit 1780 in Italien aufhielt: begeistert von der Malerei der Renaissance und den Plastiken der griechischen Antike, deren Nacherleben seinem Traum von einer Welt der Wahrheit durch Nacktheit Kontur und historischen Bezug gegeben hatte. Heinse war mit Vater und Tochter Schlözer schnell nach deren Ankunft in Rom bekanntgeworden. Der Vater erschien ihm recht trocken, aber an Dorothea fand er so großen Gefallen, daß er viele Tage mit ihr durch Rom wanderte, die Welt der Kunst erläuternd.

,,... hab einen Monat mit dem eher trockenen Schlözer durchhistorisiert, wofür mich manche nützliche Nachricht und seine reizende elfjährige Tochter schadlos gehalten hat, ein Kind, das ganz artig Italienisch spricht, Lateinisch, Französisch und Spanisch zu lesen angefangen hat, das Klavier spielt, Bravourarien singt und voll Lebhaftigkeit ist. Ich bin manchen Morgen und Nachmittag mit ihr in dem weiten Rom herumgezogen ...'' (an Jacobi, 16. 3. 1782)

Viel kunsthistorisches Wissen ist Dorothea auf diesen Spaziergängen präsentiert worden. Aber wenn ihr Führer ihr eine Raffaelsche Madonna oder einen griechischen Jüngling erklärte, dann wird sie durch die Verve, mit der er sprach, auch gespürt haben, daß für Heinse diese Kunstwerke mehr waren als Objektivationen abendländischer Kultur. Ob das Mädchen wirklich schon erfaßte, daß Heinse diese Kunst so begeisterte, weil sie seinen Wunsch- und Traumbildern Stoff gegeben hat, weil er in Raffaels Maria das herrliche Weib sah und in Christus den nervigen gebräunten Südländer, weil er in der antiken Gestalt sein Ideal des nackten ursprünglichen Lebens nacherlebte, das ist zweifelhaft. Aber Strahlen des Heinseschen Lebensgefühls (Heinse 1787; vgl. Benz, 19 ff.; Oswald, 21 ff.) werden schon angekommen sein und ihre Phantasie angeregt haben.

Kunst wurde insgesamt hochgehalten in diesen glücklichen Wochen der Dorothea. Nicht nur mit Heinse, sondern auch mit anderen Mitgliedern der deutschen Künstlerkolonie hatten ihr Vater und sie Kontakt. So insbesondere mit dem Bildhauer Alexander Trippel. Diesen Künstler hatte, wie wir schon erwähnten, die ,,piccola tedesca'' von der Straße weg so sehr fasziniert, daß er sie in einer schönen Büste verewigte, die nicht allein der stolze Vater als ,,göttlich schön, wie antik'' empfand (Dorothea an Trippel, 1792; Schlözer an C. F. Sch., 23. 2. 1782). Viele nach ihm sollten sie noch bewundern, von Goethe* bis hin zu Fritz Ernst, für den sie ein ,,kaum übertroffener Triumph des bildhauerischen Klassizismus jener Jahre'' gewesen ist (Ernst, 243). Zur gleichen Zeit hat Friedrich

---

* Goethe sah Dorotheas Büste 1793 bei seinem Besuch im Schlözerschen Hause in Göttingen und erinnerte sich noch 1820 in angenehmer Weise (Goethe, Tag- und Jahres-Hefte, 182).

Rehberg, damals auch in Italien, ein Portrait von Dorothea gemalt (Küssner, Bild 27; vgl. aber Falckenheiner, 20f.; Ilscher, 48ff.).

Selbst Schlözer sprach in dieser Atmosphäre „von köstlichen Antiqui-
täten", die er beim Herumlaufen mit dem „hübschen Heinse" und Dorothea gesehen hätte (an C. F. Sch., 30. 1. 82). Tatsächlich kam ihm sogar
der „Baugeist". Er nahm sich vor, „allerhand Quackeleien" – diesen
kindlichen Ausdruck verwendete Schlözer immer, wenn es um Luxusausgaben ging – in seinem Garten in Göttingen anzubringen. Selbst dabei
konnte er freilich die Verbindung mit dem Nützlichen nicht ganz lassen:
Er dachte daran, eine Marmorbüste Münchhausens, seines verstorbenen
ersten Göttinger Dienstherrn, aufzustellen (30. 1. 82). Für Dorotheas
Trippel-Büste brauchte er Gott sei Dank nichts zu „verquackeln", denn
Trippel arbeitete ja, wie gesagt, „zu seiner Lust" (23. 2. 82).

Dorothea sei als Kind nach Italien gefahren und als Jungfrau zurückge-
kehrt, schrieb Christian von Schlözer (I 324). Wir teilen diesen Eindruck.
Schon die geschilderten Erlebnisse und Erfahrungen sprechen dafür, aber
es gibt noch einige direktere Hinweise. Zwar verstand Dorothea offen-
sichtlich noch nicht, was es damit auf sich hatte, daß Signor Barazzi sich
eines Tages schluchzend auf seinem Bett wälzte, nachdem ihm ein Brief
an seine junge Gemahlin in die Hände gefallen war und diese daraufhin
heftige Krämpfe bekommen hatte (Ch. v. Schlözer, I 321). Aber eine
Abendmusik auf der Straße in Verona hielt sie doch schon für eine Sere-
nade zu ihren Ehren. Das war im Gegensatz zu Vater Schlözers Interpretation vielleicht gar nicht so falsch, denn am nächsten Morgen erschien
ein „Canonicus" mit einer Rosen- und einer Nelkenknospe für Dorothea
(Schlözer an C. F. Sch., 10. 12. 1781).

Irgendwann auf dieser Reise wird dann sicherlich auch Vater Schlözer
gedämmert haben, daß sein Wunderkind aus seiner scheinbar ge-
schlechtsneutralen Phase herauswuchs und auf dem Wege war, zur jungen Frau zu werden. Entweder hat er es bemerkt, aber heruntergespielt,
oder es tatsächlich – wie so mancher Vater einer heranwachsenden Tochter, auf die er stolz ist – nicht wahrhaben wollen. Frau zu werden, ent-
fernt ja die Tochter im Erleben der Väter; ein neues Verhältnis muß
gefunden werden.

Bei Heinse aber wurde es ihm zuviel. Da zuckte er denn doch zusammen:

„Dem Statüenbegucken", schrieb er nach Hause,,, bin ich gram geworden: es
ist so viel Unzüchtiges dabei. Kein Wunder, daß alles in Italien huret (auch
Dortchen gewöhnt sich die Kunstsprache an: sie schwatzt *von weichem Fleisch* an
marmornen Statüen), und letztlich nach der Oper, wo alle Weibsleute verkleidete
Kurtisanen sind, sagte die Jungfer Naseweis, es hätte bäuerisch gelassen, die Kerls
hätten eine bloße Gorge gehabt, und das hätte doch so muskulös ausgesehen."
(An C. F. Sch., 30. 1. 1782)

Das Studium klassischer Meisterwerke zum Zwecke der Geschmacksbildung und zur Schulung von Urteilskraft und Verstand – das mochte
noch angehen, das machte man sogar in Göttingen (wenn auch Schlözer
von den entsprechenden Initiativen Gesners und Heynes nicht sonderlich
viel hielt und moralische Ertüchtigung mehr als wechselseitige Belehrung
der Bürger auf der Grundlage diszipliniert errungener, wahrer Erkenntnisse verstanden wissen wollte). Daß nun aber die Kunst gar als Stimulus
zur „erfahrungsoffenen" Erkundung der eigenen Natur, des eigenen
Körpers, der eigenen Bedürfnisse, als Erleben und als Inspiration zur
psychischen Verarbeitung von „Empfindungen" hingenommen und ge-
wollt wurde, wie dies bei Heinse der Fall war, dies konnte Schlözers
Verständnis und Billigung überhaupt nicht mehr finden.

Wir können sehr gut nachfühlen, daß Dorothea sich, wie es Schlözer
sagte, „desperat" anstellte, als sie aus Rom weg sollte und „viele Tränen"
vergoß (an C. F. Sch., 23. 2. 82; Ch. v. Schlözer, I 322). Wir wissen aber
auch, warum Schlözer so froh war, als er diese Sache fast hinter sich
gebracht hatte. Er beruhigte sich zwar mit der Hoffnung, daß seiner
Tochter die „besten Tage der Welt . . ., die sie in Rom genossen . . ., weil
es nicht lange mehr dauert, . . . nicht schaden" würden (23. 2. 82). Aber er
war doch sehr erleichtert, als die italienischen Verführungen überstanden
waren und die Reisegesellschaft samt Dorothea am 29. 3. 1782 über den
mit Eis und Schnee bedeckten Mont Cenis, der sie tüchtig abkühlte,
wieder in nördlichere Gefilde eintrat (D. Schlözer 1787a).

„Das ist nun alles vorbei, Gottlob!", schrieb er auf der anderen Seite
der Alpen – und meinte damit wohl nicht nur die Gefahr, von der man
ihm im puritanisch-protestantischen Neuchâtel sprach, daß Dorothea in
Italien ja auch hätte „in ein Kloster gestohlen" werden können (30. 3. 82).

Das Experiment 2

Es war aber längst nicht „alles vorbei". Was jedenfalls Dorotheas inneren Anteil an den neuen Entwicklungen anging, mußte Schlözer nun doch wohl in Rechnung stellen, daß sein Experiment in eine neue Phase eingetreten war. Nicht immer wird er sich in dieser Zeit gern an seine Tiraden gegen Basedow erinnert haben, in denen er unter anderem von oben herab erklärt hatte:

„Die Tugend läßt sich nicht lehren, sondern allein ausüben. Man lernt Logik, Optik, und Mechanik; das ist, man raffiniert über die Natur des Denkens, Sehens, und Gehens: aber denken, sehen und gehen lernt man dadurch nicht. Folglich ist ein Schüler Basedows, mit allen Sprüchelchens, Maximen und empfindsamen Stellen des Elementarbuchs bepackt, gleich einem Studenten, der mit dem Hefte unter dem Arm aus einem Collegio über die Reitkunst kommt: jener wird nicht tugendhaft sein und dieser nicht reiten können. Folglich ist die schönste Seite der Basedowschen Erziehung nur Blendwerk und falscher Schimmer: er meint es abermals gut, er will den Kindern Tugend einpflanzen; allein er sucht sein Ziel auf einem völlig unpädagogischen Wege und wird es nie erreichen. Wie gewöhnt man einem Kinde den Eigensinn ab? Durch feine Reflexionen über die Natur des Eigensinns? Durch wimmernde Ermahnungen an das Kind, es solle nicht eigensinnig sein? – Nein, durch Künste, die im Methodenbuche stehen sollten und nicht darin stehen." (1771a, LXVIIIf.)

Um zu verstehen, wie sehr sich Schlözer nun mit seiner heranwachsenden Dorothea in der Bewährungsprobe fühlen mußte, müssen wir diesem hier angesprochenen Teil der Auseinandersetzung, die er mit Basedow hatte, genauer nachgehen.

Es handelte sich bei der Tugend, um deren pädagogische Vermittlung die beiden stritten, nicht um etwas ganz so Abstraktes, wie es in der angeführten Passage scheinen mag. Es ging um die Frage von „Moral" im engeren Sinne, nämlich um die voreheliche Keuschheit der Jugendlichen und auch der Kinder. Basedow war der Meinung, zur Keuschheit nur durch Einsicht erziehen zu können, durch Einsicht in die Wichtigkeit der Wohlordnung einer bürgerlichen Ehe mit in ihr gezeugten und erzogenen Kindern. Da schlechte Einflüsse (z. B. von seiten der Dienstboten) oder auch die „von Gott eingepflanzte Wißbegierde" der Jugend Kenntnislosigkeit auf diesem Gebiet auf die Dauer doch unmöglich machte, wäre es nur recht und billig, so meinte er, den Kindern ehrliche und zutreffende Auskunft zu geben. Sonst erzöge man zu sklavischer Unterwerfung, Untätigkeit und Leichtgläubigkeit des Verstandes, man bilde Menschen her-

Dorothea Schlözer. Silhouette 1786

an, die durch Zutrauen zu Eltern und Lehrern hinterrücks dazu geführt würden, „des großen Lamas Kot andächtig zu verzehren" (Basedow 1774, I 128/vgl. 1770, 168 f.). Hinter dieser Auffassung stand die realistische Annahme, daß die Erhaltung von absoluter Kenntnislosigkeit in sexuellen Dingen aufgrund der gesamten Umstände des Zusammenlebens unmöglich war (weniger möglich übrigens als im 19. Jahrhundert, das in dieser Hinsicht einige „Fortschritte" erzielte). Also unternahm Basedow den Versuch, ein Schema der Sexualaufklärung zu entwerfen und ihm mit einer Art Tugend-Katechismus inclusive einer expliziten „Verpflichtung zur Keuschheit" die rechte Einordnungshilfe beizugeben (Basedow, I 491 ff., 531 ff.). Einige Auszüge aus Basedows Darlegungen mögen uns Schlözers Bedenken nachvollziehbarer machen:

„Ein jeder erwachsene Mensch war ein Säugling, und vorher aus dem Leibe seiner Mutter geboren, woselbst sein eigener Leib 9 Monate nach und nach angewachsen ist. Während dieser Monate ... heißt (die Frau; d. Verf.) schwanger ... Es wird kein Weib schwanger, ohne von einem Manne begattet zu werden. Zur Begattung haben beide Geschlechter in einem gewissen Alter natürliche Lust. Aber sowohl die Begattung als alles, was den Trieb zu derselben reizt, ist außer der geschlossenen Ehefreundschaft unter Menschen sehr schädlich und also schändlich ...

Eine Jungfrau und ein Junggeselle sind solche Personen, die niemals die Begattung ausgeübt und auch nicht ihre Schamteile auf ähnliche Art behandelt haben, um ihre Geilheit ohne Hilfe des anderen Geschlechts auf eine für Leib und Seele gefährliche Art zu reizen und zu befriedigen ...
Würden keine jungen Kinder geboren, so würde das menschliche Geschlecht bald vermindert werden und gänzlich aussterben ...
Aber von den zur Begattung erforderlichen Schamteilen oder von der Begattung der Menschen sollt Ihr ohne besondere Erlaubnis nicht reden, Ihr Kinder. Die Übertretung dieses Verbots ist Euch schädlich und schändlich. Ich kann Euch freilich die Ursache davon nicht sagen. Aber wahr ist es, gleichwie es wahr ist, daß man die Entblößung der Schamteile als schändlich und unehrbar tadelt." (1774, I 128–131)

Die „Begattung", von der Basedow etwas sagen zu müssen glaubte und sich doch nicht recht getraute, nannte er auch die „genaue Gemeinschaft" der Geschlechter. Hierauf bezog sich Schlözer mit folgender Polemik, in der er Basedow zwar recht freizügig, aber nicht sinnverfälschend zitierte und die Basedow getroffen haben wird:

Basedow hatte gemeint, wenn man die Erkenntnis der Zeugung verbergen wollte („die Sachkenntnis"), so müßten manche andere Dinge reine „Worterkenntnis" bleiben. Schlözer: „Aber, fragt er ..., ‚Was ist ihnen (den Kindern; d. Verf.) dann der Stammvater des menschlichen Geschlechts, das Gebot von Hurerei und Ehebruch ..., wenn man nicht mit ihnen die Zeugungslehre treibt? Wie viele nützliche Sacherkenntnis wird ihnen dann bloße Worterkenntnis bleiben?' Ich frage ...: was ist ihnen dann die genauere Gemeinschaft beider Geschlechter, die ihnen Hr. B. so oft in die Ohren tönet, wenn man ihnen nicht den ganzen Actus erklärt? Sonst bleibt ja diese genaue Gemeinschaft bloße Wort- und nicht Sacherkenntnis für sie? – Ich breche über diese Materie ab, die allein schon ein unüberwindlicher Beweisgrund gegen die pädagogische Sendung des Mannes ist, der das Unglück hat, mit einer solchen Idee behaftet zu sein." (1771a, XXXIIIf.)

Schlözer gehörte lieber zu denjenigen Gegnern der Sexualaufklärung, „die einen Teil ihres Körpers nicht für gläsern halten wollen" und empfand das, was Basedow tat, als „Empörung gegen Tugend, Ehrbarkeit, und Pädagogik" sowie als „Abfall vom gemeinen Menschenverstande" (XVIII). Ebenso wie er sich mit seiner Offenheit für weibliche Gelehrsamkeit in die Reihe der rationalistischen Frühaufklärer einordnen läßt, ebenso kann man in seiner Ablehnung einer allzu genauen Sexualaufklärung eine Verwandtschaft zu jenen vorphilanthropischen Mädchen-Erziehern entdecken, die die Tugendhaftigkeit ihrer weiblichen Zöglinge allein durch utilitaristisch-rationale Vernunfterziehung und Religion zu sichern trachteten (vgl. Grenz, 35 ff.). Auch hier mußten wir uns aber wieder fragen, ob es wirklich allein dieser Unterschied zu Basedow war, der Schlözer so in Rage brachte.

Stutzen lassen vor allem einige ebenso verschlüsselte wie unvermittelte
Assoziationen Schlözers. Dort, wo er davon berichtet, daß Basedow von
„Hurerei und Ehebruch" spricht, schiebt er eine Klammer mit dem Inhalt ein: „Warum nicht auch der Titel von einem Buche Tissots?" Und
um, wie er meint, den Zynismus der Idee zu zeigen, mit der Basedow
„behaftet ist", fügt er der obigen Polemik über die Sach- und Worterkenntnis ein „Parallelexempel" von einem Hofmeister bei, der gemein-
schaftlich mit seinen Zöglingen masturbiert: „Was ist mit dem sonst
braven Manne anzufangen? – Fort mit ihm aus der Kinderstube!" (1771a,
XXXV) Man muß dieses „Exempel" im Original zweimal lesen, nicht
nur, weil es so kunstvoll verschlüsselt ist, sondern auch, weil es von heute
aus doch recht irritierend erscheint, jemandem wie Basedow, der von der
Zeugung in der „genauen Gemeinschaft" spricht, Verführung zur Masturbation in der geschilderten Art zu unterstellen. Was wie ein allzuweit
ausholender Schlag Schlözers aussieht, ist aber in Wahrheit ein Argumen-
tationsmuster, das zu jener Zeit nahelag: Das gesamte Für und Wider um
die Sexualaufklärung am Ende des 18. Jahrhunderts war nur Teil einer
allgemeineren Debatte, nämlich der um die bestmögliche Verhinderung
von Masturbation (vgl. vor allem van Ussel, 166ff.).

Zwar mögen Schlözers eigene Erfahrungen als Hofmeister mit der
Masturbation von Zöglingen unangenehm und mühselig gewesen sein
(vgl. S. 39). Sie stellen aber auch bei ihm nicht die einzige Motivation für
sein hitziges Engagement im Streit um die beste Masturbationsbekämp-
fung dar. Der eigentliche Grund dürfte ein gesellschaftlicher gewesen
sein, der nämlich, daß dieses Problem am Ende des 18. Jahrhunderts
allgemein die Köpfe der Menschen ungeheuer beschäftigte (und, als para-
doxer Effekt, oft auch andere Körperteile, besonders junger Menschen).
Was im 17. Jahrhundert noch ganz sanft „les plaisirs solitaires" geheißen
und als Genuß oder „release of tension" gegolten hatte, wurde zu Beginn
des 18. Jahrhunderts „entdeckt", als ob es das vorher nicht gegeben hätte,
und erhielt bis zum Ende des 18. Jahrhunderts eine Umwertung zur Ver-
letzung eines Tabus (van Ussel 74, 137, 146). Die Bewegung ging ur-
sprünglich von England aus. Auf dem Kontinent brachte das Buch von
Samuel Tissot den „Durchbruch". Es erschien zuerst auf Lateinisch,
dann Französisch und seit 1760 auf Deutsch in vielen Auflagen. Sein
Titel: „Von der Onanie oder Abhandlung über die Krankheiten, die von
der Selbstbefleckung herrühren" (van Ussel, 139, Glantschnig, 64).

Als Arzt behauptete Tissot vom Boden der medizinischen Säftelehre her, der
„Geschlechtsmißbrauch" wäre schädlich, da er dem Körper wertvolle Flüssigkei-
ten, die seiner „Nutrition" dienten, entzöge. Selbstbefriedigung wäre noch schäd-
licher als der Koitus, weil das Bedürfnis danach von der Phantasie angeregt würde
und nicht durch einen physiologischen Zustand, der die Abführung einer bestimmten Säftemenge sowohl erforderte als auch erlaubte. Die Masturbation trie-

be mehr Blut zum Gehirn, schwächte dadurch die Nerven und senkte damit die Widerstandskraft gegen neue Phantasie-Eindrücke. Es bestände die Gefahr des Wahnsinns (van Ussel, 149f.; Glantschnig, 64f.). Es entstand eine Art Schneeball-Effekt: Alle Welt beschäftigte sich damit; wer noch nichts von der großen Verbreitung gehört hatte, wurde eingeweiht; man masturbierte mehr, noch mehr Leute beschäftigten sich damit, usw. In der Zeit von 1760 bis 1780 erschienen 4 Werke, von 1770 bis 1780 waren es 5, von 1780 bis 1790 aber schon 11, von 1780 bis zum Ende des Jahrhunderts 26, die sich mit dem Masturbationsproblem auseinandersetzten (vgl. van Ussel, 234).

Auch die Philanthropisten, unter ihnen und mit an erster Stelle Basedow, hatten sich den Kampf gegen die Selbstbefriedigung zur Herzensangelegenheit werden lassen und waren der Meinung, ihr mit Aufklärung vom schon erläuterten Zuschnitt beikommen zu können. Schlözer nun hielt, wie wir auch schon wissen, diese Maßnahmen für ungeeignete Mittel, gleichsam für Versuche, den Teufel mit dem Beelzebub auszutreiben. Aus diesem Blickwinkel gesehen, wird klar, was er meinte, wenn er sagte:

,,Das große Vakuum, das ... entsteht, indem Hr. B. Religion, Historie, Mathematik und Literatur aus seinem Erziehungsplan ausstreicht, füllt er mit einer neuen Klasse von Kenntnissen, mit der Lehre vom animalischen Zeugungsgeschäfte, aus ...'' Er gebe dem Publikum damit ,,Gelegenheit und Mut ... Kinder frühzeitig zu verderben''. Das mache nicht nur seine ,,totale negative Unbrauchbarkeit'', sondern auch seine ,,positive Schädlichkeit'' aus. Diese Schädlichkeit Basedows demonstrierte Schlözer schließlich, so kann man sagen, an seiner eigenen Person: ,,Der Herr Pr. (Professor; d. Verf.) schiebt, daß ich so rede, den Karren in den Kot hinein, und überläßt es hernach den armen Müttern und Hofmeistern ganz ruhig, ihn ... wieder herauszuziehen.'' (1771a, XXXII; 1771b, 40)

Man kann sich gut vorstellen, wie sehr sich der listige Lichtenberg die Hände rieb, als er die Bemerkung kolportierte, daß ,,die berühmte Mamsell S. bei ihrer Gelehrsamkeit doch in Gesinnungen und Handlungen nur ein gemeines Mädchen sei'' (Lichtenberg, Sudelbücher, 379). Ob Schlözer wirklich jemals irgendeinen Grund hatte, real Züge des ,,Lasters der Unzucht'' an Dorothea zu entdecken, ist natürlich unbekannt. Daß er es aber fürchtete, ist anzunehmen.

Schließlich fürchteten es so ziemlich alle Eltern, und zwar auch in bezug auf Mädchen, seit sich herumgesprochen hatte, daß das ,,Laster'' auch bei diesen vorhanden war (vgl. van Ussel, 140). Vor allem mußte er aber realistischerweise davon ausgehen, daß Dorothea spätestens aufgrund ihrer Erlebnisse in Italien über so manches nachdachte und manches nachfühlte. In dieser persönlichen Situation wird sich nun Schlözer in mehrfacher Hinsicht in die Pflicht genommen gefühlt haben, Basedow auch in der Masturbationsfrage zu widerlegen. Worin bestand nun aber

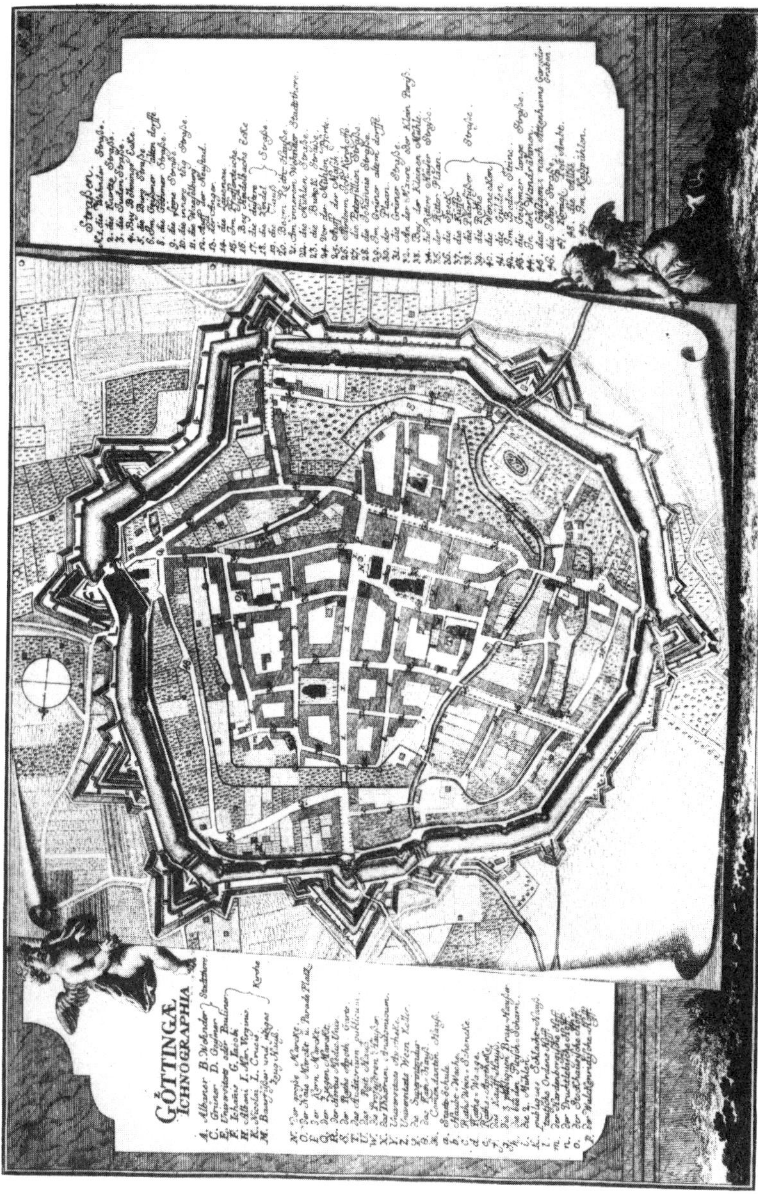

Grundriß von Göttingen. Stich von Heumann 1747

die Schlözersche pädagogische „Kunst", den Kindern Tugend einzupflanzen?

Schlözers Rezept war einfach und hatte schon Tradition. Es hieß: Arbeit, Arbeit und nochmals Arbeit, bei möglichst weitgehender und religiös verbrämter Verweigerung von Information. Die positive Sicht vom Zusammenhang von Arbeit und Tugendhaftigkeit hatte sich im Bürgertum seit der Umwertung der Arbeit zum Dienst an Gott so weit durchgesetzt, daß es nicht abwegig erschien, der Arbeit eine prohibitive Wirkung auf die Masturbation zuzuschreiben. So nahm man zum Beispiel an, daß die Leute, die von ihrer Hände Arbeit leben mußten, weniger und daß die liederliche Aristokratie mehr von dem „Laster" befallen wären (vgl. van Ussel, 143). Die Informationsverweigerung in geschlechtlichen Fragen war ebenfalls sehr verbreitet, zumal die im 18. Jahrhundert um sich greifende Vorstellung von der ursprünglichen Unschuld des Kindes (Ariès, 175 ff.; Snyders, 202 ff.), die Schlözer übrigens wohl teilte (1771 a, LXXXIII), die Hoffnung nährte, das kindliche Gemüt könne ohne Unterricht in sexuellen Fragen „rein" bleiben.

Daß Schlözer speziell, wie wir erwähnten, die „ernsthaften Wissenschaften" in Abgrenzung von den „belles lettres" als „zweckmäßigere" Beschäftigung für junge Mädchen gehalten hat, bekommt aus dieser Perspektive einen zusätzlichen Sinn. Hatten wir vorher immer noch angenommen, diese Wahl sei hauptsächlich den Vorlieben seiner eigenen Person entsprechend getroffen worden, so müssen wir jetzt hinzufügen: In der Lektüre von Romanen dürfte Schlözer vor allem auch deshalb eine gefährliche Angelegenheit gesehen haben, weil er diesen anregende, jedenfalls unkalkulierbare Wirkungen auf die Sexualphantasie jugendlicher Leser zusprach. Der Gedanke, daß ein „schmutziges" Wort die Geschlechtsteile erhitze, war damals ebenso verbreitet wie die Warnungen vor der Romanlektüre für junge Mädchen (vgl. Grenz, 117, van Ussel 73). Schlözer wird also wohl einer der Verfechter dieser Bedenken gewesen sein. (In diesem speziellen Punkt gab es übrigens auch keine Differenz mit Basedow, der noch von den „besten Romanen" befürchtete, sie könnten „die Einbildungskraft der feurigen Jugend nicht unterhalten ..., ohne die Gefahr der Verführung zu vermehren" ⟨1770, 62⟩; keiner der beiden hat diese Übereinstimmung allerdings registriert.)

Ob Dorothea die Antwort für angemessen hielt, welche Schlözer auf die allfällige Frage gab, nämlich daß „Kinder eine Gabe Gottes" wären (1771 b, 36), bezweifeln wir nach allem, was wir von ihr und ihrer Lebensumgebung wissen. Exakte Kenntnis haben wir darüber aber genauso wenig wie über die Frage, ob Schlözers allgemeine Regel, möglichst wenig Auskunft zu geben und lieber einer jungen Frau zwischen Heirat und erster Entbindung noch das Nötige mitzuteilen (1771 b, 37), auch bei ihr praktiziert wurde. Deutlicher ist schon, daß Schlözer der Religion in diesem Punkt einen Stellenwert zugemessen hat. Dieses entnehmen wir aus Dorotheas Curriculum, ihren praktisch-religiösen Übungen und Schlözers Ausführungen zur Religion im Nachwort zu Chalotais. Gegen Basedow und seinen Glauben an das grundsätzlich Gute im Menschen gerichtet, stellt Schlözer dort die Frage an seine Leser:

„Ich weiß nicht, ob Sie zum Teil zu der Sorte von Menschen, die, wie D. Luther sich ausdrückt, Jesum Christum, Gottes Sohn, stürzen wollen von seinem Thron, gehören; oder ob Sie auf die Frage: wer ist dein Gott nicht nur mit Luthero, sondern auch mit der Bibel: er heißt Jesu Christ, der Herr Zebaoth und ist kein anderer Gott! freudig und zuversichtlich antworten können. Ich gehöre zu der letzteren Gattung der Menschen, und schätze mich glücklich, versichert zu sein, daß ich zu derselben gehöre." (1771 b, 55 f.)

Für einen Mann, der, wie wir aus anderer Quelle gesagt bekommen, an sich religiöse Kontemplation ablehnte, dem der Glaube an die Offenbarung angeblich fremd war und dessen moderates Christentum hauptsächlich durch die pragmatische Erwägung gespeist worden sein soll, das natürliche Bedürfnis der Menschen zu Religion werde durch das Christentum am besten befriedigt (Selle, 141 f.), muten diese Passagen reichlich bekennerhaft an. Vielleicht interpretieren wir sie richtig, wenn wir annehmen, daß Schlözer der lutherischen Kombination von harter Arbeit und Glauben an das Gottesgnadentum eine ideale vorbeugende Funktion in der Kinder- und Jugendlichen-Erziehung zusprach und sie deshalb in diesem Zusammenhang so betonte: Der religiöse Glaube an die allfällige Sündhaftigkeit des Menschen machte es einerseits eindeutig notwendig, ständig gegen diese anzukämpfen, d. h. zu arbeiten, und damit ein gottgefälliges Leben zu führen. Er ließ aber andererseits das Gefühl, jemals über diese Sündhaftigkeit triumphieren zu können, mit Hinweis auf die alleinige Erlösung durch Jesum Christum nicht zu. Am eindeutigsten ist für uns freilich das äußerlich Sichtbare: Schlözer trachtete durch das möglichst vollständige Ausfüllen des Vakuums, das er bei Basedow kritisiert hatte, jede „Fehlentwicklung" zu verhindern.

Für Dorothea hatte das die Folge, daß sie nach der Rückkehr aus Rom neben der Fortführung aller bisherigen Studien sogleich ihr Lateinstudium wieder aufnehmen mußte, das ihr bei der Abreise noch neu gewesen war. Sie führte es bis 1786 fort. Im Herbst 1785 kam das Griechische hinzu. Gleichzeitig wurde ihr die Führung des „Kellerdepartements" des Schlözerschen Hauses übertragen: Weine waren zu pflegen, Aufträge und Rechnungen zu überwachen. Das war der Punkt, an dem sie – wohl zum ersten Mal in ihrem Leben – anfing, ein wenig zu kränkeln. Ein Ausflug in den Harz, Ostern 1786, brachte das wieder in Ordnung. Nicht ohne aber die Anregung zum Studium der Mineralogie gegeben zu haben, worauf dann gleich das Privatissimum bei Gmelin von Schlözer anberaumt wurde, und so ging es fort in einer endlosen Reihe von Studien und Beschäftigungen der verschiedensten Art (D. Schlözer, 1787 b).

Wir erkennen jetzt auch besser, warum Dorotheas Curriculum trotz aller Bezugnahme auf Basedow in einzelnen Punkten einen etwas zusammengesuchten Eindruck macht. Schlözer selbst formulierte es positiv:

Noch ,,keine Tochter", so schrieb er 1792 an seinen Schwager Loder, ,,ist wohl ... je ungenierter erzogen worden wie sie. Mein einziger Zwang war, arbeiten sollte sie, nicht müßiggehen. Aber noch in ihrem fünfzehnten Jahr überließ ich ihr es völlig, ob sie bloß sich mit Haushaltung von nun an abgeben oder ihr Studium fortsetzen wollte. Und da sie das letzte frei wollte, überließ ich ihr abermals völlig, was sie in jedem Semester für Stunden haben wollte. Und das nun für jedes Semester! Denn nun stand es abermals in ihrem Willen, ob sie das Angefangene kontinuieren oder was anderes anfangen wollte. Freilich brach sie sehr oft, entweder bloß aus weiblicher Flatterhaftigkeit oder weil sie kein Geschick dazu bei sich spürte, ab: aber sollte ich sie nicht flattern lassen?"

Das klingt nach mehr Improvisation, als wir bei dem an sich so planvollen Schlözer gewohnt sind. Nicht mehr auf dem Was und Warum des Lernens lag mit zunehmendem Alter Dorotheas der Hauptakzent. Zum wichtigsten Punkte avancierte, daß das Mädchen überhaupt arbeitete. ,,Leere Stunden" müßten, hieß es nun, ,,besonders bei ... weiblichen Personen besonders in einem gewissen Alter ausgefüllt werden" (Schlözer im Curr. vit. Dorotheas).

An Schmettow schrieb Schlözer am 27. 10. 1786 dementsprechend: ,,Sie einsichtsvoller Mann tun mir gewiß die Frage nicht, wozu Bergwerkskenntnisse für ein Mädchen? Hunderte haben mir diese Frage getan, in der Verzweiflung habe ich mir angewöhnt zu antworten: nichts nutzen sie ihr für die Zukunft, aber während dessen sie dieses für sie unnütze Zeug lernt, beschäftigt sie sich doch, und Beschäftigung sichert ein sechzehnjähriges Mädchen vor Anfechtungen des Teufels."

Nimmt man diese Aussagen und Praktiken als Substanz der Schlözerschen Sexualpädagogik und stellt diese derjenigen Basedows gegenüber, so ist hervorzuheben, daß sich beide hier nicht im Anliegen unterschieden. Gemeinsam ging es ihnen um die Eindämmung der Masturbation. Worin sie differierten und worüber sie stritten, waren in diesem Zusammenhang nur die Mittel. Während Basedow Unwissenheit für schädlich hielt und auf bewußte Einsicht der Zöglinge setzte, griff Schlözer zum Mittel der Abwehr durch Arbeit, und er tat dies allein auf Grund eines pädagogischen Instinkts, den er Talent nannte; unbewußt, ohne Kenntnis des genauen Mechanismus.

Steht aber nun dieser Kampf gegen die Masturbation als erratischer Block in der Kulturlandschaft der Zeit Schlözers? Handelte es sich um eine Marotte, der die Menschen gegen Ende des 18. Jahrhunderts reihen-

weise verfallen waren? Jos van Ussel hat die These formuliert, das Haupt-
ziel der Masturbationskampagne des 18. Jahrhunderts habe darin bestanden, jede Form von Sexualität auf die Ehe und innerhalb der Ehe auf die
Fortpflanzung zu beschränken (166 ff.). Das hat einige Plausibilität, wenn
man sich folgendes vergegenwärtigt: Auf dem Hintergrund der Tatsache,
daß die Möglichkeit einer Ehe früher für große Teile der Bevölkerung
keine Selbstverständlichkeit gewesen war, wurde es als Fortschritt angesehen, wenn man tatsächlich heiraten konnte. Schlözer selbst und viele
seiner Zeitgenossen haben die Gelegenheit, eine Ehe zu begründen, als
biographische Steigerung erlebt, als eine Akkommodation ihrer Lebens-
verhältnisse, die eine beträchtliche Verbesserung mit sich brachte. Allein
schon aus dieser persönlichen Erfahrung heraus ergab sich eine positive
Grundhaltung gegenüber der Ehe. Hinzu kam, daß der Ehe zusätzlich zu
ihrer persönlichen auch eine große gesellschaftliche Nützlichkeit zuge-
sprochen wurde. Rege Fortpflanzung und Bevölkerungsvermehrung,
nach der noch vorherrschenden merkantilistischen Doktrin wichtige Elemente staatlichen Wohlergehens, erschienen durch die Institution der
Ehe am besten gesichert. Mit zunehmendem Bewußtsein von der Wichtigkeit der Kindererziehung für die soziale Standortbestimmung des Bürgertums war die Ehe als Erziehungsstätte von mit Sicherheit eigenen
Kindern seit Luther in einem religiösen Aufwertungsprozeß begriffen
gewesen. Dieser Prozeß beschleunigte sich in säkularisierter Form im
18. Jahrhundert, so daß man schließlich annahm, daß der dem Staatswohl
verpflichtete ideale Staatsbürger besonders gut in einem Klima ,,familiä-
ren Pflichtbewußtseins und sexueller Mäßigung, das auch die Wünsche
nach Zärtlichkeit und ,Tändelei' im Zaume hält", gedeihe (Hentze, 70).
   Komplementär zu dieser Wertschätzung der Ehe erfolgte die Tabuisie-
rung aller Formen nichtehelicher Sexualität, denn man sah in ihnen wi-
dersinnige menschliche Energie-Äußerungen, die der ,,nützlichen" Ehe
verlorengingen. Wollte man die Sexualität auf die Ehe konzentrieren, so
war es notwendig, solche sexuellen ,,Irrläufer" stärkerer gesellschaftlicher Kontrolle zu unterwerfen als früher. Da die Masturbation sich als
einsame Leidenschaft in besonderem Maße der gesellschaftlichen Kontrolle entzieht, galt ihr die unnachsichtigste Verfolgung. Sie symbolisierte
damit sinnfällig den eigentlichen Gegenstand des Kampfes: die, wenn
man so will, ,,Sozialisierung" der Sexualität. So wurden ,,Masturbation"
und ,,Onanie" z.B. auch zu Synonyma für alle Formen nichtehelicher
Sexualität und alle nicht der Fortpflanzung dienenden Koitusformen (van
Ussel, 145). Körperliche Zärtlichkeit wurde der Intention nach aus der
Ehe ausgewiesen. Die extremen Phantasien und grauslichen Instrumente
einiger Streiter wider die Masturbation (Campe, Happell; vgl. van Ussel,
158; Mallet, 201 ff.) markierten den Fluchtpunkt, auf den die Entwicklungslinien zielten, freilich ohne ihn je zu erreichen: die Entsexualisie-

rung des Menschen, die Unterwerfung auch seines Körpers unter seinen ebenso religiös wie wissenschaftlich, wie wirtschaftlich und sozial motivierten Gestaltungswillen.

So erstaunt es nicht, daß diese Entwicklung sich gerade in einer Zeit beschleunigte, in der die Rationalisierung des menschlichen Denkens und Handelns allgemein eine große Schubkraft entwickelt hatte. Es ist kein Zufall, daß gerade der Rationalist Schlözer, dem wir so viele weit vorausgreifende wissenschaftliche und politische Ideen verdanken, in Sexualität und Emotionalität etwas Unberechenbares, eben Irrationales, wahrscheinlich aber sogar etwas Ängstigendes sah. Es mußte für den aufgeklärten Rationalisten von Schlözers Prägung und Schlözers psychischen Dispositionen eine bange Frage sein, ob sich die innere Natur des Menschen ebenso wie die äußere Natur dem Zugriff und Willen des Menschen unterwerfen ließe. Mit der Art und Weise der Beantwortung dieser Frage stand und fiel ja die Möglichkeit „rein" zweckrationalen und „rein" wissenschaftlichen Denkens überhaupt, folglich auch die Gültigkeit des utilitaristischen Fortschritts-Optimismus, was die Beherrschung der äußeren Welt anlangte.

Was man im utilitaristischen Denken „zweckmäßig" fand, um die innere Natur zu beherrschen, war die Bekämpfung aller vermeintlichen „Auslöser" von Sexualität, unangemessener Sexualität – in erster Linie die Bekämpfung des Müßiggangs, wie wir an Schlözer sehen konnten. Diese Art der Bearbeitung war aber unter psychischen Gesichtspunkten nicht unbedingt geeignet, das Problem in stabiler Weise ins alltägliche Wirklichkeitserleben hineinzunehmen.

Schlözer selbst hatte unter dem Druck der äußeren Verhältnisse einen Selbstzwang praktiziert, der aus einer unglaublichen Konzentriertheit auf Arbeit – wissenschaftliche Arbeit – und sexuelle Zurückhaltung bis zum Zeitpunkt der Eheschließung bestand. Die objektive Beengtheit seines „Hagestolziats" wurde dabei für ihn wahrscheinlich verstärkt durch die Zielbewußtheit seiner Loslösung von der ihm angetragenen Tradition des Pfarrerberufs. Seine Karriere mußte für ihn über allem stehen, wenn er diese Loslösung schaffen wollte. Mit einer Frau anzubändeln, womöglich sogar mit der Mutter eines Zöglings oder einer Schülerin, war in jener Zeit für Hofmeister nicht eben eine Unmöglichkeit. Für Personen vom Schlage Schlözers kam diese Form der Erleichterung des „Hagestolziats" aber schon deshalb nicht in Betracht, weil etwaige Annäherungen an eine Frau immer auch Übergriffe in die Machtsphäre eines anderen Mannes darstellten und damit leicht hätten Gegenangriffe provozieren können, z. B. einen spektakulären Hinauswurf, der in seiner sozialen Lage sehr schmerzliche Folgen nach sich gezogen hätte. Schlözer konnte also den Selbstzwang, unter den er sich stellte, zwar als unmittelbar aus gesellschaftlichen Verhältnissen sich „logisch" ergebend interpretieren. Daß er zur Leistung dieses Selbstzwangs in der Lage war, ist aber auch Ausdruck unbewußter biographischer Weichenstellungen, die den Wunsch hervorgebracht haben, alles Unberechenbare, auf die eigene Schwäche deutende, auszumerzen, alles dem eigenen Macht- und Gestaltungswillen zu unterwerfen.

Wenn Schlözer also in seiner Auseinandersetzung mit Basedow und in der Erziehung Dorotheas meinte, mit Arbeit und Schweigen das Problem der Sexualität erledigen zu können, so fand darin einerseits die Wiederholung und Fortsetzung seiner Selbstdisziplin ihren Ausdruck. Es wird andererseits deutlich, daß Sexualität bei ihm nicht als Teil des Menschen, der eben mit Mitteln der Zweckrationalität nur äußerst begrenzt beherrschbar ist, anerkannt wurde. Die Auffassung von der Sexualität steht hier für eine Auffassung von der menschlichen (und auch der außermenschlichen) Natur, die nicht anerkennt, daß diese auch immer Teile enthält, denen der Mensch sich als erkennendes Subjekt zwar nähern kann, die er sich aber nie vollkommen unterwerfen wird. In dieser Auffassung wird der kommunikative Umgang mit Mensch und Natur immer nur als das Vorläufige, Unperfekte gesehen, das eines Tages von der perfekten Beherrschung abgelöst werden wird, wenn man nur erst über genügend rationale Erkenntnis verfügt. Es handelte sich also bei Schlözer noch nicht um einen über das Zweck-Mittel-Denken hinausgehenden Versuch, sich der Sexualität durch einen neuen, umfassenderen Begriff der Rationalität zu nähern, der eine gewisse Begrenztheit ,,rein rationaler" Erkenntnis miteinbezieht, sondern um eine Art ,,Bannung" des sehr wohl gefühlten, aber nicht anerkannten Unheimlichen der Sexualität durch Arbeit und Schweigen. Als Verdrängungshilfe und Umformungsprodukt der zurückgehaltenen Triebe ergab sich dabei in seinem Fall hauptsächlich die Fähigkeit eines relativ affektfreien erkennenden Verhältnisses zu Natur und Gesellschaft und einer distanzierten, strategisch-instrumentellen Beziehung zur Umwelt.

Wir sehen hier: Bei der Debatte über die Masturbation handelte es sich nicht um ein isoliertes Phänomen, sondern um eines, das bei Schlözer ebenso wie bei vielen seiner Zeitgenossen an den biographischen Lebensnerv rührte und mit denjenigen Säulen in unterirdischer Verbindung stand, auf denen ihr wissenschaftliches und privates Weltbild ruhte. Die prinzipielle Verflochtenheit von Rationalitätsentwicklung und Veränderung der Selbstdisziplin im Prozeß der Zivilisation, die Norbert Elias (1939, 1969) für andere Zeiträume untersucht hat, zeigt sich auch hier.

Wir sehen aber auch: Jene Verdrängungsleistungen und Umwandlungen von Triebenergien, die sich Schlözer selbst in seiner Biographie abgetrotzt hatte, standen mit der autoritären Erziehung, mit der er sie auch bei Dorothea zu realisieren suchte, im Zusammenhang. Er mußte das Zu-Erreichende über alles stellen und den Prozeß, der dorthin führte, als

Mittel zum Zweck interpretieren. Das menschliche Wesen blieb Material
– Material, das sehr sorgfältig zu studieren war, um die Einwirkungsmo-
dalitäten zu bestimmen. Zwar akzeptierte Schlözer im faktischen Umgang, nicht aber der Idee nach, eine rudimentäre Individualität des Zöglings. Das Erziehungsverhältnis war bei ihm, so hätte es Martin Buber
ausgedrückt, kein Ich-Du-Verhältnis, sondern ein Ich-Es-(d.h. Ich-
Welt-) Verhältnis (1954, 7ff.).

Denkt man an Schlözers Metapher vom Reitenlernen, mit der er seine
Basedow-Kritik verdeutlichte (vgl. S. 90), so könnte man es auch folgendermaßen sagen: Schlözers pädagogisches Talent riet ihm vor allem, autoritär die Bewegungsrichtungen zu bestimmen, während es Dorothea
überlassen blieb, wie sie mit den widerstreitenden Triebkräften des Pfer-
des fertig wurde, wie konflikthaft immer sie die Mittel zur Erreichung
der Zwecke ihres Vaters, mit denen sie sich notgedrungen identifizierte,
bereitstellen konnte. Dorothea konnte zwar – nicht nur im wirklichen,
sondern auch im übertragenen Sinne – reiten; im übertragenen Sinne aber
nicht so bravourös wie im wirklichen, denn die autoritären Zielvorgaben
ebenso wie Zuckerbrot und Peitsche hatten sie innerlich weit unflexibler
gemacht als sie sich angestellt hatte, als ihr in der Wirklichkeit einmal das
Pferd durchgegangen war (vgl. S. 65). Sie wird auch die Selbstdiszipline-
rung, die ihr Vater von ihr verlangte, weit weniger wie noch eine Generation vorher Schlözer selbst als eine den Verhältnissen adäquate Lebens-
klugheit verstanden haben, sondern als früh eingepflanzten, verinnerlichten Zwang. Mit diesem Zwang sich bewußt auseinanderzusetzen, wider-
strebende Kräfte zu fühlen, zu erkennen und anzuerkennen, mußte ihr
daher eher noch schwerer fallen als ihrem Vater. Er hätte sich im Prinzip
noch erklären können, woher seine Normen kamen. Für Dorothea waren
sie als väterlich vorgegebene, an die sie früh gebunden worden war, fast
unentrinnbar.

Ausgehend von seinen inneren Möglichkeiten hat Schlözer sich also bei
der Erziehung Dorotheas auf einen Mechanismus zu konzentrieren versucht, den Freud später als Bildung und Funktionsweise des „Über-Ichs"
bezeichnet hat (vgl. Freud 1923, 301f., 315ff.; 1933, 515). Tatsächlich ist,
das konnten wir bemerken, in Dorotheas Kindheit und Jugend auch ihr
Ich in wesentlichen Bereichen ausgebildet worden, jene flexible Instanz,
die zwischen inneren Triebkräften und äußeren wie verinnerlichten Um-
weltansprüchen vermittelt. Diese war aber eher ein Resultat von unkon-
trollierten, nicht beabsichtigten Teilen der Schlözerschen Erziehung bzw.
Resultat der Verarbeitung anderer Umwelteinflüsse durch Dorothea.

Diese Konzentration der Erziehung auf Über-Ich-Bildung, Betonung
der Rationalität und Ausgrenzung der Sexualität stellt allerdings nur einen der Verarbeitungstypen dar, die es in der damaligen Gesellschaft gab.
Das Problem der Kanalisierung der Sexualität, die Aufwertung der Ehe,

korrespondierte bei Zeitgenossen Schlözers auch auf andere Weise als bei ihm mit den Traditionen und Entwicklungen der Aufklärung. Norbert Elias hat den historischen Prozeß der Selbstdisziplinierung des okzidentalen Menschen als eine Wendeltreppe dargestellt. Beim Steigen auf dieser Wendeltreppe sieht der Mensch nicht nur auf das umliegende Land jeweils aus einer anderen Perspektive, sondern auch auf sich selbst auf der unteren Stufe, von der er gekommen ist. Erklimmt er eine weitere Stufe und damit eine Wendung der Treppe, kann er sich selbst beobachten, wie er Landschaft und sich selbst beobachtet (1969, 364). Mit seiner Fähigkeit zur rationalen Durchdringung der außer ihm selbst liegenden Räume, mit seiner Fähigkeit, sein Handeln so weit zu beobachten, daß es relativ affektfrei und sein Umgang mit Natur und Menschen relativ zweckrational sein konnte, stand Schlözer auf der ersten der beiden Stufen. Er ist damit nicht untypisch für seine Zeit, aber wir müssen sehen, daß es zur selben Zeit eine starke Denkströmung gab, die dazu angetan war, den zweiten Schritt zu versuchen. Viele der Zeitgenossen Schlözers sahen das umliegende Land bereits anders als er, und sie waren auch schon imstande, gleichsam in dem noch unter ihnen verweilenden Schlözer sich selbst auf der vorhergehenden Stufe zu betrachten.

Wer besonders energisch weiterdrängte, war Rousseau. Dieser gab dem Empfinden Ausdruck, daß die Selbstdisziplin, die die gesellschaftlichen Verhältnisse mehr und mehr von den Menschen verlangten, dazu führten, daß sich jeder in zunehmendem Maße als „einzelner" fühlte, als Gefangener seiner gesellschaftlichen Maske. Die Selbstdistanzierung, die auf der tieferen Stufe zwischen die affektiven Handlungsimpulse und ihre tatsächliche Ausführung geschoben worden war und die den kontrollierenden, zweckrationalen Umgang mit der Natur wie mit anderen Menschen ermöglicht hatte, wurde von ihm eine Windung weitergedreht und schloß nun die Selbstreflexion des durch Gesellschaft von sich selbst entfremdeten Individuums ein. Diese Form der Selbstdistanzierung zielte ab auf den quasi-ungesellschaftlichen Teil des Menschen, seine individuellen Potenzen, die sich aus dem Kennenlernen und Erfahren seiner selbst ergeben und wiederum gesellschaftliche Wirkungen zeitigen können. Daraus resultierte, daß für Rousseau menschliche Handlungen nicht nur durch die Resultate rationaler Erkenntnis, sondern eben auch durch Gefühle und den mehr oder weniger gelungenen Umgang mit ihnen bestimmt wurden. Durch diese Sichtweise, die Rationalität und Gefühl als Bestandteile menschlichen Handelns anerkannte, öffnete Rousseau schon 1762 den Weg zu einer Befreiung von autoritären Zwecksetzungen zu einer selbstbestimmten Willensbildung des einzelnen wie theoretisch auch der Gesellschaft. Die Zwecke ergaben sich für ihn nicht mehr automatisch aus dem erkannten Wahren, sondern wurden zu einer Frage der im Innern der Subjekte zwischen Gefühlen und Erkenntnisprozessen ausbalancierten Willensbildung.

Dementsprechend zeigt auch der Typus der Triebkontrolle, der bei ihm im Vordergrund stand, deutlich Ansätze einer Steuerung durch Entwicklung des Ichs.

Es ist gelegentlich behauptet worden, in Rousseaus „Emile" (1762) sei der Erzieher als des Zöglings „Über-Ich" gefaßt und habe nur insofern einen neuen, von der übrigen Pädagogik der Zeit abweichenden Charakter, als er ein „Musterbeispiel repressiver Toleranz" darstelle (Knapp-Tepperberg, 209). Rousseau gilt insofern auch als „der Erfinder der Manipulation in der Erziehung" (Mallet, 126). Man kann das Verhältnis des Erziehers zu Emile, wie Rousseau es schilderte (1762a), aber auch als das Verhältnis eines erwachsenen Hilfs-Ichs zu einem heranzubildenden Ich verstehen, dessen Realitätstüchtigkeit durch altersgemäß dosierte eigene Erfahrungen aufgebaut wird. Zwar forderte Rousseau Unterwerfung des Zöglings; sie entsprach aber durchaus dem faktischen Unterschied zwischen Erwachsenen und Kindern. Rousseau sprach den Eltern gleichsam Mut zu, sich zu dieser größeren Stärke auch zu bekennen und sie zum Guten des Kindes zu nutzen (208), ohne jedoch das Kind herabzusetzen und sein Selbstwertgefühl zu beeinträchtigen. Das Hilfs-Ich des Erziehers war in seiner Konzeption dem Kind dabei behilflich, zwischen den Trieben, die seiner Selbstentfaltung dienten, und den Anforderungen, die aus dem Zusammenleben mit anderen Menschen erwüchsen, ein stabiles Verhältnis zu finden, das auch in wechselnden und neuen Situationen sich stets von neuem flexibel herstellte. Das „Gewissen" entstünde durch den Anstoß aus der Doppelbeziehung des Menschen zu sich selbst und zu den Mitmenschen (592). Das Gewissen ist bei Rousseau das funktionierende Ich (man darf sich hier nicht von unserer üblichen sprachlichen Ineinssetzung von Gewissen und Über-Ich irreführen lassen). Die „grausamsten Feinde" des Gewissens wären „die Vorurteile, aus denen man es entstehen ließ" (594). Rousseau selbst bezeichnete diese grausamen Feinde als „Stimme des Gewissens", aber eben die des nichtnatürlichen, gesellschaftlich verbogenen Gewissens: „Man spricht von der Stimme des Gewissens, die im Geheimen die verborgenen Verbrechen straft und sie so früh enthüllt...; man möchte dieses tyrannische Gefühl, das uns so viele Qualen bereitet, ersticken. Gehorchen wir der Natur, und wir werden erkennen, mit welcher Sanftmut sie regiert und welchen Reiz man darin findet, sich selbst ein gutes Zeugnis zu geben, nachdem man auf sie gehört hat." (589) Dabei dürfte die Selbstkontrolle eben nicht der völligen Unterdrückung oder gar Zerstörung der Leidenschaften dienen: „Unsere Leidenschaften sind die Hauptwerkzeuge zu unserer Selbsterhaltung. Sie zerstören zu wollen, wäre ebenso vergeblich wie lächerlich – es hieße die Natur kontrollieren und Gottes Werk umbilden... Was Gott von einem Menschen erwartet, teilt er ihm nicht durch andere Menschen mit, er sagt es ihm selbst, er schreibt es tief in sein Herz hinein. – Darum würde ich jemanden, der verhindern möchte, daß Leidenschaften überhaupt aufkommen, für ebenso töricht halten wie den, der sie gänzlich zerstören möchte." (440) Umgekehrt würde auch derjenige Mensch unglücklich, der allen Enthusiasmus der Tugend völlig in sich erstickt: „der sich in solchem Maß um sein eigenes Ich konzentriert, bis er zum Schluß nur noch sich selber liebt", dieser „Unglückliche fühlt nicht mehr, lebt nicht mehr – er ist schon gestorben" (587). Aus beidem folgte: „Alle Gefühle, die wir beherrschen, sind legitim, alle die, die uns beherrschen sind verbrecherisch." (889; vgl. auch 595 f., 646) Gewiß stimmt es, daß die Beispiele, die Rousseau aus seinem praktischen Erzieherleben und sonst aus der Realität anführte, nicht gerade dem hier skizzierten Lehrer-Schüler-Verhältnis entsprachen. Dennoch konstruierte er unseres Erachtens ein neues Modell – gerade aus den schlechten Erfahrungen, die er mit sich selbst und der Welt gemacht hatte (vgl. z. B. 594 ff.): „Außerstande, die nützlichste Aufgabe (die Erziehung; d. Verf.) erfüllen zu können, wage ich es zumindest, mich in der leichtesten zu versuchen. Dem Beispiel so vieler folgend, lege ich nicht Hand ans Werk, sondern an die Feder. Und anstatt zu tun, was richtig ist, bemühe ich mich, es zu sagen." (134) Nach diesem Modell bestimmte der Zögling selbst seine Zwecke entsprechend und mit den Mitteln, die ihm zur Verfügung standen.

Aber nicht nur der Steuerungsmodus war bei Rousseau ein anderer als bei Schlözer. Auch im Hinblick auf das Umformungsprodukt der zurückgehaltenen Triebe gab es eine wichtige Differenz: Dieses bestand bei Schlözer in der rationalen Erkenntnis der Außenwelt und der handelnden Zweckrationalität, bei Rousseau dagegen gehörten auch Liebe und Moral dazu.

Die Quelle der Leidenschaften, die der Selbsterhaltung diente, wäre, sagte Rousseau, die „Selbstliebe" (amour de soi): „angeborene Urleidenschaft, älter als alle anderen, die, in gewisser Weise, nur ihre Abwandlungen sind"; „Ursprung und Prinzip aller anderen" (441). In der Ruhe der Selbstliebe verbrachte Emile die ersten eineinhalb Jahrzehnte seines Lebens, nur damit beschäftigt, seinen Körper und seine Sinne zu üben, seinen Geist und seine Urteilsfähigkeit zu schärfen und den Gebrauch seiner Glieder seinen Fähigkeiten anzupassen. Er war dabei nach Rousseaus Modell ein handelndes und denkendes Wesen geworden, das seine Sinnesempfindungen zu Vorstellungen ordnen und zusammen mit seinen Lust- oder Unlustgefühlen zu Urteilen formen konnte (427). Er hatte nicht Wahrheiten gelernt, sondern „wie man es anstellen muß, immer die Wahrheit zu finden". Nun mußte laut Rousseau die Vernunft durch das Gefühl vervollkommnet werden, Emile in Beziehung zu anderen Menschen treten. „Solange er nichts liebte, hing er nur von sich selbst und von seinen Bedürfnissen ab; sobald er liebt, hängt er von seiner Zuneigung ab. So formen sich die ersten Bande, die ihn mit seiner Gattung vereinen." (482) Dadurch, daß sich die Selbstliebe auf andere Menschen zu erstrecken begann, wurde sie in Tugend verwandelt. Je weniger der Gegenstand der Anteilnahme mit dem Eigeninteresse zu tun hätte, so Rousseau, je mehr man dieses Eigeninteresse verallgemeinerte, umso unparteiischer würde es, umso mehr würde es zur Liebe zum Menschengeschlecht. Die Liebe zum Menschengeschlecht aber könnte nur völlig unparteiisch sein, wenn sie sich auf das Ganze erstreckte: „Aus Vernunft, aus Liebe zu uns müssen wir für unsere Gattung noch mehr Mitleid übrig haben als für unseren Nächsten, und das Mitleid mit den Bösen ist eine sehr große Grausamkeit gegen die Menschen. Diese Tugend der Gerechtigkeit trägt am meisten zum Gemeinwohl der Menschen bei." (520 f.) Mit dem Eintreten in die moralische Ordnung wäre der zweite Schritt der Menschwerdung getan (485). Mit dieser Konstruktion wollte Rousseau darlegen, daß moralische Ordnung, daß Gerechtigkeit und Güte nicht „rein geistige Gebilde" wären, die „vom Verstand geschaffen" würden, sondern „wirkliche, durch die Vernunft erhellte Seelenregungen und nichts als der gesetzmäßige Fortschritt unserer ursprünglichen Regungen; daß man allein durch die Vernunft und unabhängig vom Gewissen kein natürliches Gesetz aufstellen kann und daß das ganze Naturrecht nur ein Hirngespinst ist, wenn es nicht auf einem dem menschlichen Herzen natürlichen Bedürfnis basiert." (485)

Die Liebe war also bei Rousseau nicht den Leidenschaften gleichzusetzen. „Sie ist vielmehr Regel und Zügel" dieser „Neigungen" der Natur (445). Das galt von der Liebe zwischen Mann und Frau bis zur Liebe zur Menschheit und zur Gerechtigkeit: in jedem Fall setzte sie den niederen Trieben des Eigennutzes die Hinwendung zum andern oder zum Gemeinwohl entgegen. Das bedeutete: das „Feuer der Jugend" (das sich durch die literarisch angenommenen pädagogischen Künste des Erziehers allerdings für heutige Begriffe ungewöhnlich spät entzündet hatte) wäre der Erziehung des Jünglings „keineswegs hinderlich, vervollkommnet und vollendet sie sogar" (481). Am Ende sollte der junge Mensch in der Lage sein, seinen Willen, ohne den es kein Handeln gäbe, frei zu bilden: nach seiner Erkenntnis des Wahren ebenso wie nach seiner Erkenntnis des Guten (573). (Der Gemeinwille, der sich im Staat auf die gemeinsame Erhaltung und auf das allgemeine Wohlergehen beziehen sollte, hatte bei Rousseau dieselben Eigenschaften ⟨1762b, 112ff.⟩, die Regeln seiner Feststellung konnte er allerdings nicht befriedigend klären.)

Die Fähigkeit zur Erkenntnis des Guten ergab sich nun aber als Umwandlungsprodukt letztlich der Selbstliebe nicht im Wege eines mit Über-Ich-Bildung verbundenen Triebaufschubs, sondern als Ich-Leistung. Der Individualismus, der in der Konzeption Rousseaus steckte, ging über die eigenständiges Erkennen sichernde Affektkontrolle bei Schlözer hinaus und zielte auf eine reflexive Subjektivität. Die Selbstreflexion erst, zu welcher der richtig erzogene Mensch nach Meinung Rousseaus imstande wäre, ermöglichte die gelungene Identifikation sowohl mit sich selbst als auch mit der Gattung: „Erst nachdem er (Emile; d. Verf.) auf tausendfache Art sein eigenes Naturell entwickelt hat, nach reiflichem Nachdenken über seine Gefühle und über die, die er bei anderen beobachtet wird, wird er dahin gelangen können, seine individuellen Begriffe unter der abstrakten Idee der Menschheit zu verallgemeinern und seinen privaten Bindungen diejenigen hinzuzufügen, durch die er sich mit seiner Gattung identifizieren kann." (482) Voraussetzung für diese Selbstreflexion wäre es nach Rousseau, sich von der real bestehenden Gesellschaft zu distanzieren: „Der Mensch der realen Gesellschaft existiert gänzlich in seiner Maske. Da er fast niemals in sich selber lebt, ist er sich selbst immer fremd und fühlt sich unbehaglich, wenn er gezwungen wird, sich auf sich selbst zu besinnen. Was er ist, gilt ihm nichts; was er scheint, gilt ihm alles." (475) Das In-sich-selbst-Leben und Sich-selbst-Erkennen bringt nach Rousseau im Umgang der Menschen miteinander sowohl die Authentizität von Gefühlsäußerungen als auch die Fähigkeit zur Empathie mit sich (460f.). Es schloß aber auch die Übernahme einer „doppelten Verantwortung", wie Alexander Mitscherlich es später genannt hat, gegenüber sich selbst und seiner Mitwelt ein (1963, 18 u.passim).

Merkwürdigerweise teilte Rousseau, der doch andererseits im Zivilisationsprozeß mindestens vom Entwurf her weiter war als Schlözer, den Verlauf der Schamgrenze, der schon das Sprechen von Sexualität verbot, nicht. Ihm war es persönlich nicht peinlich, von seiner Sexualität zu sprechen (vgl. die ,,Bekenntnisse", posthum 1782), und auch dem Zögling gegenüber war er im Modell weit weniger schweigsam als Schlözer, allerdings auch weniger geschwätzig als Basedow.

Es wäre jedoch nicht richtig, in der dosierten Sexualaufklärung, die ,,Emile" im Notfall, wenn man sonst nur mit einer Lüge hätte antworten können, erhielt, eine Freisetzung der Sexualität, eine Rückverschiebung der Schamgrenze zu sehen. Sexualität wurde auch hier gebannt, aber mit neuen Mitteln: nicht mit einem Nicht-darüber-Sprechen, sondern durch die bewußte Beherrschung der Gefühle, deren Existenz als solche aber anerkannt wurde. Keuschheit, Bezogenheit der Sexualität auf Ehe und Kinderzeugung war auch bei Rousseau oberstes Gebot. Innerhalb der Ehe und in der vorhergehenden Anbahnungszeit standen sich bei Rousseau aber zwei Menschen gegenüber, die sich persönlich mit ihrer Sexualität auseinandergesetzt hatten, die sie unabhängig von jeder äußeren gesellschaftlichen Kontrolle steuern konnten und wollten. Auf diese Weise konnten sich die Liebenden auch als Vereinzelte in ungesellschaftlicher Zweisamkeit gegenüberstehen, ohne sich sofort von ihrem Verlangen überschwemmen zu lassen und es in der sexuellen Vereinigung zu erfüllen. Zwischen ihnen verlief eine unsichtbare Grenze, die den umstandslosen Übergriff des einen auf den anderen verhinderte. Da die flexible Selbstbeherrschung in jedem einzelnen gefestigt war, brauchte sich niemand zu wehren, und das Paar war freigesetzt für eine Beziehung, die als sekundären Gewinn ,,eine gewisse Lust an der Verzögerung des Liebesgenusses, eine wehmütige Freude an dem eigenen Liebesleiden, einen Genuß an der Spannung des ungestillten Verlangens" bietet (Elias 1969, 382). Andererseits war aber auch der Weg geebnet für eine eheliche Beziehung, die nicht nur auf materielle und gattungsmäßige Produktion bzw. Reproduktion gerichtet war. Der Kunstgriff, der Rousseau mit seinem Modell gelang, war die ideelle Integration von Liebe und Ehe zur bürgerlichen Liebesehe.

Rousseaus Entwürfe einer selbständigen Urteilsbildung und Ich-Entwicklung, einer Verbindung von Gefühl und Rationalität in der gesellschaftlichen Willensbildung, die dem Eigennutz Moral entgegenzusetzen erlaubte, wie auch sein Ideal einer befriedeten Liebes- und Ehebeziehung waren Utopien. Sein Begriff der Natur, der er zum Durchbruch verhelfen wollte, ist keineswegs mit unserem heutigen identisch. Er symbolisierte vielmehr einzig die kritische Wendung gegen die aktuelle Gesellschaft durch den vollkommenen Bezug auf das Selbst; diese ,,Natur" war die ,,Projektion der eigenen Ideale in das Traumbild eines besseren, freieren, natürlicheren Lebens" (Elias 1969, 333, 336).
Die Metapher ,,Natur" half Rousseau, positive Empfindungen wie etwa Stolz auf die eigene größere Selbstkontrolle, die bessere Erziehung

und Bildung mit negativen Empfindungen gegenüber der bestehenden gesellschaftlichen Ordnung, besonders gegenüber dem Eigennutz der individuellen und gesellschaftlichen Selbsterhaltung wie gegenüber bestehenden Herrschaftszwängen, auszudrücken. Man könnte also sagen, daß Rousseau gegenüber jenen Strömungen der Aufklärung, die Schlözer verkörperte, eine ,,romantische Gegenbewegung" im Sinne von Norbert Elias (1969, 320ff.) darstellte. Viele der Kriterien, die Elias nennt, sind gegeben. Da bei Elias aber nicht hinreichend deutlich und vor allem auch nicht für das 18. Jahrhundert herausgearbeitet wird, ob er diese Arten von Gegenbewegungen als besondere Schub- oder besondere Stagnationsperioden betrachtet, wollen wir an die Stelle dieser Einschätzung unsere eigene setzen. Der utopische Entwurf Rousseaus stellte der Idee nach, so meinen wir, eine Fortsetzung, eine Vervollkommnung der Aufklärung dar, indem er bürgerliche Individualität zur reflexiven Subjektivität weiterentwickelte und damit das kritische Element der Aufklärung auf die bürgerliche Gesellschaft selbst wenden half.

Wie sehr Rousseaus Ideen auch von der Zeit selbst, und zwar besonders vom Bildungsbürgertum, als Antwort auf drängende Fragen begriffen wurden, zeigt die Tatsache, daß er Deutschland ,,im Sturm" nahm, wie es von Gooch formuliert wurde (35). Die gesamte Bewegung der Empfindsamkeit, der Sturm und Drang und selbst die humanitäre Spätaufklärung sind geprägt durch Rousseauismen (vgl. Pikulik 309f., Grenz 21ff., 65).

Allein, mit der Rezeption der Rousseauschen Ideen ist nicht gleichzusetzen eine gesellschaftliche Realisierung seiner Vorschläge. Sie blieben bürgerliche Utopie, in den realen gesellschaftlichen Verhältnissen immer nur annäherungsweise, teilweise nur um den Preis entstellender Verzerrungen realisierbar. Die Strömung, zu der wir Schlözer zählen können, war demgegenüber viel mehr in den gesellschaftlichen Institutionen verankert, konnte viel eher damit rechnen, aus der Frontstellung gegenüber dem Adel allmählich in eine etabliertere Position zu kommen, die die kontinuierliche Durchsetzung ihrer Vorstellungen von einem ,,vernünftigen" Zusammenleben der Menschen in greifbare Nähe rückte. So hat sich ja auch wirklich der Siegesmarsch des zweckrationalen Denkens durch fast alle gesellschaftlichen Bereiche seitdem fortgesetzt.

Die Integration von Gefühl und Rationalität, die Verankerung von Moral im Prozeß der gesellschaftlichen Willensbildung dagegen blieb bis heute gesellschaftlich Privatangelegenheit des einzelnen Bürgers. Zwar konnte nach Rousseau und seiner Rezeption die Bestimmtheit der menschlichen Handlung nicht nur durch Erkenntnis, sondern auch durch Gefühl schlechterdings nicht mehr bestritten werden. Dennoch entstand unter staatlichem und ökonomischem Druck der Versuch, rein zweckmäßig durchrationalisierte Systeme zu konstruieren. Dieses implizierte die

Tendenz, nicht nur die ,,Lebens-Zeit'' von der Arbeitszeit des Menschen, sondern auch Sphären angeblich ausschließlich zweckrationalen Handelns von solchen zu trennen, in denen man sich angeblich Gefühle leisten, ,,Mensch sein'' konnte. In diesem Dualismus von nur rationalem und nur gefühlsbestimmtem Handeln, noch heute ideologischer Topos abendländischen Denkens, lag dann schließlich die Kompromißformel zwischen dem Rousseauschen Vorstoß und der Beharrungskraft und systemischen Geschlossenheit einer sich mit zunehmender Eigendynamik zweckrational ausdifferenzierenden Gesellschaft.

Auch die Idee Rousseaus von einer innerlich sublim disziplinierten, äußerlich befriedeten Beziehung zwischen Mann und Frau kam der Interessenlage des Bürgertums entgegen. Sie eignete sich ziemlich gut für den Versuch, alte Muster (das patriarchalische Ehe- und Familienmodell) mit neuen Entwicklungen (die Idee von der Gleichheit der Menschen, die Idee von der Bedeutung des Gefühls für das menschliche Handeln, die Aufwertung der individuellen, privaten Existenz des einzelnen) zu verquicken. Es war vor allem der Insel-Charakter des Rousseauschen Analyserahmens, der diesen Teil seiner Ideen der Affirmation der neu etablierten gesellschaftlichen Verhältnisse preisgab.

Der Reduktion auf sich selbst, Grundlage des Erziehungsentwurfs des ,,Emile'', entsprach bei Rousseau die ,,Schrumpfung der Welt zur Insel'' (Mog, 83). (Entsprechend war Robinson Crusoe das einzige Buch, dessen Lektüre Emile erlaubt war.) Und, wie das so ist bei Robinsonaden, ließ es sich nicht vermeiden, daß doch einiges im Innern des Menschen aus der verlassenen Gesellschaft mit hinübergenommen wurde aufs neue Land. Ob Rousseau im Punkt des Geschlechterverhältnisses eher persönliche Wünsche und Erfahrungen mitnahm oder – ganz gegen seine sonstige Absicht – bestehende Machtverhältnisse an dieser Stelle nicht in Frage stellen wollte, wissen wir nicht. Immerhin geht aus seinen biographischen ,,Bekenntnissen'' hervor, nicht nur, daß der Emile eine Verarbeitung persönlicher Erfahrungen war, zum Teil der Versuch, Lehren zu ziehen (vgl. z.B. 1782, 12), sondern auch, daß die Gefühle, die die Erscheinung seiner langjährigen Geliebten, Mme de Warens, in ihm nach einer mutterlosen und unglücklichen Jugend wachgerufen hatte, genau diejenigen waren, die er Emile im Angesicht von Sophie wünschte. Es waren Empfindungen des Herzensfriedens, der Ruhe, der Reinheit, der Sicherheit und des Vertrauens. Wieso, fragte er, ,,konnte ich mich bei alledem augenblicklich so frei, so behaglich fühlen . . .? Warum war ich nicht einen Augenblick verlegen, ängstlich und beklommen?'' (55) Im Erziehungsroman übernahm die sanfte und liebenswürdig lenkende Sophie (wir lernten ihre weiteren Attribute in den Zitaten von Basedow kennen) gleichsam die Funktion des Hilfs-Ichs für den erwachsenen Emile, nachdem der Erzieher seine Aufgabe getan hatte. Das hat Mme de Warens wohl auch für Rousseau getan, den das in seiner persönlichen Entwicklung sehr vorangebracht hat. Sophie trug aber auch alle Züge in positiver Umformung, die Mme Warens gefehlt hatten: Treue und schamhafte sexuelle Zurückhaltung waren nicht unbedingt deren kennzeichnendste Eigenschaften gewesen. Deren Verkörperung in Sophie aber gehörte für Rousseau zum Traum der vollkommenen Frau, die sein Lebensglück hätte sein sollen, wenn es sie gegeben hätte.

Das Bild der ungelehrten, aber herzens- und tugendkultivierten, aufs Haus beschränkten, sanften, hingebungsvollen und stützenden Frau – ist es so entstanden? Hat Rousseau den affirmativen Charakter dieses Frauenbildes im Verhältnis zur bisherigen patriarchalischen Oberherrschaft des Mannes nicht bemerkt? Waren ihm die gesellschaftlichen Verhältnisse in diesem Punkt noch so unproblematisch? Oder ängstigte ihn vielleicht die liebende Frau, die auch Individuum war – wie Mme de Warens? Stellte die Phantasie von der tugendhaften Frau, deren Selbstliebe sich vollkommen in die Liebe zu anderen Menschen umgewandelt hat, Balsam für seine Seele dar? Und, so mag er sein aufklärerisches Gewissen beruhigt haben, erhob er damit nicht auch die Frau zu einer Humanität, die zwar nur im Innenverhältnis zum Mann wirksam wurde, dort aber über der seinen rangierte?

Wie auch immer – mag die Erhaltung der gesellschaftlichen „Oberherrschaft des Mannes", die Rousseau ausdrücklich für notwendig hielt, nun persönliche Konfliktbewältigung oder gesellschaftliche Affirmation gewesen sein –, das Rousseausche Bild des Geschlechterverhältnisses enthielt jedenfalls schon keimhaft jenen Dualismus von Gefühl und Rationalität, den die gesellschaftliche Rezeption dann auf die Spitze trieb: Die Frau war „nur Gefühl" bei Rousseau, während der Mann bei ihm Gefühl und Verstand vereinigte. Diesen Teil des Rousseauschen Denkens, die also schon in eine Dualität gespaltene, schon entmischte Wesensvorstellung von Mann und Frau, griff die zeitgenössische Gesellschaft geradezu begierig auf und radikalisierte sie zugleich. Was herauskam, war eine noch weitergehende Entmischung der Geschlechter. Männer, die sich nur als Privatmenschen Gefühle erlauben konnten, und Frauen, die, abseits der ökonomischen und staatlichen Organisationen, für ihre Tätigkeit im Haus nur alltägliche und altmodische Restposten von Rationalität zu brauchen schienen, führten zur Entstehung der Gleichungen Gefühl = Frau; Rationalität = Mann.

Große Teile des männlichen Bürgertums waren vom Rousseauschen Frauenbild geradezu hingerissen. Aber auch Teile des weiblichen Bürgertums akzeptierten diese Rolle gern, andere meinten, sich bemühen zu müssen, sie zu „lernen" – sie war ihnen neu. Der sich ausbreitende Markt für Frauenliteratur kam dem entgegen. Neu war vielen dieses Frauen-, Liebes- und Ehebild nicht, weil sie früher durchweg selbstbewußter gewesen wären. Neu war es, weil eine langsame Umgestaltung der bürgerlichen Familie stattfand. Zug um Zug wurden nämlich aus dem „ganzen Haus", in dem bisher unter der Herrschaftsgewalt des Hausvaters weiträumige Arbeitsteilung und Kooperation bestanden hatten (vgl. z. B.

Schlözers Haushalt, S. 43), die berufliche Arbeit des Mannes und des
Gesindes, teilweise auch die Erziehung der Kinder und der Geselligkeit
ausgegrenzt. Mann und Frau rückten dadurch sozial-räumlich viel enger
zusammen. Die mögliche Gewaltsamkeit ihrer gegenseitigen Beziehungen hätte durch eine sich ergebende gesellschaftliche Unkontrolliertheit
der geschlechtlichen Attraktion bedrohlicheren Charakter annehmen
können als früher. Es entstand ein Definitions-, ein Strukturierungsbe-
dürfnis für die neue Konstellation, das nach einer Befriedung des Geschlechterverhältnisses ebenso verlangte wie nach einer Umdefinition
der Familie zur individuellen Rückzugs- und Entfaltungsmöglichkeit.
Rousseaus Entwurf eines sich selbst kontrollierenden, liebenden Mannes,
der von einer sich selbst kontrollierenden Frau liebend gelenkt wird, gab
dem Bürgertum eine neue Formierungshilfe für diese Konstellation. Hielt
man sich an die „natürliche", also prästabilierte Harmonie der Geschlechter, so schien der Ehefrieden gesichert. Das muß auch für viele
Frauen damals eine akzeptable Möglichkeit gewesen sein, obwohl doch
das „ideale Konzept der bürgerlichen Liebesehe vor allem auf Kosten der
Selbstverwirklichung der Frau geht" (Grenz, 24 f.). Es spricht manches
dafür, daß viele – auch und gerade Frauen – das damals nicht so empfunden haben, da dieses Konzept in der familieninternen Eigenschaft der
Frau als humanitärer Richterin auch das Element einer Aufwertung der
Frau gegenüber den alten Familienbeziehungen im „ganzen Haus" enthielt und die Liebesehe Schutz vor gewaltsamen Übergriffen des Mannes
zu bieten schien.

Daß so begeistert nach dem neuen Orientierungsmuster gegriffen wurde, erklärt sich aber nicht nur aus der sich ergebenden Gewaltfreiheit nun
auch des als individuelle Fluchtburg aufgewerteten privaten Bereichs;
nicht auch nur aus der historischen Disponiertheit der Individuen, die
erforderlichen Leistungen der Selbstkontrolle zu erbringen. Es erklärt
sich auch aus der schon erwähnten Tatsache, daß die Interpretation der
Frau als Teil des Mannes in der neuen bürgerlichen Familie eine in sich
konkurrenzlose Aufstiegseinheit schuf, eine in sich solidarische, als Ganze mobile Keimzelle gesellschaftlicher Statuserhaltung. Selbst für den Fall
des in der bürgerlichen Gesellschaft ja einzukalkulierenden Vermögens-
und Statusverlustes war das neue Ehe-Konzept funktional. Wo Glück
und Unglück in der Ehe ausschließlich von der individuellen Zuneigung
zweier Personen zueinander abhängen, kann äußeres Unglück nicht
grundlegend destabilisieren. Die Familie kann auch und gerade in diesem
Fall Zufluchtsort bleiben. Vor allem aber schaffte Rousseaus Entwurf die
im ausgehenden Paternalismus schwierige Lösung des Problems der
Gleichheit aller Menschen, auch der Frauen, aus der Welt. Wo, gemäß
der Ordnung der „Natur", erst Mann und Frau gemeinsam den Menschen ausmachen, kann die Interpretation der Frau als Teil des Mannes

kein Hindernis für die Gleichheit aller Bürger darstellen. Wo die Frau gemäß der Ordnung der „Natur" Teil des Mannes ist, erscheint sie gleich, wenn er mit anderen Männern gleich ist. Das Innenverhältnis zwischen beiden regelt sich nach „natürlichen" Gesetzen, ohne staatlichen Schutz. Mit dem Gedanken der natürlichen, prästabilierten Harmonie der Geschlechter und der Entmischung menschlicher Eigenschaften zur Herausbildung von Weiblichkeits- und Männlichkeitstypen hat sich die bürgerliche Gesellschaft noch einmal, wie schon vorher in ihrer Geschichte, mit der Konstruktion eines „Naturgesetzes" beholfen, und ist damit bei der Lösung ihrer Organisationsprobleme einer kommunikativen Verständigung der handelnden Subjekte aus dem Wege gegangen (vgl. Habermas 1963, 32 ff., 46).

Bei Schlözer hat es, wie wir gesehen haben, die Gleichungen Frau = Gefühl und Mann = Rationalität noch nicht in dieser Schärfe gegeben. Er, dessen professoraler Oikos eine Übergangsform im Prozeß der Entleerung des „ganzen Hauses", der Veränderungen der Beziehungen in der Kernfamilie darstellte, hatte das Untraditionelle, Neue, das sich in die Beziehungen der „Einander-Nahestehenden" eingeschlichen hatte, noch anders gelöst: teilweise mit psychischem Oktroi, wohl zuweilen auch mit körperlicher Gewalt. Vor allem aber hat er, soweit er sich seine familiären Beziehungen überhaupt ins Bewußtsein hob, versucht, das Problem einer sich anbahnenden neuen Konstellation mit zweckmäßiger Durchgestaltung zu lösen. Es ist dies der Versuch, die neuen Probleme mit den alten Mitteln des Frührationalismus anzugehen, die sich aber im historischen Prozeß für die Gestaltung der persönlichen Beziehungen als dysfunktionell erweisen mußten.

Schlözer war noch vom Bild der Frau in der alten Hausökonomie geprägt und erblickte folgerichtig in der Hinführung einer Tochter zu arbeitsamer Gelehrsamkeit eine erfolgversprechende Anleitung zur Tugend, keineswegs aber den Verstoß gegen etwaige „natürliche Gesetze". Im Gegenteil paßte das zu seiner Auffassung vom Gesetz der menschlichen Gleichheit. Ebensowenig wäre er aber auf den Gedanken gekommen, daß er mit seinem Erziehungsplan einen der ihm nahestehenden Menschen, vielleicht die ihm unbewußt am meisten am Herzen liegende Person, für seine Zwecke instrumentalisierte und gerade nicht Individualität und Selbständigkeit als Voraussetzungen der Gleichheit förderte. Vergleichen wir abschließend Schlözer und Rousseau, so finden wir uns vor einem eigenartigen Phänomen: Eine Einstellung zur Mädchenbildung, die von heute aus gesehen fortschrittlicher aussieht, wurde historisch von einer Konzeption überholt, die neue gesellschaftskritische und pädagogische Denkmöglichkeiten brachte, die in der Frage der Gleichheit von Mann und Frau aber hinter ihr zurückblieb.

Die Haltung ihres Vaters prägte Dorothea sehr früh und wahrscheinlich sehr tief. Als jung verheiratete Frau kam sie später aber auch mit dem „empfindsamen" Teil des Lebensgefühls jener Zeit in Berührung, ja erlebte in ihm vielleicht beglückend Neues. Sie stand also objektiv gesehen an der Wegscheide. Subjektiv bedeutete dies Risiko und Chance. Gelang es ihr, Elemente der neuen Subjektivität und Unkonventionalität mit ihrer vom Vater bezogenen Erziehung zusammenzubringen und sich als intellektuelle Frau für Gefühlsbeziehungen zu öffnen, so konnte sie zu einer außergewöhnlichen gesellschaftlichen Existenz vordringen: Rationalität und Gefühl wären dann vereinigt, Autonomie und Individualität in einer Frau zusammengebracht. Fehlte aber das Ingredienz der Unkonventionalität und der inneren Selbständigkeit oder wurde seine Entwicklung durch ihren weiteren Lebensweg nicht gefördert, so riskierte sie, daß sich die verschiedenen Einflüsse blockierten, daß sie ihrer eigenen zwangsläufigen, dann aber nur partiell gewollten gesellschaftlichen Unkonventionalität hilflos gegenüberstand und womöglich dadurch gebrochen wurde. – Ob sie in der damaligen Gesellschaft eine Chance hatte?

Das Fest

Hofrat und Ritter Michaelis, Dekan der Philosophischen Fakultät, plauderte am 24. Juli 1787 bei englischer Pie über das bevorstehende fünfzigjährige Jubiläum der Georgia Augusta. Der anwesenden Dorothea Schlözer sagte er, im neuen Semisäkulum werde sie die allererste Studentenmatrikel oder gar ein Magister-Diplom bekommen. Dorothea merkte auf und war verwirrt: Hatte Michaelis, der ehrwürdige frühere Lehrer und jetzige Kollege Schlözers, einen Scherz gemacht, oder war es ihm ernst gewesen? Sie besprach sich mit ihrem Vater und dieser hakte mit einem Brief mit Datum vom 28. 7. nach:

,,Ich weiß so wenig wie meine Tochter, ob Ew. Hochwohlgeboren", fragte er Michaelis, ,,Scherz oder Ernst gemeint haben. Im ersteren Fall bitte ich, alles folgende nicht für geschrieben zu halten, im letzteren aber bin ich so frei, folgendes zu bemerken. Die Ehre des Magisterii steht meiner Tochter nächstens bei einer anderen Universität bevor. (Wir wissen nicht, bei welcher und halten diese Behauptung für einen kleinen Trick Schlözers; d. Verf.) Natürlich ist es mir lieber, wenn sie solche . . . in Göttingen . . . erhielte. . . . Nur nehme ich mir die Freiheit zu bitten, . . . daß meine Tochter nicht bloß ein Diploma honoris causa bekommt, sondern entweder die ganze Fakultät, wie bei ordentlichen Magister-Examinibus, oder falls diese Ehre zu groß ist, doch einige Deputierte derselben sie über das, was sie bisher getrieben, und worüber Ew. Hochwohlgeboren vorher einen Rapport abfordern können, zu verhören belieben."

Daraufhin machte Michaelis am 29. 7. der Fakultät schriftlich den Vorschlag, Demoiselle Schlözer – ,,es versteht sich, nach vorangegangener Prüfung und Examen" – die philosophische Doktorwürde zu erteilen, zumal (den Bluff spielte er offenbar mit) auch eine andere Universität an der jungen Dame interessiert sei. Zustimmende Antwort aller Mitglieder. Michaelis ließ also Dorothea am nächsten Tage folgendes Schreiben zustellen:

,,Mit Erlaubnis Ihres Herrn Vaters nehme ich mir die Freiheit, um eine kurze Lebensbeschreibung, sonderlich Beschreibung Ihres literarischen Lebens zu bitten, aus der ich lernen könnte, auf was für Sprachen und Teile der Wissenschaften Sie Ihren so glücklichen Fleiß gewandt haben. Ihr Herr Vater wird Ihnen selbst sagen, wozu ich diesen Aufsatz wünschte, und wem ich ihn vorlegen wollte. Aus einem Spaß ist Ernst geworden."

Dorothea erlaubte sich, ihr Curriculum vitae am 17. 8. einzureichen. Der Dekan gab den Bericht der Fakultät zur Kenntnis und ließ nach deren Einverständnis Dorothea mitteilen, daß die Prüfung auf den 25. 8., nachmittags 5 Uhr, in seinem Hause angesetzt sei. Von der Vorschrift eines förmlichen Gesuchs um Zulassung und der Pflicht zur öffentlichen lateinischen Disputation werde dispensiert.

Den Verlauf des Examenstages kennen wir aus einem schriftlichen Bericht, den Dorothea selbst verfaßte und Ende 1787 an auswärtige Verwandte und Freunde versandte. Danach muß es wie folgt zugegangen sein:

Nachmittags wurde die Kandidatin zurechtgemacht: Weiße Flor-Frisur, mit aufgesetzten Perlen und Rosen; weißes Kleid aus Musselin; simples Halstuch – wie eine Braut. Der Vater wollte es so. 10 Minuten vor 5 verließ sie die Schlözersche Wohnung in der Pauliner Straße. Michaelis' Haus lag in der Mühlenpfortenstraße (die wegen dreier ebenfalls in dieser Straße wohnenden Studiosi von königlichem Geblüt bald Prinzenstraße heißen sollte), direkt gegenüber dem Kollegien- und Bibliotheksgebäude der Universität. Durch einen kleinen Durchgang östlich der Pauliner Kirche waren es nur 200 Meter. Dorothea trat also zu früh ein. Der Diener bat sie in das im Hochparterre gelegene Wohnzimmer, wo die Hofrätin sowie Lotte und Luise, die noch im Haus lebenden Töchter des Ehepaares Michaelis, bereitstanden, ihr die Qual des Wartens zu vertreiben. Durch die Fenster konnten die Damen die Fakultätsmitglieder eines nach dem anderen ankommen sehen: Den berühmtberüchtigten Kästner, Dorotheas Mathematik-Lehrer und ihres Vaters Intimfeind; den großen Gelehrten Heyne, Begründer der modernen Altertumswissenschaft, der die klassische Philologie als Inbegriff allgemeiner menschlicher Bildung legitimierte; den Vertreter der angewandten Mathematik, Meister, der sich besonders intensiv für die Militärbaukunst interessierte; den Philosophen Feder, der mit seiner Kant-Kritik der Göttinger Philosophie wenig Ehre machte; den Philosophen und Geistlichen Herrn Kulenkamp, korpulent, was ihm sichtlich zu schaffen machte; als letzter kam Gatterer, mit dem Vater Schlözer ebenfalls allerlei Händel hatte und den er, als er ihn mit seinen historischen Vorlesungen schließlich übertrumpft hatte, als Professor quasimodomortuus ironisierte (vgl. Selle 98f., 100ff., 132ff., 152ff., 176f.; Lang, I 236).

Mit jedem Prüfer, der eintrat, nahm Dorotheas Beklommenheit zu. Sobald man vollständig war, wurde die Kandidatin vom Dekan persönlich abgeholt und durch das großzügige Treppenhaus – Michaelis besaß von allen Göttinger Professoren das prächtigste Gebäude: ein im klassizistischen Stil 1737 errichtetes ehemaliges Gast- und Logierhaus für vornehme Fremde – ins erste Stockwerk geleitet, wo sich die Arbeits- und Schlafräume des Gelehrten befanden. Es entsprach der unter deutschen Professoren damals noch sehr üblichen Vermischung von Arbeits- und Privatleben, daß das Examen in der Wohnung des Dekans stattfand.

Ich bin geboren den 10ten August 1770.

Dorothea Schlözer. Curriculum vitae vom 17. August 1787
(erste und letzte Seite)

befuhr ich die Gruben Dorothea, Braune Lilie, Obern Johannes
Ring, Silberschnur, Samson, Catharina neu Sang in St.
Andreasberg, u. den **Rammelsberg**.

Auch hatte ich Gelegenheit einige Stücke von der Bergschmied-
kunst zu bekommen, u. machte unter Anweisung des Herrn Markt-
schreiders Laenge, beiliegende Stücke A u. B. gemacht.

3) Geschichte.

Bey dem Herrn Consistor. Borheck in Stralsund hatte ich den
nöthigen Unterricht in der alten Welt Geschichte. — Bey meinem Vater
habe ich nachher die Collegia über Nordische, europäischen, u. Welt Ge-
schichten gehört. Die nöthige Repetition derselben ist aber seit 1½
Jahren darbei, weil ich mich mehr mit Mathematischen u.
Mineralogischen Lectüre abgegeben habe.

Unterdessen mit meiner Zeit, habe ich unter der Aufsicht
meines Vaters, historischen Bücher, gelesen. — Vorigen Winter
las ich in Herrn Prof. Spittlers Geschichte der Christlichen Kirche, von der
Reformation S. 360 bis zu Ende. — Seit Ostern lese ich Herrn Hof.
Justiz Rath Pütters Zustand des deutschen Reichs u. habe den nöthigen
Theil, bis auf Carl V vollendet. — Blos für mich habe ich die
Geschichte u. Genealogie der Welfen durchgegangen; u. habe
beigehende Tabelle C gemacht.

folgende einzelne

Göttingen,
d. 17t Aug.
1787

Dorothea Schlözer

Michaelis, der international hochgeschätzte, weitgereiste Orientalist, demonstrierte Lebensart. Er hatte in seinem Arbeitszimmer die Tafel dekken lassen: Kuchen und Konfitüren, hübsch vor allem ein Biskuit, den ein Lorbeerkranz zierte. Die Atmosphäre war eher privat als öffentlich, eher freundlich als kühl. Die Herren zeigten sich von ihrer netten Seite. Dorothea bekam Courage und wartete den Anfang nun getrost ab. Galant bat sie der Dekan, am Kopf der Tafel Platz zu nehmen, zwischen sich selbst und Kästner, nicht, wie die Kandidaten sonst, am unteren Ende des Tisches.

Die Prüfung lief ab, wie man das bei vielen Rigorosa wohl auch heute noch beobachten könnte. Die erste Frage stellte der Vorsitzende höchstpersönlich. Sie bezog sich auf ein Phänomen, welches in einer von ihm selbst, Michaelis, besorgten Edition berichtet worden war: den Spiegel auf dem Leuchtturm von Alexandria, in dem die Mohammedaner die christlichen Schiffe in Konstantinopel gesehen haben sollen. War die Sache an sich möglich? Hat es damals wohl einen solchen Spiegel gegeben? Über die Antwort der Kandidatin gerieten Michaelis, Gatterer, Kästner und Meister in Streit, der nicht ganz entschieden wurde. – Die zweite Frage präsentierte abermals Michaelis. Der Horaz wurde hervorgeholt. Dorothea mußte eine Stelle – 1. Buch, 37. Ode – übersetzen und erläutern. Dann, erst dann hatte der Vorsitzende die Freundlichkeit, der Kandidatin eine Tasse Tee kommen zu lassen, damit sie fürs weitere neue Kräfte sammeln konnte. – Als nächster war Kästner an der Reihe, der außer Mathematik auch Mineralogie zu prüfen beauftragt war. Er begann mit letzterem: zog ein Stück Erz aus der Tasche und ließ dessen Art bestimmen; verlangte die Erklärung einiger grubentechnischer Sachverhalte und forderte, den Weg des Erzes von der Grube bis zum münzbaren Metall darzustellen. In der Münzkunde konstruierte Kästner den Fall, daß man aus 16lötigem und 8lötigem Silber 12lötiges machen wolle: Wieviel nimmt man alsdann von jeglichem? Des weiteren hätte er, bedeutete Kästner der Kandidatin süffisant, eigentlich vorgehabt, ihr den binomischen Lehrsatz zu beweisen vorzugeben. Da aber die meisten Herrn nichts davon verstünden, wollte er's nun doch nicht tun. Jetzt bestellte der Vorsitzende zum zweiten Mal Tee für die Kandidatin, und Feder kam sich, wie er in seinen Memoiren später selbst bemerkte (156), bei den geschickten Antworten des Mädchens auf Kästners Problemfragen als „unwissender Mensch" vor. Er ermutigte Dorothea, mit Muße auszutrinken; sie hätte schließlich die ganze Zeit über gesprochen wie einer, der ein Kollegium läse. – Nach dem Tee stellte Meister einige Fragen zur Kunstgeschichte, gegen welche Dorothea protestierte, weil sie das Fach in ihrem Lebenslauf nicht genannt hätte, die sie dann aber doch beantwortete: Säulenarten? Deren Verwendung in der Peterskirche in Rom? Art des Gebäudes? Größe der Kolonnade, der Kuppel? Wer hat die erste Kuppel nach der Kettenlinie erbaut? Zum Dom in Florenz: Kolonnade und Figur der Kirche? – Schließlich kam nun doch noch Kästner mit einer mathematischen Aufgabe zum Zuge: Wie groß muß eine jede Strecke eines Bogens Papier sein, den man so viele Male zusammenlegen kann als man will, wobei die entstehenden Rechtecke allemal dem ursprünglichen ähnlich bleiben? Die Lösung Dorotheas stellte Kästner so sehr zufrieden, daß er die Witzelei nicht unterdrücken konnte, diese Aufgabe hätte der Magister B. nicht zu lösen ver-

Das Michaelishaus in der Mühlpfortenstraße, noch in der Nutzung als Gasthaus. Stich von Heumann 1747

mocht, als er von der Fakultät examiniert worden wäre, obwohl er hier doch Kollegs über Mathematik gelesen hätte. Nun wollte Meister auch noch eine geometrische Aufgabe loswerden, doch Kulenkamp fuhr ihm mit dem Hinweis in die Parade, inzwischen sei es halb acht geworden, er solle doch gefälligst aufhören.

Die Prüfung wurde somit beendet. Michaelis begleitete Dorothea wieder hinunter, holte sie dann aber bald erneut herauf, denn es hatte nur einer kurzen Beratung bedurft. ,,Wir haben'', sagte der Dekan wieder sehr galant zu Dorothea, sobald diese erneut auf ihrem Platz saß, ,,einstimmig beschlossen, Ihnen die Würde zu erteilen, die wir selbst tragen.'' Die Gläser wurden gefüllt, alle gratulierten Dorothea herzlich und stießen auf sie an. ,,Es ist eine außerordentliche Ehre'', antwortete Dorothea respektvoll, ,,die ich zwar noch nicht verdient habe, aber in etwa fünf Jahren zu verdienen verspreche.'' Dorothea wurde entlassen. Drunten in der Eingangshalle setzten Lotte und Luise ihr den Lorbeerkranz auf, der auf dem Biskuit gelegen hatte und inzwischen schon von dem Bedienten heruntergebracht worden war.

Dorothea eilte mitten durch das schaulustige Göttinger Publikum, welches sich in Erwartung des alsbaldigen Endes der sensationellen Prüfung inzwischen eingestellt hatte, nach Hause, zurück zu dem Urheber ihrer Erziehung, demgegenüber sie in diesem für sie so großen Moment ,,innigen Dank'' empfand. Währenddessen schrieb Michaelis auf das Curriculum vitae Dorotheas folgende Protokollsätze, die mit zu den Promotionsakten genommen wurden:

,,Mademoiselle Schlözer ward von mir, dem Dekan, Herrn Hofrat Kästner und Meister examiniert, und die Magisterwürde ihr zuerkannt, die ihr im Jubiläum erteilt werden soll. Statt des Eides, der ihr verlesen wird, gelobt sie dem Dekan den Inhalt durch den Handschlag.''

Die Familie Schlözer konnte nun feiern, die Fakultät aber mußte weiterarbeiten. Unter anderem verzeichnete das Protokoll des Tages, wiederum auf dem noch freien Platz von Dorotheas Lebenslauf, auch den Beschluß, dem Amtmann und Dichter Gottfried August Bürger anläßlich des Jubiläums den Ehrendoktor der Philosophie zu verleihen. Unkonventionell, ja fortschrittlich war sie damals, die Philosophische Fakultät der Georgia Augusta.

Ohne die spezifische Stellung und Organisationsform der Göttinger Universität wäre eine Promotion wie die Dorotheas damals wohl kaum möglich gewesen. Nicht, daß man Dorothea den Doktorgrad geschenkt hätte; sie wurde, wir sahen es, schon ernsthaft präpariert und examiniert. Aber hätte man an einer der alten korporativen Universitäten eine junge Frau überhaupt zum Examen zugelassen? Wohl kaum. Nur einen einzigen Präzedenzfall gab es: die Promotion von Dorothea Erxleben zum Doktor der Medizin, und diese hatte 1755 an der anderen deutschen

Reformuniversität stattgefunden: in Halle. (Vgl. Hanstein, I 173 ff.) Kann man sich des weiteren vorstellen, daß die Promotion in Göttingen hätte vollzogen werden können ohne die für diese Universität vielleicht besonders charakteristische Ansiedlung im Zwitterfeld von Öffentlichkeit und Privatheit? Um nicht mißverstanden zu werden: Natürlich war die Georgia Augusta als staatliche Anstalt, auf der die Aufmerksamkeit des Weltpublikums ruhte, eine Institution der Öffentlichkeit. Infolge ihrer Unterbringung in einer Kleinstadt, die sie dominierte – noch sehr viel später sagte man, Göttingen habe keine Universität, sondern sei eine –; infolge der Überschaubarkeit der räumlichen und sozialen Verhältnisse – das Leben der Professoren und ihrer Familien spielte sich hauptsächlich auf einer Fläche von einem halben Quadratkilometer ab, jeder kannte jeden –; infolge schließlich der fortbestehenden Verbindung von Wohn- und Arbeitsstätte – die Professoren wickelten, wie wir schon früher in bezug auf Schlözer betont hatten und wie wir nun auch an Michaelis sahen, einen Großteil ihrer Amtsgeschäfte zu Hause ab –; infolge all dieser Umstände ragte aber die Privatsphäre in starkem Maße in das offizielle Leben der Universität hinein. Es war nun dies Faktum einer großen Schnittmenge zwischen Privatheit und Öffentlichkeit, welches die Durchführung der Promotion wesentlich begünstigte. Denn solange man sich in diesem Zwischenreich bewegte, konnte man die Traditonen und Regeln, auch solche, welche das Frauenstudium eigentlich ausschlossen, flexibel handhaben und öffnen. Hier fiel es dann leichter, den Gesichtspunkt der Opportunität walten zu lassen und so zu fassen, daß der persönlichen Lage und den Interessen des Erziehers und der Kandidatin Rechnung getragen wurde. Hier gab es nicht zuletzt auch einen Bonus der Vertrautheit: man kannte Vater und Tochter Schlözer, hatte tagtäglich mit beiden zu tun, schätzte sie beide. Ja, man brauchte nicht einmal die Verkehrsgewohnheiten zu wechseln, um die Prüfung abzuhalten: So wie Dorothea am 24. 7. 1787 zu Michaelis zu Tee und Pie gegangen war, so ging sie eben vier Wochen später wieder zu ihm hin: diesmal zur Prüfung.

Jene Akte im Zusammenhang mit Dorotheas Promotion allerdings, die sich nicht in diesem privat-öffentlichen Zwischenfeld halten ließen, sondern eindeutig öffentlich waren, bereiteten allerlei Schwierigkeiten. Auch als Doctor philosophiae designatus blieb Dorothea als Frau, zumal als junge und unverheiratete, ein öffentliches Nullum. Das erste dementsprechende Problem stellte sich bereits mit dem Magistereid, den alle Kandidaten nach bestandener Prüfung zu schwören hatten. Der Eid lautete (im Orginal selbstverständlich in Lateinisch):

,,Eid, von den Magistern der Philosophie der Georgia Augusta vor der feierlichen Bekanntmachung zu leisten. Bevor Dir der höchste Ehrenrang der Philo-

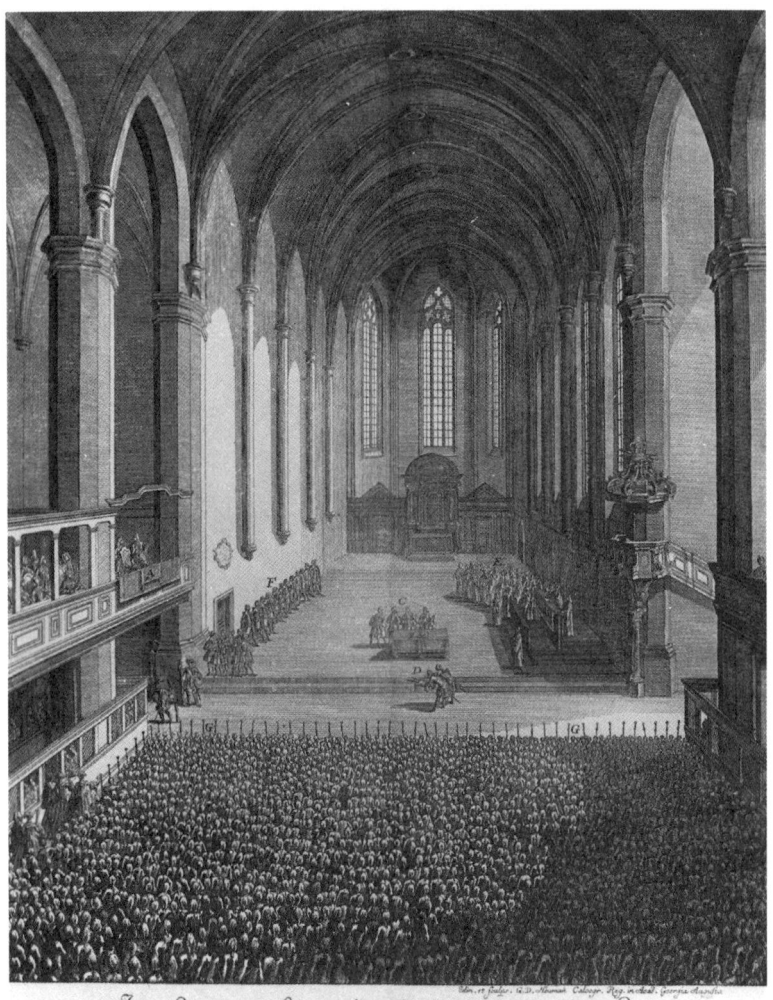

Blick in die Paulinerkirche. Festakt anläßlich des Besuchs von König Georg II.
Stich von Heumann 1747

sophie zuerkannt wird, schwöre: Diesen Ehrenrang nicht zur Schande dieser Universität anderswo zu wiederholen, und, wenn Du ein Lehramt antrittst, offen nach Wahrheit zu streben und über Gott und Religion nur erfurchtsvoll und bescheiden zu philosophieren. So wahr Dir Gott helfe." (Vgl. Küssner, 24f.)

Ein männlicher Kandidat hätte nun „So wahr mir Gott helfe" geant-wortet und die Urkunde unterschrieben. Dorothea war aber als Frau nicht eidesfähig, konnte dies also nicht tun. Für diese Prozedur fand sich noch eine flexible Lösung: Dorothea versprach einen Tag nach der Prü-fung dem Dekan in die Hand, den Inhalt des Eides beachten zu wollen, und statt ihrer Unterschrift schrieb der Dekan auf die Urkunde:

„daß Mademoiselle Schlözern mit Handschlag gelobt hat, das oben Stehende zu erfüllen und zu halten, bezeugt, Göttingen, d. 26. Aug. 1787 Johann David Mi-chaelis Dekan".

Keinesfalls so elegant zu regeln waren die Probleme, die sich mit der Proklamation Dorotheas zum Magister und Doktor der Philosophie stellten. Diese, wir zitierten den Beschluß der Fakultät schon im Wort-laut, sollte zusammen mit den anderen Ernennungen im Rahmen des Festakts anläßlich des fünfzigjährigen Bestehens der Georgia Augusta stattfinden. Solche Feierlichkeiten stellten aber ein Ereignis dar, für das der traditionale Typ des sozialen Verkehrs, die repräsentative Öffentlich-keit des absolutistischen Staates an einer modernen Universität wie der Göttinger noch ebenso voll in Funktion war wie an einer beliebigen alten. Für eine junge unverheiratete Frau war auf diesem Festakt kein Platz, selbst wenn sich die Universität im Rahmen dieses Aktes mit radikaler Aufgeklärtheit hervortun wollte, wie sie sich in der Verleihung eines ihrer akademischen Grade an eine solche Frau äußerte. Für Improvisationen und Zweckmäßigkeitserwägungen bestand kaum ein Spielraum. Das öf-fentlich-private Zwischenreich war verlassen. Was nun sanktioniert wur-de, waren die starren Regeln repräsentativer Öffentlichkeit, und diese lassen sich folgendermaßen charakterisieren:

„Man trägt seinen Herrschaftsrang, den Status an ‚Würde' und ‚Ehre' im hierar-chisch abgestuften Verband der Ständegesellschaft demonstrativ zur Schau. Man stellt ihn durch feste, sinnlich wirksame und sozial bedeutsame Attribute dar. Die ständische ‚Ehre' und ihre Attribute steuern jedes Handeln in einer genau regle-mentierten und umfassenden Weise: Sie bestimmen ... die Sprachformen, die nichtverbalen Gesten, die Kleider- und Luxusordnungen ... nach der Schicklich-keit ständischer Etikette ... Sie sind insofern politisch, als sie Herrschaftsränge versinnlichen..." (Grimminger 1980, 30)

Die Jubelfeier der Georg-August-Universität zu Göttingen (vgl. Jaco-bi/Kraut 1787b; Heyne), damit auch die Ernennung Dorothea Schlözers zur ersten Doktorin der Philosophie in Deutschland, fand am 17. September 1787 statt.

Der Ort der Handlung war die Pauliner Kirche, die nunmehr als Universitätskirche genutzt wurde: ein gotischer Bau aus dem 14. Jahrhundert, Pseudobasilika, 5-jöchig, Kreuzrippengewölbe auf 8 Eckpfeilern, 4-jöchiger Chor, mit Platz für vielleicht 1000 Personen. Für die Jubiläumsfeier hatte man im Chor ein Katheder und längs der rechten Wand vier Bankreihen für die Professoren aufgestellt; Fußboden, Katheder und diese Bänke waren mit rotem Tuch belegt worden. Im linken Seitenschiff waren deutlich erhöht die Sitze der königlichen Legaten, der Kuratoren und Staatsminister von dem Busch und von Beulwitz, des fürstlich-hessischen Legaten, des Staatsministers von Wittorf, sowie der schon erwähnten, in Göttingen studierenden königlichen Prinzen: Ernst August, Herzog von Cumberland, 16; Adolf Friedrich, Herzog von Cambridge, 14; August Friedrich, Herzog von Sussex, 13 Jahre alt, alle mit Gefolge. Im hintern Teil des Hauptschiffs stand eine rückwärts ansteigende Bühne für die Studenten.

Seit neun Uhr läuteten alle Glocken. Eine halbe Stunde später näherte sich die feierliche Prozession der Kirche. Von dem Balkon über der Kirchentür wurde jetzt mit Pauken und Trompeten musiziert. Der Studententeil, der an der Spitze des Zuges ging, bildete vor dem Eingang Spalier und ließ die anderen Gruppen zuerst eintreten: Die Pastoren der Stadt; den Stadt-Magistrat; die Magister und Doktoren der Universität; das gehobene Personal der Universität; die Kandidaten, deren Proklamation zum Magister oder Doktor im Rahmen der Feier beabsichtigt war; die Professoren (in sie eingereiht die Syndici und der Stallmeister); die anwesenden Grafen; den Prorektor nebst dem Herzog von Châtillon und dem Prinzen von Luxemburg; die Deputierten der Universität Helmstedt und der Landschaften; den hessischen Staatsminister; das Gefolge der englischen Prinzen; als Höhepunkt dann die hannoverschen Staatsminister und die drei englischen Prinzen – alles in starrer, dem Rang entsprechender Ordnung, von der es kein Abweichen gab. (Allein der Deputierte des Herzogtums Bremen, Landrat von Schulz, war mit der Regelung des Vortritts nicht einverstanden gewesen und hatte aus diesem Grunde auf seine Teilnahme verzichtet.) Den Schluß bildete ein zweiter Zug von Studenten, der sich mit dem ersten vereinigte, bevor alle zusammen schließlich die Kirche betraten. Beim Einzug der Prozession in die Kirche wurde rauschende Musik gespielt, die so lange hielt, bis alles seinen Platz eingenommen hatte und Ruhe eingekehrt war. Dann schwiegen auch die Glocken.

Die Feier war eine reine Männerangelegenheit. Nur auf der Empore sah man Damen, freilich nur verheiratete. Die Anwesenheit einer unverheirateten Mamsell, wie Dorothea eine war, hätte man als unschicklich empfunden. Obwohl ihr als Dr. des. ja eine Rolle bei den Feierlichkeiten zukam, lief sie nicht mit den anderen Kandidaten in die Kirche ein, ja sie befand sich überhaupt nicht im Kirchensaal. Anscheinend ist dieser Widerspruch niemandem aufgefallen, und wenn doch, so hat jedenfalls niemand auch hier eine Lanze für die junge Frau brechen wollen. Zu fest gefügt war die überkomme gesellschaftliche Rangordnung, zu labil die erreichte Verflechtung zwischen absolutistischem Staat und moderner

Wissenschaft, zu verletzbar das Selbstgefühl der um Aufstieg bemühten bürgerlichen Männer, zu abhängig und eingefügt in alte Formen waren schließlich die durch ihre traditionale Rolle im Sinne eines weiblichen „Standes" festgelegten Frauen, als daß Dorotheas Nicht-Teilnahme auch nur die Spur einer Irritation hinterlassen hätte.

Wo aber steckte Dorothea, wenn sie schon nicht dabei sein durfte? (Vgl. L. v. Schlözer, 134f.; Küssner, 24ff.) Um trotz alledem ihre eigene Proklamation zum Magister und Doktor der Philosophie miterleben zu können, hatte sich Dorothea in die Bibliothek geschlichen, die zusammen mit den Kollegsälen in einem ehemaligen Dominikanerkloster untergebracht war – ein rechteckiger Bau, dessen einer Flügel mit dem linken Seitenschiff der Paulinerkirche verschmolzen ist. Von hier aus konnte man durch ein Fenster, dessen Scheibe zerbrochen war, in die Kirche zur Festversammlung hinunterschauen und alles hören. Hier nun stand sie, alsbald der erste Dr. phil. weiblichen Geschlechts in Deutschland. Würdig auch für die Hauptbetroffene wurde er also nicht vollzogen, jener Schritt, den Theodor Heuß später als „Beispiel der Bildungsfähigkeit des Frauengeistes" feierte (54).

Dorothea konnte von ihrem Lauschplatz aus hören, wie die Musik wieder aufgenommen wurde: eine Kantate, speziell für die Feier gedichtet und in Musik gesetzt. Sie konnte der Festrede Heynes folgen. Dann kamen die Promotionen der vier Fakultäten, am Schluß jene der Philosophischen Fakultät. Michaelis ergriff das Wort und sprach in einem einzigen, ellenlangen Satz alle Promotionen seiner Fakultät aus. Als erste in der Reihe nannte er Dorothea, die er mit den lateinisch gesprochenen Worten würdigte: „... schmücke ich mit dem höchsten Ehrenrang der Philosophie und ernenne ich zu deren Doktoren und Magistern die gelehrte Jungfrau Dorothea Schlözer, deren Gelehrsamkeit, hauptsächlich in Mathematik und Mineralogie, wir wirklich durch das Examen festgestellt haben; ..." Als die Musik erneut erklang und sich dann die Prozession in der Ordnung wieder in Bewegung setzte, in der sie eingetreten war, hatte Demoiselle Doktor ihr Gucklock in der Bibliothek wohl schon verlassen – ob traurig oder erhoben oder beides, wir wissen es nicht.

Schlözer spiegelte sich im Erfolg Dorotheas, den er als den seinen ansah. Bereits vor der Feier, am 9. 9. 1787, hatte er an Schmettow geschrieben:

„Spielwerk ist der ganze Handel gewiß nicht. Ich habe sehr ernsthafte Absichten dabei." Gegen Basedow „dient mir das Urteil der hiesigen philos. Fak., die notorisch in solchen Dingen nie gespielt hat, statt eines Attestats". Schmettows prompte Anteilnahme vom 16. 9. beglückte Schlözer: „Sie, edler Freund", schrieb Schmettow, „konnten Basedow (auf den ich nichts halte) gewiß nicht bündiger widerlegen, als auf die Art; wenn doch alle gelehrte Streitigkeiten, so geendiget würden."

Die ganze gebildete Öffentlichkeit nahm zur Kenntnis, was in Göttingen geschehen war, und soweit Stimmen laut wurden, sagten sie meist ähnliches wie Schmettow: Der Schlözer hat's dem Basedow gegeben.

Die Reaktion auf das Schauspiel der holdseligen Vermählung eines hübsch geschmückten Mädchens mit der Wissenschaft war allerdings hoch-ambivalent. Lob und Huldigungen kamen aus der Verwandtschaft, so die schmeichelhaften Worte des Onkels Hofrat Loder, der aus Jena ein Gedicht in Form eines Dialogs zwischen Hannchen, seiner Tochter, und ihm, dem Arzt, herüberschickte:

Hannchen:
Mein Bäschen Doktor: Wie? Kann sie denn auch kurieren
Wie du, und andere mehr, die diesen Titel führen?
Der Vater:
Kurieren kann sie nicht, wohl aber schwer verwunden,
,Die Rose, die so voll am wilden Busche blüht...'
Manch Jünglings Herz hat dies mit Schmerz empfunden;
Wen trifft nicht Amors Pfeil, den diese Blume sticht?
Und jetzt begnügt sie sich nicht mehr mit jenen Pfeilen;
Mit ihr muß auch Apoll noch seine Waffen teilen.

Die Gräfin Hardenberg lud Dorothea von nun an zu manchem Ball aufs Schloß nach Nörten ein – in einer Zeit, in der der alte Adel seinen gesellschaftlichen Verkehr noch am Bürgertum vorbei organisierte, eine wahrhaft große Ehre. Beim Volk verhalf das Sensationelle des Vorgangs Dorothea allerdings eher zur Bekanntheit eines Kalbs mit zwei Köpfen. Man stach sie nicht nur in Kupfer, sondern verkaufte das Bild an jedermann und verloste es sogar auf dem Göttinger Schützenfest.

Die negativen Reaktionen waren je nach intellektuellem Niveau recht unterschiedlich. Schiller, einer der überzeugtesten Anhänger und Verfechter des Rousseauschen Frauenideals, wetterte gegenüber Gottfried Körner brieflich über „Schlözers erbärmliche Farce mit seiner Tochter" (6. 10. 1787) – ihm war „die berühmte Frau" ein Graus, wie man weiß. Skeptisch aus einem anderen Grund blieb Schlözers früherer Student Piter Poel, bei dem wir den bemerkenswerten, allerdings erst spät, 1825, geschriebenen Satz fanden: bei der Doktorprüfung habe sich das jugendliche Mädchen „nach dem Willen des Vaters wie ein bekränztes Opfer dem schaulustigen Göttinger Publikum" preisgegeben (Poel 1884, 246).

Das Opfer-Motiv griff auch ein Göttinger Anonymus, ein ehemaliger Göttinger Student, in seinem „Letzten Wort über Göttingen und seine Lehrer", einem retrospektiven Pamphlet, 1791 auf. Dieses Papier war wahrscheinlich repräsentativ für die Mischung von Tatsachen, Vorurteilen, dümmlicher Häme, offenkundiger Unkenntnis und Unwahrheiten, die einen großen Teil der negativen Reaktionen auf Dorotheas Promotion

ausmachten. Da es das Amalgam sehr gut zeigt, zu dem sich patriarchalisches und neues Denken über die „Natur" der Frau und ihre Bestimmung verbanden, zitieren wir es relativ breit. Der Anonymus nannte bei
seinem Bericht über „gelehrte Merkwürdigkeiten" Göttingens an erster
Stelle:

„die Mamsell Doctorin Schlözer. Das arme Kind vertauschte ihren Doktorhut,
glaub' ich, gern mit einer Frauenhaube. Man muß die Kinder nicht gegen ihre
Eltern reizen, sonst würd' ich sagen, daß sie ihr Glück dem Eigensinne ihres
Vaters habe aufopfern müssen. Herr S. glaubte aus allen Umständen schließen zu
können, daß sein erstgebornes Kind ein Knabe werde, und daß dieser Knabe ein
Genie sein würde. Die Natur aber spielte ihm den Possen und ließ ihm ein Mädel
jung werden. Aber S. schwur bei dem Verleger seiner Staats-Anzeigen, daß selbst
dies Mädel ein Gelehrter werden sollte, und wenn der liebe Gott und alle Planeten
darüber scheel sahen. So mußte nun das arme Ding anfangen zu lernen, aber sie ist
in der Tat kein Genie. S. mag wohl den russischen Staat besser kennen, als die
menschliche Natur, sonst würde er eingesehen haben, daß sich aus einem Frauenzimmer, aus guten physischen Gründen, nie etwas anders als eine gute Mutter
ziehen läßt." Daraufhin zitierte der Autor Albertus Magnus und fuhr dann mit
folgenden Worten fort: „Ging das arme Mädchen einmal dem Triebe ihrer Bestimmung nach, und hielt sich ein wenig in der Küche beim Backen und Sieden
auf; so setzte es von Seiten des erzürnten Vaters Züchtigung. Mamsell mußte sich
auf alle Wissenschaften legen, die sonst nur dem ernsten Eifer der Männer überlassen wurden. Auch die schönen Künste wurden nicht vergessen, und dabei ward
alles so modifiziert, daß das Weib vergessen werden sollte. Hatte das arme Mädchen vielleicht einmal gesehen, daß ein munterer Hahn mit seiner geliebten Henne
eine erlaubte Kurzweil trieb, und war darüber aus jüngferlicher Ahnung errötet,
gleich stellte der Vater, um dergleichen Empfindungen radicaliter auszurotten,
und sie zu gewöhnen, dergleichen Erscheinungen mit der kalten männlichen Vernunft eines Naturforschers anzusehen, Zeichnungen mit ihr an, worin die hitzig-
sten Tiere in einem Momente vorgestellt wurden, worüber einem Mädchen, dem
ein gewisses Gefühl im Busen aufzugehen anfängt, die Augen übergehen müssen.
– So wurde z. E. Affen, die überdem nicht im Rufe der Keuschheit stehen, nie
anders als in dem Momente gemalt, wo sie auf eine sehr ungeduldige Weise ihre
zärtlichste Sehnsucht nach der geliebten Sie zu erkennen geben. Dergleichen
Zeichnungen gab der Vater gelegentlich im Collegio herum, und setzte dann in
seinem trocknen Tone hinzu: ‚hat meine Tochter gemalt'. – Wenn man's nun
dabei ließe, mit dem guten Kinde einmal Komödie aufgeführt zu haben, so wäre
das Ding allenfalls noch wieder gut zu machen. Aber man fährt fort, sie mit
Schmeicheleien irre zu machen, und zu verderben. Man sticht sie in Kupfer und
hauet sie in Marmor. – Ja, ja, man hauet sie in Stein, glauben Sie nicht, daß ich
radotiere. Sie finden ihre Büste auf der Bibliothek am mathematischen Fache."
(74–76)

So also konnte man die Sache auch sehen. Nach unseren Recherchen
kann an den angeführten Behauptungen nur einzelnes stimmen, das mei-
ste dürfte „erdichtet" sein. Aber gerade deshalb kann man an diesem
Pamphlet sehr gut erkennen, in welche Richtung und mit welcher Hitzig-

keit ein gelehrtes Mädchen die Phantasie junger Männer jener Zeit in Gang setzte.

Abseits vom offiziellen Festgetümmel und noch unberührt von späteren Reaktionen feierte die Familie Schlözer die Promotion, die in ihr wohl uneingeschränkt als ehrenvolles und zum Stolze berechtigendes Ereignis galt. Vater Schlözer hatte schon am Tag nach der Prüfung seinen Dank an Michaelis geschrieben und ihn mit den Worten verknüpft:

„Daß der gesamte illustrio Ordo Philosophorum sich aus eigener... (unleserlich; d. Verf.) herabgelassen hat, gestern meine Tochter zu einer feierlichen gelehrten Prüfung einzuladen und sich, mehrere Stunden lang, mit ihr zu unterhalten; und ihr zuletzt einstimmig, zum hohen Kenntnisse seiner Zufriedenheit mit den bisherigen Progressen einer 17jährigen Göttingerin, u. zu ihrer und anderer mächtigen Aufmunterung für die Zukunft, die außerordentliche Ehre erwiesen, ihr eben die höchste philosophische Würde zu erteilen, die ich selbst, vor 21 Jahren, von eben dieser berühmten Fakultät, und größten Teils von eben denselben einzelnen Mitgliedern derselben erhalten zu haben, mich mit Stolz erinnere: ist eine Ehre, die ich um so stärker fühle, da sie meinerseits ganz ungewünscht, und folglich völlig unerwartet, war; welche ich aber, eben deswegen, für einen vollen Ersatz aller meiner – vielleicht auch außerordentlichen – Mühe, Sorgen, und Lasten, die ich auf die literarische Erziehung meiner Tochter verwandt habe, ansehe. Dafür danke ich, Ew. Hochwohlgeboren – dem Mann, der nach meiner Vermutung die ganze Sache zuerst eingeleitet hat..." (26. 8. 1787)

Am Tage der Feier ließ Schlözer seine Söhne ein Gedicht an Dorothea überreichen, das er selbst verfaßt hatte. Es scheint uns für seine Einstellung zu Dorothea als zu seinem Experiment ebenso wie zu ihrem Schicksal als Frau derart aussagekräftig zu sein, daß wir es vollständig in der von Christian von Schlözer übermittelten Fassung (II, 233 ff.) wiedergeben und anschließend interpretieren wollen.

Christian Schlözer
immatriculirter Student zu Göttingen,

Ludwig Schlözer
Kadett beim Kurhannoverschen 8ten Kavallerie-Regiment Dragoner von Estorff;

Carl Schlözer
noch zur Zeit Nichts,

an ihre
ältere Schwester Dorothea Schlözer,
(geb. den 10 Aug. 1770.)
als Sie die außerordentliche, und nach der unmaßgeblichen Meinung der 3 Gebrüder Schlözer, übergroße Ehre genoß, daß Ihr von der hochberühmten philosophischen Fakultät in Göttingen, (namentlich von den

Herren Michaelis, p.t. Decano, Hollmann, Kästner, Gatterer, Heyne,
Kulenkamp, Feder, und Meister),
den 25. Aug. 1787,
nach vorausgegangenem drittehalbstündigen Examen über den Horaz,
Bergwerkswissenschaft, Algebra, Baukunst ec., der philosophische Doc-
torhut einstimmig erteilt wurde.
Nachmitttags bis 5 Uhr.

> Ach! wie unsrer armen Schwester
> Dortchen vor'm Examen graut!

Abends um 8 Uhr.

> Ha! wie stolz die Schwester Doctor
> auf die jüngern Brüder schaut!
> „Volle Ros' am wilden Stocke". . .
> merk Dir's, was der Weise sprach:
> Wüßten wir, wie Du, Algebre,
> schwätzten wir in zehen Sprachen,
> von ab + x, und Drusen –:
> krähete kein Hahn danach.
> Schwester Doctor! bleib bescheiden.
> Traun, wir wachsen Dir zu Kopf!
> Brüder, Top! nach 17 Jahren,
> wer von uns der heut gekrönten
> Schwester nicht zu Kopf gewachsen,
> Top! der heiße armer Tropf.
> Glück indeß zum Männerhute,
> der Dein MädchensKöpfchen schmückt!
> Trag ihn, Dir und uns zu Ehren,
> bei der Freunde lautem Jubel,
> und der Eltern stiller Wonne,
> frei, empor, – doch nicht zu lange -
> bis die Haub' ihn deckt und drückt,
> und ein jüngerer Decanus
> Dir statt Lorbern Myrthen pflückt.
> Schwester Doctor! bist besungen!
> Sing' uns einst reciproce;
> Uns jetzt unbemerkte Knaben,
> jetzt nur „der Gekrönten Brüder",
> aber suo tempore,
> uns, will's Gott! dereinst

Professor Christian
General Ludwig
und Bankier Carl.

Gleich die Vorstellung der angeblichen Verfasser des Gedichts machte klar: Nach Schlözers Meinung „war" man nur etwas, wenn man etwas „war", Bruder Carl „war noch zur Zeit nichts", für alle drei Brüder, die „jetzt nur der Gekrönten Brüder" waren, wurde aber mit „will's Gott!" für dereinst beschworen, Professor, General und Bankier zu sein. So war auch wahrscheinlich die Stelle im Dankesbrief an Michaelis, die von „ihrer und anderer mächtiger Aufmunterung" sprach, nicht so sehr an die Adresse anderer junger Mädchen, als vielmehr an die Adresse ihrer Brüder gerichtet. Schlözer legte ihnen denn auch gleich die „unmaßgebliche Meinung" in den Mund, daß die Ehre, die ihrer Schwester zuteil geworden war, vielleicht etwas überdimensioniert wäre. Wollte Vater Schlözer verhindern, daß die promovierte Schwester die nach ihr kommenden Brüder niederdrückte? Es sieht fast so aus, als ob er sich deshalb so anstrengte, die Bedrohlichkeit zur Aufmunterung umzuformen. War ihm womöglich selbst nicht ganz wohl bei diesem Doktorhut?

Er ließ die Brüder annehmen, daß Dorothea stolz auf sie herabschaute. Tat sie das wirklich? Wer weiß. Aber wie die Brüder auf einen solchen Stolz reagiert hätten, oder besser, wie Schlözer selbst meinte, wie sie sich dem gegenüber hätten verhalten sollen, ist klar, es steht im folgenden Vers: sie sollten sich Dorothea als Exotikum, als „volle Ros' am wilden Stocke", denken; und im nächsten: sie sollten das für sie „Normale" tun und ihr „zu Kopf wachsen".

Beides diente Schlözers eigenem Selbstgefühl oder sollte ihm, „will's Gott", in der Zukunft dienen. Dorothea war zwar eine volle Rose, aber was sie mit der Erde verband, mit Nahrung versorgte, war für ihn – im Gegensatz zur Grundsubstanz der Brüder – ein wilder Stock, der von sich aus normalerweise nicht in der Lage war, solche Blüten hervorzutreiben. Hierzu brauchte es den kunstvoll okulierenden Veredler, der sich „außerordentliche Mühe" machte. Nur die Kultivationsbemühungen des geschickten Gärtners, nicht der Stock, nicht die besonderen Säfte, die er aus dem Boden zog, nicht Licht und Luft brachten dieses Wunder hervor; das Wunderwerk bezeugte vor allem den Erfolg seines gezielten Eingriffs. Deshalb durften auch ruhig – nach dieser Klarstellung – die einzelnen Blütenblätter der Rose (Algebra, zehn Sprachen usw.) noch einmal vorgeführt werden, ohne daß das hätte Dorothea noch zu Kopfe steigen oder die Brüder einschüchtern können.

„Merken" sollte sich allerdings nicht nur Dorothea, was der „Weise" sprach, sondern durchaus auch ihre Brüder, daß nämlich bei jenen Stöcken, die dazu gemacht sind, nämlich bei männlichen, das Blühen nichts Besonderes ist. Danach krähte kein Hahn, das gehörte sich so. Vielleicht empfand Schlözer hier sogar etwas wie männliche Solidarität mit seinen momentan ein wenig zurückgesetzten Söhnen. Gemeint war aber wohl vor allem, sie sollten sich auf das „Normale" besinnen und schnell so groß werden wie die Schwester, damit sie auch einmal eines jener männlichen Symbole mit sich herumführen könnten, von denen derzeit eines vorübergehend ihr zugekommen war. Wer das nicht schafft, „Top!" – den wird der Vater einen armen Tropf heißen, einen, der nie und nimmer mit den Symbolen seiner eigenen männlichen Bewährung mithalten kann. Gleichzeitig diente der Appell, gegenüber der potenten Schwester Männlichkeit zu beweisen, dem Anreiz, „etwas" zu werden, dem Auftrag, dem Vater zu helfen, sich unbeschädigter in seinem Selbstgefühl einzurichten, damit dieser endlich ganz sicher sein konnte, „etwas zu sein".

Freilich, die Brüder sollten sich auf Vaters Order hin auch überwinden können, der Schwester zum „Männerhute" zu gratulieren: Fair play, schließlich hatte man ja auch „Ehre" und „stille Wonne" davon. Sie war ja als Braut im weißen Flor der Wissenschaft zugeführt worden. Als jungfräuliches Symbol der Tugend, des reinen Geistes, der sich mit der weltlichen Institution der Universität vermählt, durfte sie vorübergehend das Zeichen der geistigen Potenz, die ihrer Unschuld genützt und nicht geschadet hatte, „frei, empor" tragen. Aber freilich: „nicht zu lange". Hier sprach der Weise: Einerseits sollte sie sich mit dem beschworenen Schicksal abfinden, daß ihre Brüder ihr zu Kopf wachsen würden, das angeeignete männliche Symbol sie folglich absehbar nicht mehr hervorheben würde. Ihre Weiblichkeit, die rechte Ordnung, aber würde dadurch wieder hergestellt werden, daß der Männerhut durch eine Haube gedeckt und gedrückt, also wohl erheblich verkleinert, würde. Also riet der Weise „bleib bescheiden", bilde Dir nichts ein: Eigentlich haben die Männer die Hüte „frei, empor" zu tragen, „sind" oder „werden" die Männer etwas, was Du allein, ohne Mann, bisher nicht werden konntest, und auch in Zukunft nicht werden kannst.

Schlözer sagte dies alles sicherlich ganz arglos, nur als Widerspiegelung der Formen des Umgangs mit Frauen, die ihm und vielen seiner Zeitgenossen selbstverständlich waren. Dorothea war, wie wir gesehen haben, als unverheiratete Frau ein öffentliches Nullum. Sie war „noch zur Zeit nichts". Obwohl sie in ihrer persönlichen Entwicklung eindeutig weiter war als ihre Brüder, stand sie immer noch mit dem jüngsten Bruder, auch noch ein Nichts, auf einer Stufe. Sie konnte nur „etwas" werden, Doktorhut hin oder her, wenn sie einen Mann bekam. Alle Bildung erhielt nur dadurch ihren Wert, wurde nur dadurch umgewandelt zu gesellschaftlichem Status. Daraus ergab sich, daß der Doktorhut als Symbol von in diesem Fall nicht männlicher, sondern weiblicher Potenz, ohne Frage niedergedrückt, in einen Myrtenkranz verwandelt werden mußte.

Daß der künftige Ehemann Dorothea dabei nicht beides, Lorbeeren und Myrten, sondern Myrten statt der bisherigen Lorbeeren pflücken würde, drückte freilich etwas aus, was doch ein wenig über die Widerspiegelung des Selbstverständlichen hinausging: Da würde nichts fortgesetzt, nichts geehrt, was schon da war, was aus Dorothea selbst herausge-kommen war und sie in besonderer Weise liebenswert machte. Nein, da sollte etwas erst seine rechte Form gewinnen, komplettiert werden durch die Hingabe an einen Bräutigam, der schon ,,etwas'' war – ein ,,jüngerer Dekanus''. Auch ,,etwas'' zu werden, nämlich eine verheiratete, gesell-schaftlich als solche anerkannte Frau, verlangte im Ausnahmefall von Dorothea eine Anpassung in expliziter Form, die sich sonst unauffälliger abspielte. Sie mußte akzeptieren, daß das, was sie war, was sie hatte, für sie als Frau eben doch nichts war: Die Unterwerfung, die Anerkennung der Wegnahme des ,,Männerhutes'', wurde ihr in diesem Gedicht als soziale Voraussetzung des ,,Frauwerdens'' nahegebracht.

Wir möchten es offenlassen, ob es sich hier um eine gleichnishafte Entsprechung handelt oder ob wir tatsächlich Zeuge der Umsetzung von äußeren in innere Zwänge sind, von denen Mog sagt, sie stellten sich dar ,,als langfristige Formierung der von Freud beschriebenen Persönlich-keitsstruktur'' (29). Wir können hier auch nicht überprüfen, inwieweit in den Entsexualisierungen und Mystifizierungen der Freudschen Weiblich-keitskonstruktion ,, ,reale Niederschläge' der weiblichen Sexualentwick-lung zur Sprache gebracht'' werden, wie Renate Schlesier feststellt. Im-merhin ist aber auffällig, daß nach der (freilich im Bewußtsein empiri-scher Beschränktheit formulierten) Freudschen Weiblichkeitskonstruk-tion ,, ,normal' diejenigen Frauen sind, die sich spontan zum Negativ des Mannes mythologisieren, – diejenigen jedoch, die sich dagegen wehren, durch ein ,nichts' bestimmt zu sein, der Neurose ,verfallen''' (Schlesier, 172).

Daß Gelehrsamkeit nicht mehr als Attribut einer ebenso herz- wie verstandesgeschulten Dame galt, wie wenigstens theoretisch noch zu Gottscheds Zeiten, hat die Situation für Dorothea und Schlözer damals prekär gemacht. Sie war jedenfalls prekärer als drei Jahrzehnte vorher, als Dorothea Erxleben promovierte, um ihrer bereits ausgeübten ärztlichen Tätigkeit anfeindungsfrei weiter nachgehen zu können. Gleichwohl wer-den wir Schlözers Haltung gegenüber Dorotheas Erfolg nicht als eine innere Anpassung an die neuen Zeitströmungen interpretieren dürfen. Eher scheint wohl seine bisherige Sorglosigkeit im Hinblick auf Doro-theas Gelehrsamkeit, sein Sinn für die prinzipielle Gleichheit der Ge-schlechter, unter dem äußeren Druck der gesellschaftlichen Verhältnisse in die Sorge um eine mögliche Heirat umgeschlagen zu sein. Das Innere Schlözers, seine besondere, kalkulierende Art der Wirklichkeitsverarbei-tung, hat bei diesem Wechsel zwar vielleicht auch eine Rolle gespielt. Dies jedoch nur in dem Sinne, daß es ihm in dieser Situation verboten haben könnte, sein Gleichheitspostulat mit derselben Kühnheit gegen die gesellschaftliche Ordnung zu richten, wie er es bei der Kritik öffentlicher Mißstände getan hatte.

Schlözers Verhalten als Mann, sein Versuch, Sexualität möglichst weit vom gesprochenen Wort, vom Bewußtsein fernzuhalten, mit unermüdlicher Erkenntnisarbeit zu bannen, hat eine auffällige Entsprechung zu seinem Verhalten als Wissenschaftler, und er teilte dieses mit vielen anderen Aufklärern. Sein Umgang mit der Welt bezog ihren Sinn aus der Absicht, Mythos und Magie, das Irrationale, zu überwinden. Der Inbegriff des Rationalen, die Wissenschaft, wurde dabei als männlich verstanden, denn das Weib erschien der noch unbearbeiteten Natur, dem Ursprünglichen, Wilden, Magischen stärker verbunden als der Mann.

Diese Symbolisierung des den Menschen bedrohenden, nicht versorgenden Teils der Natur durch die Frau könnte man psychoanalytisch interpretieren: als Angst vor der bösen Seite der guten Mutter, ihren möglichen angreifenden, beherrschenden, sexuell destruktiven und gar tötenden Eigenschaften. Sich vom bedrohlichen Zuschlagen dieses Teils der Natur zu emanzipieren, autonomes Individuum zu werden, das über Natur scheinbar als Ganze verfügen kann, dafür schien Wissenschaft das gegebene Mittel. Solcher Wissenschaft, solchem Wissenschaftler droht aber die Wiederkehr des Verdrängten – real in der immer wieder aufs Neue gemachten Bedrohungserfahrung, neurotisch in der Projektion der Gefahren der inneren Natur, vor allem der destruktiven Seite der Sexualität, auf die Frau, in deren Unterdrückung dann auch sie beherrscht werden kann. So lange diese Beherrschung, so lange somit die Kontrolle der Frau in einem besonderen Gewaltverhältnis gewährleistet erscheint, kann der zugrundeliegende Konflikt als stillgelegt gelten.

Greift aber eine Frau ernsthaft nach der Wissenschaft, d. h. nach den Waffen des Mannes in der Auseinandersetzung mit der Natur, so wird sie diesem Weltbild gemäß übermächtig, gefährlich. Das Verdrängte präsentiert sich dann in neuer Form. Eben dieses geschah aber, als Dorothea den „Männerhut" erwarb. Onkel Loders Gedicht ließ es denn auch durchblicken: Wer sich der Wissenschaft bemächtigt, dem stünde eben nicht nur der schlichte Liebesdorn einer bescheidenen Rose zur Verfügung, sondern „Apollos Pfeile". Vollends deutlich machte der vulgäre Anonymus, was eine Frau dürfen durfte: Sie durfte Mutter sein – aber mit Haube, damit sichergestellt war, daß sie die harmlose, gute Mutter war; sie durfte nicht vom Erwerb versorgender weiblicher Qualitäten abgehalten werden; sie durfte sich nicht mit Wissenschaft befassen, denn das führte unweigerlich zur unzüchtigen Bekanntschaft mit der Sexualität und gefährdete die Keuschheit, setzte also das Böse frei; sie durfte nicht mit kalter Vernunft an Gefühlsdinge herangehen (denn das war die dem Mann vorbehaltene Rettung vor dem Bösen); sie durfte sich schließlich nicht in ihrer Größe öffentlich bewundern lassen.

Schlözer empfand im Prinzip ebenso. Die Erlangung des Doktorhutes durch Dorothea kam ihm so lange unbedenklich vor, als er der Akteur war, der das Mädchen als Braut der männlichen Wissenschaft zuführte. Da er die Beschäftigung mit Wissenschaft generell als reinigend verstand, konnte das unmöglich das Böse in Dorothea stärken. Emanzipierte sie sich aber von der männlichen Vermittlung, sah sie den Doktorhut als ihren eigenen an, verbündete sich also in ihr das Ungebundene mit den Mitteln seiner Bannung, so bekam die Sache nun aber doch eine unheimliche Seite, für ihn selbst und nicht zuletzt, das war ihm wahrscheinlich nachvollziehbar, für mögliche Heiratskandidaten. Deshalb nahm er Dorothea im Gedicht symbolisch den Doktorhut wieder ab.

Wir haben wenige Anhaltspunkte dafür, was es für Dorotheas Persönlichkeitsentwicklung bedeutete, daß ihr Vater ihr das männliche Attribut verschaffte und dann, als sie es erworben hatte, es sogleich entwertete. Welcher Effekt war der stärkere: der Potenzzuwachs durch die Aneignung eines begehrten Symbols oder die Verunsicherung durch den schnellen Wechsel zwischen Anerkennung und Entwertung? Erleichterten diese Erfahrungen den gewiß schwierigen Weg der Herausbildung weiblicher Individualität, oder schlossen sie ihn eher aus? Gab es Möglichkeiten dazwischen? Das wenige, was wir aus der Zeit direkt im Anschluß an die Promotion dazu wissen, ist schnell zusammengetragen.

Zunächst einmal blieb Dorothea bescheiden, ganz so, wie es der Vater geraten hatte. In fünf Jahren erst, so hatte sie gesagt, würde sie den Doktorhut wirklich zu verdienen hoffen. Allem Anschein nach hat sie nach der Promotion in den fünf Jahren bis zur Heirat im Jahre 1792 ein ebensolches Leben geführt wie vorher. Sie spielte die Rolle der exotischen Pflanze, sie blieb die ,,gehorsamste Dorothea" ihres Vaters, als die sie sich später noch mit 36 Jahren bezeichnete (Brief an Schlözer, 30. 4. 1806). Ihrem Kultivateur verpflichtet, war sie nicht geneigt, die konventionellen Zäune einzureißen, mit denen er seine ,,volle Ros' am wilden Stocke" zu schützen trachtete. Ihre Situation war diejenige der Spitzenreiterin, die sich eine gewisse Differenz, eine Sonderrolle nur leisten kann, weil die Vorbildlichkeit der Normerfüllung in allen anderen Bereichen diese trägt und so die tadelnswerte Abweichung in faszinierende Besonderheit verwandelt.

Das bedeutete für Dorothea in diesem Lebensabschnitt wiederum Mühsal und ,,Extra-Amüsement" gleichzeitig. Mühselig war für sie vor allem wohl das Griechische, das sie im Winter nach der Promotion zurückstellte bis nach Ostern, ,,wo keine Bälle mehr sind". Flotter ging es anscheinend mit Algebra, Französisch, Naturrecht und der Lektüre von Virgil (Brief an Schulz, 30. 11. 1787). Sie besuchte in dieser Zeit nicht nur weiter die Vorlesungen ihres Vaters, sondern war ihm auch eine Art Assistentin. Das aber dürfte nun wirklich mühsam gewesen sein. Unter seiner Anleitung hatte sie fleißig die lästigsten Teile der Münz-Umrechnungen zu besorgen, die ihr Vater für seine ,,Münz-, Geld- und Berg-

DOROTHEA SCHLÖZER.

Dorothea Schlözer. Kupferstich von Schwenterley 1789
nach einem Portrait von Fiorillo

werksgeschichte des Russischen Kaisertums vom Jahre 1700 – 1789"
(erschienen 1791) brauchte und für die er ihr durch ihre Erwähnung in
der Vorrede dankte. Glanz und ungewöhnliche Freuden aber bot diese
Zeit auch. Sie unternahm wieder Reisen, nahm in Straßburg eine
„schmeichelhafte" Universitätsmatrikel in Empfang, wurde zum Mitglied der Jenaschen Lateinischen Gesellschaft gemacht (L. v. Schlözer,
135). Begeisternd müssen auch die vielen Bälle gewesen sein, an denen
Dorothea nun teilnahm – nicht nur bei den Hardenbergs, sondern auch
sonstwo. Zusammen mit Marianne Heyne war sie „Ballkönigin" von
Göttingen. Die Herren rissen sich darum, mit ihr zu tanzen und zu
plaudern. Auch im Schlözerschen Haus selbst gab es manche Tanzerei, in
deren Mittelpunkt Dorothea gestanden hat. Adlige Gäste von hohem
Rang zeichneten bei diesen Gelegenheiten den Gastgeber und seine
Tochter durch ihre Anwesenheit aus (Brief an Schulz, 30. 11. 1787).
Man vergnügte sich also, man tat sich aber wohl auch um unter den
vornehmen und vermögenden Studenten der Universität. Die Folgen

blieben nicht aus: Ein „bildschöner" (so Vater Schlözer) „edler . . ., geistreicher und, so nicht reicher, doch wenigstens sehr wohlhabender englischer Baronet aus einer alten und berühmten Familie" (so Chr. v. Schlözer, I 339) verliebte sich in Dorothea und hielt um ihre Hand an. Schlözer
fühlte sich geschmeichelt. Er untersagte aber Brief- und Ringwechsel, bis
er alle Umstände geprüft hatte. War ihm der Baronet nicht gut genug;
war ihm England zu weit; hatte er, wie mancher Vater, Schwierigkeiten,
seine Tochter gehen zu lassen? Schlözers Entscheidung war jedenfalls
negativ. Eine „solche Tochter" habe er, soll er gesagt haben, nicht „aufs
Ungewisse übers Meer weggeben" wollen (Chr. v. Schlözer, I 341).

Berichtenswert erscheint uns diese Episode aus dem „Moratorium" in
Dorotheas Leben, währenddessen die Zeit fast stillgestanden zu haben
scheint, wegen Dorotheas Reaktion auf des Vaters Verbot und Absage.

„Fräulein Schlözer aber", berichtet Christian von Schlözer (I 341), „an blinden
Gehorsam gegen ihren Vater gewöhnt, ertrug, wie immer, so auch jetzo, was
dessen eiserner Wille über sie beschlossen hatte, mit stiller Ergebung." Es hat sie
vielleicht keine übermäßige Überwindung gekostet, da sie „damals fast gar keine
Leidenschaft fürs männliche Geschlecht" zeigte.

Vater Schlözer, so hören wir, rühmte die „Sinnigkeit und Ergebung" seiner
Tochter, „mit der sie sich auf sein Zureden in das von ihr verlangte große Opfer
gefügt" hat.

Wir dürfen sicher sein, daß die gelobte Einsicht jene in die abwägen-
den sachlichen und personenneutralen Äquivalenz-, Zweckmäßigkeits-
und Vorsichts-Überlegungen war, die Vater Schlözer angestellt hatte.
Dieses Denken war Dorothea von klein auf nahegebracht worden. Bis
dato jedenfalls konnte sie sich ihm nicht entziehen.

Wir sehen in diesem Ereignis allerdings nicht nur ein Exempel für
Dorotheas Ergebenheit ihrem Vater gegenüber. Es zeigt uns mehr. Dorothea konnte, so scheint uns, die partielle Unkonventionalität, die sie
selbst darstellte, noch nicht mit dem seit Rousseau kulturell durchaus
präsenten Konzept der reflexiven Subjektivität verbinden. Dieses war ihr
vorenthalten worden, und dieses blieb ihr wenigstens vorläufig fremd.
Die Fähigkeit, herrschende Normen zu überdenken und aus sich selbst
heraus neue Richtigkeitsentwürfe zu schöpfen, eignete ihr im Alter zwischen siebzehn und zweiundzwanzig Jahren (noch?) nicht.

Dem anderen Teil der Rousseauschen Konzeption, dem Ideal der Frau
als einer sanften, einfühlsamen, angenehmen Gefährtin des Mannes,
schien sich Dorothea allerdings wenigstens äußerlich anzupassen. Das
schließen wir aus einer Beschreibung Graf Schmettows, der Dorothea
1791 in Norddeutschland begegnet war und Vater Schlözer brieflich seinen Eindruck von ihr mitteilte:

„In Hamburg, in Kiel und auch in Plön bewunderte die ganze Welt einstimmig
das natürliche, einfache, ungezierte Benehmen der gelehrten Demoiselle Schlö-

zern. Man erwartete einen Doktoren der Philosophie in Ton, Gebärde und Konversation, fand aber ein äußerst bescheidenes, sanftes, reizendes Frauenzimmer
ohne prétentions. Ich gestehe es hiermit offenherzig, daß ich ein paarmal Worte
fallen ließ, die ihrer Demoiselle Tochter Gelegenheit gegeben hätten, mir zu zeigen, daß sie in manchen Fächern viel besser bewandert ist als ich. Sie tat es nicht,
und ich wurde ihr herzlich gut. ... Gott weiß, daß ich, dem die Gesellschaft der
Damen das unentbehrlichste und beste Erholungsmittel ist, in den gelehrten Zirkeln tötende Langeweile ausgestanden habe. Ihre Demoiselle Tochter hingegen
hat so ganz meinen Beifall, daß ich im voraus dem Manne Glück wünsche, der das
Glück haben wird, sie zur Frau zu bekommen." (5. 5. 1791)

Der Graf feierte Dorothea „nach Rousseaus Art". Einer der Ursprünge
von Dorotheas Bildung, die Vermittlung des individuellen Vermögens
zum Gleichsein in der Gesellschaft, war dabei unwichtig. Aus der Bildung als Mittel der Gleichstellung schien die Bildung für die Erbauung
des Mannes geworden zu sein. Aber Dorothea hatte ja noch ein ganzes
Leben vor sich. Sehen wir, ob und inwieweit sie später die Entwicklungschancen, die dieses Frauenbild auch enthalten konnte, aufzugreifen in der
Lage war.

Die Heirat

Veni, vidi, vici – pflegte Dorothea noch eine Zeitlang zu sagen, wenn sie sich an ihre erste Begegnung mit dem Mann erinnerte, der ihr Gemahl wurde. Dorothea und Matthäus Rodde hatten sich im Frühjahr 1791 in Lübeck kennengelernt, gelegentlich einer Reise, die Vater und Tochter Schlözer seinerzeit nach Norddeutschland geführt hatte. Rodde, ein Witwer auf Brautschau, bewarb sich sogleich um die junge Frau. Die Eheverhandlungen mit Vater Schlözer schleppten sich eine Weile hin. Auch hier wurde wieder genauestens geprüft, inwieweit die wechselseitigen Leistungen der potentiellen Eheleute Äquivalente darstellten. Schließlich konnte im Mai des folgenden Jahres die Hochzeit stattfinden.

Daß Rodde an Dorothea interessiert war, kann man sich leicht vorstellen. Der 36jährige Mann, Vater dreier Kinder aus erster Ehe mit einer Lübecker Bürgermeistertochter, suchte nicht einfach eine zweite Frau. Er wollte etwas ganz besonderes. Als Sproß einer alten Patrizierfamilie war er in Wohlstand aufgewachsen und hatte jene verfeinerte Lebensart gelernt und genossen, die unter den reichen Bürgern der Hansestädte im ausgehenden 18. Jahrhundert üblich geworden war. Rodde wurde von denjenigen, die ihn damals kannten, als geschmackvoll, gesittet, literarisch und künstlerisch informiert geschildert, freilich aber auch als oberflächlich, eitel, prunksüchtig (Sieveking in Poel 1887, 434; Ch. v. Schlözer, I 352; Rist, 62). Seine Zeit widmete er weniger dem kaufmännischen Geschäft als der städtischen Politik und Repräsentation. Der größte Teil seiner Tätigkeiten gruppierte sich um seine Mitgliedschaft im Lübecker Senat. Der Senator bemühte sich um Dorothea wohl nicht aus Liebe – die „Prädikate dieses mächtigen Zaubers" soll ihm, ist gesagt worden, „die Natur ... vorenthalten" haben (Poel 1887, 434) –, sondern weil ihm die Verehelichung mit der ansehnlichen Doktorin, mit der ebenso bewunderten wie umstrittenen Berühmtheit, eine weitere Illumination seiner ohnehin schon glanzvollen Lebensführung versprach. Schöne und reiche Frauen besaßen viele, Dorothea jedoch war das Besondere. Sie zur Gemahlin zu machen, eignete sich als das Tüpfelchen auf dem i patrizischer Extravaganz.

Doch was war es, was umgekehrt Dorothea an Matthäus Rodde interessierte? Wenn wir in dieser Form nach Dorotheas Perspektive fragen, so nicht, weil wir unterstellen, daß diese unbedingt ein persönliches Interesse an ihrem künftigen Gemahl hätte nehmen müssen. Schließlich wurden damals sehr viele Ehen auch in aufgeklärten Kreisen noch ganz und gar

Matthäus Rodde

über die Herzen und Köpfe der Frauen hinweg geschlossen.* Bei Dorothea aber müssen wir die Frage so stellen, weil wir wissen, daß ihr selbst
an der Verehelichung mit Rodde sehr gelegen war. Sie drückte dies zum
Beispiel dadurch aus, daß sie als Zeichen ihrer Zustimmung ihr Fiorillo-
Portrait in einen Korb legte, den ihr ihr weltmännischer Verehrer während der Eheverhandlungen mit Schlözer voll von seltenen Orangen hatte
überreichen lassen und den Schlözer eigentlich leer hatte Retour gehen
lassen wollen (Ch. v. Schlözer, I 353). In einem Brief an eine Freundin
hielt sie es gleich auch noch fest: nie, soll sie formuliert haben, wäre ihr
ein Heiratsantrag geworden, der alle ihre Wünsche in dem Grade wie
dieser in sich vereinige. Hatte Rodde bei der von ihrem Bruder als leidenschaftslos geschilderten Dorothea nun doch den „Funken" zur „Flam-
me" entfacht? (Chr. v. Schlözer, 340f.) Die verfügbaren Quellen infor-
mieren uns nicht direkt über Dorotheas Motive, aber sie lassen doch
Mutmaßungen zu, die uns einleuchtend erscheinen.

* Verheiratet „wurde" z. B. Dorothea Mendelssohn, 15, mit dem Bankier Veit
1778; Henriette de Lemos, 12, mit dem Arzt Marcus Herz 1778; Johanna Trosie-
ner, 19, mit dem Kaufmann Schopenhauer 1785; Suzette Borkenstein, 17, mit dem
Bankier Gontard 1786.

Zunächst: Es war ganz und gar selbstverständlich und üblich, daß eine junge Frau in Dorotheas Zeit und Lage die Heirat anstrebte. Ohne Ehe keine sinnvolle Lebensperspektive für die Frauen – nach dieser Norm erfolgte die Erziehung der Mädchen in bürgerlichen Kreisen, und nach jenem Prinzip war diese Gesellschaft auch objektiv eingerichtet. Auch Dorothea fiel selbstverständlich unter den Geltungsbereich dieser allgemeinen Regeln. Sie hatte zwar zum Teil eine unkonventionelle Erziehung bekommen; nie aber hatte allem Anschein nach ihr Vater, ihr Haupterzieher, irgendeinen Zweifel daran gehabt, daß ein Mädchen unter die Haube gehörte. Der Druck der äußeren Umstände sorgte wahrscheinlich dafür, daß sogar ihr selbst in dieser Zeit der Ausschau, des Wartens, der Enttäuschung andere Möglichkeiten dennoch wenig verlockend erschienen sind. Welche Möglichkeiten hätten Dorothea als junger Frau zu Gebote gestanden, ein Leben im Widerspruch zur Ehenorm zu führen? Wäre etwa eine wissenschaftliche Karriere in Betracht gekommen? Gewiß nicht. Die wissenschaftlichen Qualifikationen, über die Dorothea nunmehr verfügte, gaben ihr, einer Frau, damals keine eigenständige Erwerbschance. Lehre und Forschung waren und blieben Männersache. Zwar hatte Dorothea ja nach ihrer Promotion ein wenig wissenschaftlich arbeiten können. Aus solchen wissenschaftlichen Arbeiten eine Dauerbeschäftigung zu machen, wäre aber allenfalls um den Preis eines weit über die Adoleszenz hinausgehenden Arrangements mit dem Vater, etwa in Form einer dauerhaften Assistentinnentätigkeit in seinen Diensten, möglich gewesen. Wie sehr nun Schlözer auch die Ehe als eigentliche Bestimmung der Frau ansah: Seinem „Goldstück" gegenüber war er doch so ambivalent, daß er für sie eine Ausnahme vielleicht hätte zulassen wollen, wenn er sie dafür für immer unter seinen Fittichen hätte behalten können.* Doch dieser Preis wäre für Dorothea nun wohl entschieden zu hoch gewesen. Er hätte in der Verlängerung ihrer Unterordnung unter den despotischen Vater bestanden, mit dem tagtäglich umzugehen Dorothea mit zunehmendem Alter ohnehin als Last zu empfinden begonnen hatte (vgl. Ch. v. Schlözer, 1 355, 436). Der inzwischen immerhin Einundzwanzigjährigen hätte dieser Weg somit alles andere als eine erfreuliche Perspektive geboten. Dorothea mußte nicht nur heiraten, sie wollte es sicher auch. Nur für den Fall, daß ein künftiger Ehemann ihr die Aussicht auf Hungern und Darben eröffnete, wollte sie „lieber allein" bleiben – was immer das heißen mochte. (So erfahren wir es aus einem

---

* Andeutungen, daß Schlözer mit Dorothea wissenschaftliche Pläne gehabt habe, finden sich in der Literatur (z. B. B. A. 1818b, 61). Definitiv können diese aber nicht gewesen sein, denn alle expliziten Äußerungen von Schlözer selbst gehen in die Richtung: Verheiratung.

Brief der Fünfzehnjährigen, auf den wir noch ausführlicher kommen werden.) Aber warum mußte es unbedingt Matthäus Rodde sein?

Hier erwies sich Dorothea als Tochter ihres Vaters. Für Rodde sprachen in erster Linie Status und Ökonomie. Er besaß nicht nur die Reputation eines führenden Lübecker Patriziers, er galt vor allem auch als außerordentlich reich. Neben dem Vermögen, das er selber besaß, sollte er den Nießbrauch aus dem riesigen Erbe seiner Kinder aus erster Ehe bis zu deren Mündigkeit haben. Was den sozialen Rang und den Reichtum anlangte, war Senator Rodde die denkbar beste Partie, die Dorothea machen konnte. „Wo ist der hohenlohesche Fürst, der so viel hat!", rief der in Hohenlohe gebürtige Schlözer eines Tages aus (Chr. v. Schlözer, 1 156), befriedigt über Roddes Einkünfte und patrizischen Rang, die sich in der Tat mit denen von Aristokraten messen ließen. Rodde wollte, was nur Schlözer hatte schaffen können: die durch Gelehrsamkeit herausgehobene, attraktive junge Frau, und er versprach, woran dem aufstiegsbewußten Schlözer und dessen strebsamer Tochter so sehr gelegen war: gesellschaftlichen Erfolg und materielle Sicherheit. Der Tausch von Wissen und Bildung gegen Ansehen und Geld, ein Movens der Schlözerschen Karriere, bestimmte nun auch die Eheschließung Dortheas.

Auch jetzt bildete Liebe in Dortheas Verständnis keine Bedingung, die unbedingt erfüllt sein mußte. Gewiß: Der Bräutigam durfte kein abstoßender Mann sein. Bestimmte Eigenschaften wurden verlangt. Wer in Betracht kommen wollte, mußte etwas darstellen, und er sollte fürsorglich sein, zuvorkommend, unterhaltsam, auch gebildet. Das Fehlen einer expliziten Abneigung wurde zwar vorausgesetzt. Eine unbedingte persönliche Zuneigung oder gar Liebe in ihrer „empfindsamen" Variante aber wurde von ihr weder erwartet noch entwickelt. Die Unterbewertung der Gefühls- und Beziehungsebene, die uns schon beim Erziehungskonzept aufgefallen war, begegnet uns nun beim Ehekonzept wieder. So wenig es dem Vater bei der Erziehung um Dortheas Subjektivität gegangen war, so wenig ihre individuelle Besonderheit respektiert und kultiviert worden war, so wenig suchte jetzt Dorothea in Rodde das Einmalige, etwas, was sie nur um seiner selbst willen hätte wollen können.

Für die Schlözers, und Dorothea ist da nicht auszunehmen, war die Ehe eben eine höchst pragmatische Angelegenheit, eine Frage der Ratio und der Kalkulation. Ihr Denken stand noch im Zeichen einer Ehevorstellung, die man als „Kontraktmodell" bezeichnen könnte und die an sich mehr in der ersten Hälfte des 18. Jahrhunderts verbreitet war. In diesem Modell ist die menschliche Person eher „Dividuum als Individuum" und „verschwindet ... hinter der Inventarisierung ihrer Verdienste und Eigenschaften, die als invariable Größen Berechenbarkeit und Erkennbarkeit garantieren." (Mog, 70) Dieses Modell lebte in der später so genannten mariage de raison weiter. Wie sehr Schlözer selbst die Regelung seiner Intimbeziehungen unter eine harte Planwirtschaft gestellt hatte, konnten wir schon zeigen. Es versteht sich, daß nach seiner Auffassung nun auch bei Dorotheas zweitem ernsthaften Bewerber alle Umstände sorgfältig bedacht und klug zusammengebaut werden sollten. Dafür galt als in erster Linie maßgebend, daß die „Investitionen", welche die Familie in der Erziehung Dorotheas getätigt hatte, sich nun auf möglichst erweiterter Stufenleiter in Geld und Rang „auszahlten".

Doch war dies keinesfalls nur des Vaters Meinung. Dorotheas Selbstdisziplin und Affektkontrolle waren schon bei der Fünfzehnjährigen so weit im Sinne ihres Vaters gediehen, daß sie scheinbar mühelos eine Ehevorstellung entwickelte, die den Austausch von Gefühls-„Investitionen" wie den anderer Eigenschaften zwischen Mann und Frau egalitär gegeneinander abwog, gleichzeitig damit aber von der möglichen Individualität des künftigen Ehemannes abstrahierte. Am 19. 1. 1785 schrieb sie an ihre Freundin Luise Michaelis folgenden Brief:

„Liebes Mädchen, ich will Dir vieles beichten, was wir 15jährigen Mädchen sonst in der Welt nie so früh erfahren, und auch in keinem Buche steht, was ich aber schon seit mehreren Jahren unter vier Augen von guter Hand habe: Weiber sind nicht in der Welt, bloß um Männer zu amüsieren. Weiber sind Menschen wie Männer: eines soll das andere glücklich machen. Wer bloß amüsiert sein will, ist ein Schlingel, oder verdient nur ein Weib von schönem Gesicht, das er in vier Wochen satt ist.

Nun, macht ein Weib einen Mann bloß dadurch glücklich, daß sie seine Köchin, Näherin und Spinnerin ist? Ei so wollt' ich mich doch lieber als Köchin, Näherin und Spinnerin vermieten, so könnt' ich ja von dem Teufel, wenn's ein Teufel ist, wieder loskommen. – Aber meinst Du denn nicht, daß ein Mädchen durch das, was ich lerne, einen Mann wirklich amüsieren könne? Meinst Du, daß ich durch mein Lernen dem Stande, dem ich gewidmet bin, ganz entgehe? Wie, wenn ich nun einen Kaufmann oder Fabrikanten kriegte, der nach Spanien, Frankreich, Holland, Italien, England, Schweden usw. handelt, und ich verstehe die Sprache dieser Länder und könnte ihm gar seine Correspondenz führen? Wieviel Kaufmannsweiber gibt es denn, die so ein Halbdutzend Sprachen verstehen; und müßte mein – will's Gott! – Künftiger denn nicht ein Flegel sein, wenn er mir nicht eine Köchin bezahlte, weil ich ihm einen Buchhalter ersparte?

Freilich wählen können wir Mädchen nicht, weder ich noch Du; wenn ich also einen Gelehrten kriegte, so wäre mein bißchen Lernen verloren, aber schaden tät's mir doch auch nicht. Gesetzt ich müßte, der Haushaltung wegen, Klavier, Singen, Mathematik und Latein niederlegen, meine Sprachen spräche ich doch noch immerfort, und mein Mann hätte doch sein Vergnügen dabei, und ich läse doch immer so was nebenher von Rom. Denn immer vor dem Herd zu stehn, wäre meine Sache auch nicht, denn armes Schofelzeug nehme ich nicht, und dazu zwingt mich mein Vater auch nicht. Ich laure nicht auf einen Mann, der so viel Einnahme hat wie Dein Vater oder meiner. Aber hungern und darben will ich auch nicht, sonst bleibe ich lieber allein. Wenn mein Temperament so bleibt wie bisher, so heirate ich nicht anders als aus Vernunft."

Wir können nicht nachvollziehen, warum Luise Michaelis, wie sie später sagte, durch dieses Schreiben irritiert war. (Dorothea „drückte sich so über manches aus, daß ich mich schämte, den Brief zu zeigen und ihn immer bei mir trug...“; Steinberger, 8.) War es, weil Luise sozusagen historisch schon weiter war, bereits von der Liebesheirat träumte und ihr daher die nüchternen Erwägungen abgeschmackt vorkamen? War es die umstandslos angesprochene Gleichheit von Mann und Frau? War es vielleicht auch nur, weil sie es als anstößig empfand, wie ausführlich und offen Dorothea ihre Indifferenz gegenüber der Person ihres künftigen Gemahls zu Protokoll gab?

Dorothea jedenfalls verhielt sich 1791/92 entsprechend dem Resultat ihrer Überlegungen aus dem Jahre 1785, die – wir sahen es – auch schon Grundlage der Einsicht in die Ablehnung des ersten Bewerbers, des englischen Baronets, gewesen sein dürften. Ihre schließliche Partie war die Realisierung der als besonders rationell erkannten Modellvariante. Dorothea bekam und nahm einen Kaufmann, und zwar einen solchen, bei dem sich allem Anschein nach alle relevanten Kriterien optimal zusammenfügten.

Verdeutlichen wir das Schlözersche Ehekalkül, das der Entscheidung pro Rodde zugrunde lag, abschließend mit den Worten eines anderen Familienmitglieds, mit denen von Dorotheas Bruder Christian:

„Rodde stammte aus einem alten und reichen Kaufmannsgeschlechte, welches gewisse höhere Stadtämter gleichsam erblich besaß. Er war ... von einem sehr angenehmen Äußern, fein gebildet – so schrieb er treffliche Briefe, sprach sehr gut Englisch und Französisch, und pflegte an fremden Orten die besten Dichter in beiden Sprachen, in Taschenformat, mit sich zu führen – viel gereist, edel und freigiebig ... Er kleidete sich einfach, aber äußerst nett und geschmackvoll. ...; allein mit obigen empfehlendsten Eigenschaften verband er noch der empfehlendsten eine, nämlich die eines großen Geldbesitztums.“ (1 352)

In den Geldangelegenheiten gab es trotzdem gleich Schwierigkeiten. Schlözer, in diesen Dingen besonders aufmerksam und mißtrauisch (wenn auch im konkreten Fall, wie sich später erweisen sollte, nicht gewitzt genug), bestand gegenüber Rodde auf einer Sicherung seiner Tochter durch ein bei dessen Tode ihr zukommendes deponiertes Wittum. Da Rodde dieses Versprechen nicht vor der Hochzeit einlöste, wäre es beinahe zur Auflösung des Verlöbnisses gekommen. Schließlich gab sich Schlözer damit zufrieden, daß Rodde die Sicherheit in Form einer Dorothea begünstigenden Lebensversicherung erbrachte, für die er die Prämien zu zahlen hatte. Die volle Summe sollte später (nachdem Rodde den Nießbrauch am Vermögen seiner Kinder aus erster Ehe erhalten hatte) hinterlegt werden (Ebel, 31). Mit diesem Kompromiß war dann endlich doch die Bahn frei für die Heirat.

Die Hochzeit fand am 29. 5. 1792 in Göttingen statt. Rodde ließ die Puppen tanzen. Dorotheas Geschwister wurden mit goldenen Uhren vergnügt. Die Göttinger Armenkasse bekam eine stattliche Spende. Für den Hochzeitsschmaus sollen Leckereien aller Weltteile aus Lübeck herangeschafft worden sein. Gespeist wurde bei offenen Türen, vor den staunenden Augen der Dienstmädchen und Gassenjungen (Ch. v. Schlözer, 1 354f.). Vater Schlözer war abermals hocherfreut. Die Mühen, die er sich mit der Erziehung Dorotheas gemacht hatte, schienen aufs reichlichste belohnt. Nicht nur hatte er seinen pädagogischen Widersacher Basedow widerlegen können. Jetzt brachte die Ausbildung Dorotheas auch die Einheirat in ranghöchste Kreise ein – ein Ziel, das Schlözer, wie er seinem Schwager im selben Jahr schrieb, seit jeher im Auge gehabt zu haben nun zugab:

„... meinen stillen Plan, den ich seit jeher mit ihr (Dorothea; d. Verf.) hatte ... – nicht einen Gelehrten aus ihr zu machen, sondern eher durch eine etwas mehr als gewöhnliche literarische Ausbildung eine ihren Wünschen angemessene Heirat zu verschaffen ..." (Brief an Loder, 1792)

Beglückt über so viel Erfolg, dichtete Vater Schlözer wieder eine Hymne, die Dorotheas Brüder dann bei der Hochzeit deklamierten:

> Schön sind deine Lorbeeren;
> ha! wer kennt sie nicht!
>
> Schöner noch die Myrten,
> die Dir heut Dein Rodde,
> Dein und unser Rodde,
> in noch frische Lorbeern flicht!
>
> Krone deutscher Bräute,
> (Brüder dürfen schwärmen?)
> wem gefällst du nicht!
>
> Wir, die für die Schwester,
> durch der Zukunft Nebel,
> offnen Himmel sehen,
>
> jauchzen wonnetrunken,
> sehn Dich hochverdientem,
> sichern, Menschenglücke,
> freudig, doch bescheiden,
> (denkend auch!)
> entgegen gehn.
> (Ch. v. Schlözer, 11 235f.)

Auch Roddes Söhne aus erster Ehe stimmten in den Jubel ein und
besangen das neue Paar:

> Mutter! sag' uns, dieser Name,
> tönt er auch so süß für Dich?
> Ach er wird's. Die Zukunft soll es lehren.
> Liebst ja unsern guten Vater;
> – o! Er ist so gut, so gut,
> und von allen Guten so gelitten, so geliebt –
> O.. gewiß, du wirst gleich uns,
> Gerne, gern diesen Namen hören!
> Segnen wirst du, so wie wir,
> segnen bis ans späte Grab,
> ihn, den heil'gen, feierlichen Bund,
> den du heut mit Ihm, unserm teuren Vater, knüpftest.

(Rodde/Rodde 1792)

Alles war offenbar aufs beste getroffen. Aber ging die Rechnung auch
im weiteren auf? Fürs erste und so weit man von außen sehen konnte,
schien es so. Von 1792 bis 1810 lebten Dorothea und Matthäus Rodde
hauptsächlich in Lübeck. Das Roddesche Haus war vielleicht dasjenige
unter den großen Häusern der Stadt, das am stärksten durch Aufwand
und rauschende Geselligkeit bestechen konnte. Im Salon der Roddes traf
sich, wer sich in Lübeck aufhielt und einen Namen hatte: Graf von
Chasot, Adam Graf von Moltke, Karl Friedrich Reinhard, Carl Georg
Curtius, Christian Adolf Overbeck, Fürstin Galitzin, Wilhelm von
Humboldt, Friedrich Heinrich Jacobi, Friedrich Leopold Graf zu Stol-
berg, Maréchal de Broglie, Comte de Montmorency – Politiker und Di-
plomaten, Großkaufleute, Künstler und Gelehrte, französische Emigranten. Zugleich hielt man engen Kontakt zu führenden Häusern Hamburgs
und zu literarisch-ästhetischen Zirkeln im holsteinischen Umfeld. Mehr
noch freilich als durch den Luxus und die Freigebigkeit des überreichen
Mannes wurden viele Gäste durch dessen Gemahlin angezogen, deren
Talent, Liebenswürdigkeit und Gelehrsamkeit gerühmt wurden (Vgl.
bzgl. 1809: Rist, 62). Rodde konnte sich in der Tat im Ruhm Dorotheas
sonnen, und er nutzte dies auf seine patrizische Weise repräsentativ. Die
Urkunde ihrer spektakulären Promotion soll er in seinem Kontor ausge-
hängt haben (Evers, I 54). Verbürgt ist, daß das Roddesche Haus ein
Portrait zierte, welches Dorothea als Gelehrte zeigte und das Rodde bei
dem Porträtisten Gröger eigens hatte anfertigen lassen (Küssner, 92).
Auch auf den diplomatischen Missionen, für die sich Rodde vom Lübek-
ker Senat gerne verwenden ließ, war Dorothea die ideale „Vorzeigefrau".
Für Dorothea brachte die Ehe zunächst sicherlich ebenfalls die erwarteten Vorteile. Sie war nun Frau Senator (seit 1806, als Rodde aus diplo-

matischen Rücksichten zum fünften Bürgermeister avancierte, sogar Frau
Bürgermeister), und sie erhielt (1803) durch die Nobilitierung ihres Gemahls den Status einer Reichsfreifrau. Ihr gesellschaftlicher Aufstieg war
perfekt. Die Frau, die in jungen Jahren durch ihre ungewöhnliche Ausbildung Furore gemacht hatte, erregte nun Aufsehen und erhielt Beifall als
die promovierte Gemahlin eines reichen Lübecker Patriziers und Diplo-
maten. Der doppelt begründete Ruhm steigerte ihre Bekanntheit und
öffnete ihr Türen, die anderen Frauen ihrer Herkunft verschlossen blieben. Welche Frau konnte von sich schon erzählen, daß sie zu einer Sit-
zung der ersten Klasse des Institut de France zugelassen wurde (geschehen 1801 – „gegen die Regel, welche die Gegenwart der Damen in dem
Saal verbietet" – „wo sie ... von Lacépède, Dolomieu, Curier u. a., mit
der Hochachtung und Hospitalität aufgenommen war, die ihrem Geist
und ihren Kenntnissen gebührt"; Meyer, 1 130)? Welche Frau konnte
schon sagen, daß sie der französischen Kaiserin nicht nur vorgestellt,
sondern von dieser auch in ungewöhnlicher Weise beachtet wurde (geschehen 1804)?

„Madame Rodde befand sich im Saal zu St. Cloud unter vielen anderen Damen,
die der Kaiserin präsentiert werden sollten. Diese trat ein, ging gerade auf Madame Rodde zu, nannte sie, ohne sie doch vorher gesehen zu haben, bei ihrem
Namen, fragte sie nach ihren Kindern und anderen sie betreffenden Angelegenheiten, setzte so die Unterredung lange fort, welche von dieser mit der ihr eigenen
geistvollen Lebhaftigkeit, welche die Kaiserin und alle Gegenwärtigen bezauberte,
unterhalten ward." (Staats- und Gelehrte Zeitung, 20. 11. 1804)

Doch halten wir inne. Hatte Dorothea wirklich das große Los gezogen? Erwiesen sich die Entscheidungen, die ihr Vater und sie selbst getroffen hatten, tatsächlich als optimal? Selbst wenn wir noch nichts von
Dorotheas späterem Unglück wüßten, müßten wir mißtrauisch sein. Unser Generalverdacht richtet sich gegen das der Ehe Rodde-Schlözer zugrundeliegende Modell, die mariage de raison. Dieses Modell geht nämlich davon aus, daß allein „die Umstände die ... Ehe legitimieren und ihre
Risikolosigkeit sichern", so daß ein ganz „in den Dienst diesseitiger Da-
seinsfürsorge gestelltes Berechnen und Sichabsichern" geeignet zu sein
scheint, Unglück abzuwenden (Mog, 7). Man fragt sich nur, wo in einer
Ehe, die durch das Prinzip der Maximierung des sozialen und ökonomischen Nutzens gestiftet worden ist und in der durch eben diese Einseitigkeit ihrer Begründung Frustrationen geradezu eingebaut sind, die ge-
heimnisvolle Kraft schlummern soll, die geeignet erscheint, diese Frustrationen aufzufangen. Die wechselseitige Gleichgültigkeit, die für das Verhältnis der Eheleute bei diesem Typus der Ehe konstitutiv ist, schließt die
Gefahr ein, daß Gefühle wie das der Langeweile, der Leere, der Fremd-
heit, des Nichtaufgenommenseins aufkommen und sich steigern. Beson-

ders aber im Fall einer Veränderung von zunächst günstigen Umständen zieht die Kontraktehe Frustrationsrisiken und Verarbeitungsdilemmata nach sich, die, wie Rousseau erkannt hat, günstigstenfalls durch die ad personam gerichtete Zuneigung der Eheleute aufgefangen werden können. Die Kontraktehe legt aber vor allem, und das ist wahrscheinlich der folgenschwerste Defekt dieses Modells, eine egalitäre Folie auf reale Gewaltverhältnisse. Die rechtliche und soziale Abhängigkeit und Unselbständigkeit der Frau vom Mann veschwindet unter der Fiktion gleichgewichtiger Vertragspartner, kann aber schon bei geringsten Konfliktanlässen voll in Erscheinung treten. Wenn, wie in Dorotheas Fall, auch noch das Geld sehr einseitig verteilt ist, muß sich der scheinbare Äquivalententausch von Bildung gegen Reichtum so lange als Farce erweisen, als sich die Bildung nicht zu einem realen Gegengewicht, d.h. einer materiellen Existenzsicherung, umformen läßt. Daß aber gerade dies in der Regel nicht eintrat, dafür sorgten ja die in der damaligen Zeit noch sehr wirksamen paternalistischen Normen. Was also in einer solchen Ehe, wenn der Mann seine Verfügungsgewalt über das Geld schamlos in ein Druckmittel gegen seine Ehefrau ummünzte? Was erst recht, wenn er sein Geld verwirtschaftete und die Frau, die ihre vertragliche Leistung, etwa ihren Körper, ihren Liebreiz, ihre Bildung etc. längst eingebracht hatte, mit leeren Händen stehenließ?

Solche Konfliktkonstellationen sind der Vernuftehe implizit, ohne daß Lösungen im Modell vorgesehen wären. Es war die Tragik des so tief von der menschlichen Gleichheit überzeugten Schlözer und damit auch die Tragik Dorotheas, daß er im Vertrauen auf die Vertragslogik und die Vernunft der am Tausch Beteiligten nicht nur das individuell-persönliche Element, sondern auch das mögliche Gewaltelement in der Ehe Dorotheas nicht sah – oder vielleicht auch von Dorothea gedrängt wurde, es nicht zu sehen.

So äußerte sich die Problematik der mariage de raison bei Dorothea in harten Lebensprüfungen, in denen sich zeigen mußte, ob das Maß an Identitätsbildung, über das sie verfügte, ausreichte, um diese zu bewältigen.

Das Dreieck

Die Literatur über Dorotheas Eheleben ist unehrlich und verhüllend. Sie stilisiert diese Frau zu dem, was sie nicht gewesen ist: zur keuschen Gattin und reinen Seele. Offenbar hat schon Dorothea den Schleier über die Teile ihrer Biographie gezogen, die von jener Norm abwichen, an der die bürgerliche Gesellschaft immer strikter ihre Frauen maß, von jenem Ideal der schamhaften und sittsamen, bescheidenen und sanften Frau, die sich selbstlos auf ihren Mann und die gemeinsamen Kinder bezieht, die diesen Mann in seinen Geschäften und Neigungen unterstützt sowie in seinen Schwächen ausgleicht und die sich Außenbeziehungen nur insoweit erlaubt, als sie zur Inspiration und Erhöhung des Mannes beitragen oder diesen wenigstens nicht stören. Dorotheas tatsächliches Leben verlief nicht strikt nach dieser Norm. Das aber führte dazu, daß sie im Laufe dieses Lebens einen Charakterzug stärker akzentuierte, der uns schon früher an ihr aufgefallen war (vgl. S. 136): Sie bemühte sich, ihren Widerspruch zur gesellschaftlichen Norm, so gut sie es konnte, zu verstecken – im Leben selbst und in späteren Jahren dann auch in den Dokumenten, die von ihrem Leben erzählen.

Biographische Übersichten aus ihrer Zeit, zu denen sie direkte Informationen beisteuerte, die also wohl mit der Zunge der älteren Dorothea sprechen (B. A. 1818 b und c), sind erkennbar „geschönt". Spätere Darstellungen aus dem Kreis der Familie Schlözer – insbesondere die Biographie ihres Großneffen Leopold von Schlözer* – haben dann die Erhebung Dorotheas zur idealen bürgerlichen Frauengestalt auf die Spitze getrieben, und selbst die familienunabhängige Literatur, die es mit Dorothea durchweg gut meinte (z. B. Doering 1827, Hasse, Ulrich, Küssner, Ebel), war selten frei von Polituren. Kann man bei so viel Verschleierung überhaupt die wahre Dorothea finden?

Wie Dorothea wirklich ihre Ehe erlebt hat, wissen wir so genau freilich nicht. Daß es aber anders gewesen sein muß, als die Halleluja-Berichte es hinstellen – dessen können wir sicher sein. Zu dieser Einschätzung veranlassen nicht nur die vielen Unstimmigkeiten, die die erwähnte Literatur trotz aller Mühe um Bereinigungen immer noch aufweist. Das bezeugen vor allem einige verfügbare Bruchstücke aus Dorotheas Nachlaß (so karg

---

* L. v. Schlözer war der Sohn von Dorotheas Neffen Nestor. Zur genannten Literaturgattung gehört auch Evers; diese arbeitete mit Informationen der Familie Curtius, die mit Dorothea über deren Nichte Cäcilia v. Schlözer verbunden ist.

und aussortiert diese sein mögen) und, in besonderem Maße, Dokumente (Briefe, biographische Notizen) aus der Feder von Zeugen, die irgendwann einmal mit Dorothea oder ihrem Umfeld in Verbindung gestanden haben. Nimmt man alle diese Informationen zusammen, so erscheinen uns folgende Feststellungen zulässig:

– Wie erfolgreich auch immer Dorotheas Ehe anfangs in den Dimensionen von Rang und Vermögen gewesen sein mag: sie erwies sich schnell als glücklos. Der Lebensstil Roddes war und blieb Dorothea fremd. Viele ihrer eigenen Bedürfnisse und Fähigkeiten lagen brach.
– Die Leere, die Dorothea deshalb bald empfand, machte sie empfänglich für die Werbungen und Angebote eines anderen Mannes: Charles Villers. Die Beziehungen zwischen Dorothea und Villers bekamen symbiotische Züge.
– Der Entscheidung zwischen den beiden Männern entzog sich Dorothea. Sie hielt die Ehe mit Rodde aufrecht, lebte aber zugleich viele Jahre mit Villers zusammen.
– Durch diesen Kompromiß wurde die Ehekrise Rodde-Schlözer in einen Stellungskampf zu dritt verwandelt, in dem keiner der Beteiligten sein Glück finden konnte.

Dorotheas frühes Ehe-Unglück bestreitet nicht einmal Leopold von Schlözer (Vgl. 170f., 199ff.). Man ist geneigt, die Geschichte von hinten, vom finanziellen Zusammenbruch des Handelshauses Rodde her zu schreiben. Diese Interpretation, der sich sowohl Dorothea selbst als auch insbesondere die mit ihr verwandten Biographen nicht entziehen konnten, bewegt sich aber immer noch im Rahmen des Ehekontraktmodells. Nicht das zugrundeliegende Geschäft wird als fehlerhaft, nicht die sich daraus ergebenden Verwicklungen werden als tragisch empfunden, sondern der Wegfall der Geschäftsgrundlage wird als Katastrophe erlebt, die Unschuldige mittrifft und von Schuldigen verursacht wird. Für die Sicht von der Ehe Dorotheas implizierte die Orientierung an diesem Modell eine bestimmte Wertung des Beziehungsgeflechts zwischen den Eheleuten. Dorothea ereilte ein hartes Schicksal, und Rodde war daran schuld. Die Unfähigkeit der Eheleute, sowohl den finanziellen Zusammenbruch aufzuhalten oder abzumildern bzw. mit einem angemessenen Interessenausgleich darauf zu reagieren, nahm aber in Wahrheit weit früher ihren Anfang. Sie kann auch nicht monokausal erklärt werden, sondern war im Beziehungsprozeß dieser Ehe angelegt.

Dorothea hatte schon 1810, nach der genannten Katastrophe, in einem Bittbrief an ihre reich gebliebenen Stiefkinder berichtet, daß es in der Ehe „von Anfang an" und „täglich" Streit um Roddes Luxusausgaben gegeben habe (an Joachim Matthäus, Matthäus und Betty von Rodde, 1810).

Aber so sehr man sich auch vorstellen kann, daß Roddes demonstrativer Prunk die sparsam erzogene Professorentochter vielleicht doch nur an der Oberfläche faszinierte und untergründig eher verunsicherte, so bezog sich Dorothea doch in diesem Schreiben von 1810 erkennbar auf spätere Ereignisse in ihrer Ehe (nämlich auf solche in der Zeit nach der Geburt ihrer eigenen Kinder, also nach 1798, bzw. in der Zeit, in der Rodde Nutznießer des Vermögens der Adressaten des Briefes gewesen ist, also nach 1802). Die Gründe dafür, daß schon in den frühen Ehejahren keine richtigen Glücksgefühle aufkommen wollten, waren allem Anschein nach anderer als finanzieller Natur. Sie hatten, so nehmen wir an, mit der Einseitigkeit und Nüchternheit der Beziehungen in der mariage de raison zu tun. Dorothea vermißte am Anfang ihrer Ehe alles andere als Geld und Prestige. Was ihr nun aber doch vielleicht fehlte, war ein Mann, der ihr Zuneigung entgegenbrachte, der ihre Phantasien anregte und erfüllte. Ihr fehlte, was die großen Dichter der Zeit – als erster, wie Lichtenberg gelegentlich gesagt hat (1769, 534ff.), Wieland – als ,,Liebe'' beschrieben hatten. Wie es auch andere in jenen Jahren in ihren jeweiligen Verhältnissen wahrnahmen, so spürte wohl auch Dorothea in ihrer Beziehung zu Rodde etwas von dem illusionären Charakter der rationalistischen Utopie. Die Durchgestaltung aller Lebensbereiche, auch der Ehe, nach den Maßstäben, zu deren Anwalt sich ihr Vater gemacht hatte, brachte mitnichten die postulierte vollkommene Glückseligkeit. Die utilitaristische Lebensauffassung, welche Geist, Herz und Begierde unter den Primat von Ökonomie und Karriere stellte und nur zweckhafte menschliche Beziehungen tolerierte, hinterließ dem Individuum – das empfanden in dieser Generation nun schon weit mehr Menschen klarer als in der vorhergehenden – statt des erwarteten Seelenfriedens das Gefühl von Leere, von Unbehagen, von Entfremdung.

Zu diesem Gefühl, das allein schon Belastung genug sein kann, mag für Dorothea eine weitere Erfahrung gekommen sein. Sie bewegte sich in Lübeck nun in Kreisen, in denen sie bereits bedeutend mehr als in ihrem Vaterhaus der Tatsache gewahr werden konnte, daß die ,,seelische Temperatur'' (Mog, 33) des Familienlebens in Deutschland im Laufe des 18. Jahrhunderts gestiegen war, und zwar in Reaktion gerade auf die genannten Entfremdungsgefühle. Im Vergleich dazu mögen ihr nun die Beziehungen zu ihrem Mann besonders kühl vorgekommen sein, mag sie sich in der Sorge um ihre Kinder allein gelassen gefühlt und die Ferne der immerhin doch wenigstens vertrauten Eltern – vielleicht speziell der Mutter – als schmerzlich empfunden haben.

Wenn es nicht solche Gefühle gewesen sein sollten, die Dorothea damals geplagt haben: warum sonst hätte sie wohl 1794 wehmütige Zeilen wie die folgenden niedergeschrieben?

Gardez toujours une espérance,
Pour l'opposer au noir chagrin;
Pour les sévères un front serein,
Pour l'instant – une jouissance,
Un dédit pour le lendemain.
(Stammbucheintragung, 28. 4. 1784)

Warum sonst, wenn nicht um die Versagungen aus ihrer Ehe auszugleichen, hätte sie sich so schnell (1794ff.) mit einem Mann liiert, der das
Gegenteil von Matthäus Rodde gewesen sein muß? Man sieht die Wahrheit klarer, wenn man sich die Entstehung dieser Kontrastbeziehung und
die Art ihrer Ausgestaltung vergegenwärtigt.

Der andere Mann war Charles Villers.* Dorothea hat ihn 1794 im Haus
ihrer Eltern kennengelernt und 1796 und 1797 in Göttingen wiedergeshen.** Ihr erstes Kind (Augusta 1794) war schon geboren, zum Zeitpunkt der Geburt des zweiten und dritten Kindes (Dorothea 1796, Ludwig 1798) kannten sich die beiden also schon. Villers, damals um die 30
(und 5 Jahre älter als Dorothea), ein mittelloser französischer Emigrant,
repräsentierte ziemlich genau den Typ des jungen Offiziers des Ancien
Régime. Er wird als mondän, leidenschaftlich und intelligent geschildert,
als ein Mann, der die Zeit und die Muße gehabt hatte, sich in angemessener Weise mit den Wissenschaften, der Poesie, der Schauspielkunst und
nicht zuletzt auch der Liebe vertraut zu machen. Wie viele seines Milieus
hatte er sich für den Mesmerismus interessiert und war sogar mit führenden Persönlichkeiten dieser psychologischen Heilslehre bekannt bzw.
befreundet gewesen (Cagliostro, Marquis de Purségur). (Ein früher Roman Villers', „Le magnétiseur amoureux" 1787, basierte auf eigenen Versuchen mit dem animalischen Magnetismus und war der Propagierung
dieser Lehre gewidmet.) Als die Revolution kam, hatte Villers nicht viel
für sie übrig, wenn er sich auch später, im Exil, zu ihren Prinzipien
bekannte. Er schloß sich der Partei der Emigration an, diente in der
Streitmacht des Prinzen von Condé und mußte nach dem Scheitern der
Gegenrevolution Frankreich endgültig verlassen. Vor der vordringenden

---

* Villers entstammte einer bürgerlichen französischen Familie, die sich, wie
viele andere das particule nobilitaire angeeignet hatte, daher „de" Villers. – Alle
biographischen Angaben aus Wittmer (2ff.), Gautier (129f.), gelegentlich auch
Begin (1ff., unsicher).

** Zu den Daten des Zusammentreffens der beiden: Nach Doering 1827 (817)
und B. A. 1818c (58) haben sich Dorothea und Villers in Göttingen kennengelernt. Isler (73f.) datiert das Kennenlernen schon auf den ersten Besuch Villers' in
Göttingen, also 1794. Dorothea war jedenfalls in diesen Jahren sehr oft bei ihren
Eltern, bestimmt 1796 und 1797 (L. v. Schlözer, 165, 168). Villers befand sich nach
allen Biographen 1794 und 1796/97 in Göttingen.

CHARLES DE VILLERS.

Charles Villers als französischer Offizier

französischen Armee wechselte Villers zunächst etappenweise in Richtung Osten, bis er sich für ein paar Jahre um und in Göttingen niederließ. Für einen Mann mit tiefwurzelnden wissenschaftlichen Interessen und einem Sinn für Qualität bildete die berühmte Universität einen höchst attraktiven Standort.

Villers und Dorothea mußten füreinander große Anziehungskraft haben. Er – durch sein Emigrationsschicksal in seiner Zuneigung für Frankreich verunsichert und durch eine Germanomanie, die damals manchen Franzosen angesteckt hatte, auf neue Erfahrungen begierig – war hingerissen von dem, was sich ihm in Göttingen bot: von der Ruhe und Insichgekehrtheit dieser kleinen Stadt, in der Gelehrte von Weltrang lebten, die konzentriert und fleißig ihre Ideen verfolgten und die den Fremdling freundlich mit ihren Erkenntnissen bekanntmachten. Dieses Deutschland des Geistes, der Familiarität und der Ernsthaftigkeit verführte Villers, noch bevor es Mme de Staël verführte. Er wollte mehr davon erfahren (vgl. Gautier, 131 ff.). Kann man sich vorstellen, daß ein Mann mit dieser Disposition von der 25jährigen Dorothea nicht begeistert gewesen sein sollte, als er sie in Göttingen kennenlernte? Sie mußte ihm als die Inkarnation seines neuen Ideals erscheinen. – Dorothea war ebenfalls offen für eine Beziehung zu Villers. Gelangweilt von der Leere des Verhältnisses zu Rodde, frustriert, weil er sie nur für seine Zwecke benutzte und das Instrumentalisierungstrauma verstärkte, das schon Schlözer ihr mitgegeben hatte, war sie für ein anregendes Angebot von Intimität und Austausch äußerst empfänglich geworden. Es widerspräche aller Lebenserfahrung, wäre Dorothea in dieser Situation nicht auch von Villers bezaubert gewesen; dem ersten Mann vielleicht, der sich für sie als ganze Person mit ihren verschiedenen Eigenschaften und eben als Person interessierte und der seine Begeisterung in einer Weise auszudrücken verstand, die für Dorothea neu und schmeichelhaft gewesen sein muß. Villers, dem gesitteten französischen Offizier, der auch ein erfolgreicher Frauenheld gewesen sein soll, mangelte es nicht an Eleganz und an der Fähigkeit zu munterer und geistreicher Kommunikation. Er verfügte über beides im Gegenteil so vollkommen, daß später sogar eine so anspruchsvolle Frau wie Germaine de Staël für ihn schwärmte. Es sieht ganz so aus, als wäre Dorothea in der Bekanntschaft mit diesem Mann jene Welt erst aufgegangen, die ihr in ihrer Erziehung vorenthalten worden war: die Welt der zweckfreien, empathischen Beziehung von Mensch zu Mensch, des Austausches von Empfindungen, des Gesprächs über Literatur, schöne Künste und Wissenschaft; die Welt, in der das Bei-sich-selbst-Sein erst das Ganz-beim-andern-Sein ermöglicht.

Villers beschäftigte sich seinerzeit auch mit Petrarca-Übersetzungen. Vermutlich wird er Dorothea davon erzählt haben, vielleicht haben beide das italienische Original sogar zusammen bearbeitet. Gehen wir zu weit, wenn wir erwägen, daß die Petrarca-Szene, die Villers in seinen ,,Lettres Westphaliennes'' 1797 (a, 248 ff.) veröffentlicht hat, auf ein Erlebnis mit Dorothea gemünzt war?

Villers läßt seinen Helden auf Reisen durch ,,westphälische'' Landschaften die Quelle ,,Bullerborn'' entdecken, die diesen an die Vaucluse, an Petrarca und dessen Liebe zu Laura erinnert. Begeistert trägt der Reisende daraufhin die 14. Kanzone vor, in der es u. a. heißt (nach der Übersetzung von Geiger):

Du klar-frisch-süße Quelle,
darein die schönen Glieder
die Frau getaucht, so mir gefiel wie keine;
. . .

Wie oft mußt ich mir sagen,
des Staunens voll mitunter:
‚Die ward gewiß im Paradies geboren!'
So hatten Ihr Betragen,
Ihr Lächeln, himmlisch-munter,
für mich den Sinn der Wirklichkeit verloren;
ja derart gotterkoren
schien mir Ihr Bild, das milde
wenn meine Seufzer sangen:
‚Wie bin ich hier? von wannen?
der ich im Himmel mir zu sein einbilde!'
Seitdem gefällt mir diese
Landschaft sosehr, daß andert keine Wiese.

Im Gedanken an seine ferne Geliebte stellt Villers' Reisender dann die Frage: ,,Doch woran fehlt es Bullerborn zum Ruhm der Vaucluse? An zwei Liebenden, die sich an ihren Ufern lieben, einer Laura, einem Petrarca. Ach, kommen Sie hierher Madame, und die Hälfte des Rufs der Quelle wäre sichergestellt. Von Laura haben Sie die Grazie und die Tugend, die hellen Augen; ... Man wird Sie hier bewundern wie Laura in der Vaucluse; man wird Sie hier zwar nicht so schön besingen, aber ebenso lieben. Schmeichelt es Ihnen gar nicht, der Quelle von Bullerborn ein wenig zur Unsterblichkeit zu verhelfen?"

Wie wohl hätte Dorothea reagiert, wenn ihr Villers dies alles nicht in der hier wiedergegebenen Übersetzung, sondern auf Französisch und nicht in Westphalen, auch nicht in der Vaucluse, sondern auf einem Ausritt zu Göttingens Seckborn gesagt hätte?

Wollen wir uns mehr an die belegbaren Fakten halten, so wäre zu sagen: Dorothea und Villers erörterten unter anderem die Frage, wie man am besten fremde Sprachen erlernte. Er gab den Rat, viel zu lesen, zu schreiben, zu hören und zu sprechen und die Beschäftigung mit der Grammatik nicht zu übertreiben. Besonders wichtig sei es, beim Erlernen einer neuen Sprache die Kultur und Geschichte der anderen Nation zu studieren (Villers 1797 b). Eben dieses unternahmen die beiden dann auch gemeinsam. ,,Durch Villers ... ward sie", wie es ein Dorothea nahestehender Biograph später ausdrückte, ,,in die schöne Literatur der Franzosen eingeführt." (B. A. 1818 b, 61). Villers war in der Tat mit der großen französischen Bühnenliteratur bestens vertraut; er hatte in Frankreich selbst viel geschauspielert und wurde sein Lebtag von all seinen Freunden für seinen guten Vortrag gerühmt. Dorothea genoß besonders viele Proben dieser Kunst und war entzückt. Umgekehrt hat Dorothea Villers, um noch einmal den erwähnten Biographen zu zitieren, ,,zuerst mit den innersten Werten deutscher Art und Wissenschaft bekannt" gemacht

(B. A. 1818b, 61). Sie selbst drückte es später, als sie nach Villers' Tod die Bitte um einen Nachruf verweigerte, zurückhaltender aus:

> „Ich müßte zu viel von mir selbst reden und das kann ich nicht, da ich wirklich einen kleinen Anteil daran habe, daß er in die deutsche Literatur eingeweiht ist. Es war eine Zeit, wo er, wie seine Landsleute, sehr ungerecht war." (An Stapfer, 1815)

Uns ist unbekannt, was alles an deutscher Literatur Dorothea und Villers gemeinsam gelesen haben. Sicher war auch viel Poesie darunter, denn damit hatte Dorothea sich damals mehr und mehr zu beschäftigen begonnen. Genannt wird der „Hesperus" von Jean Paul (Evers, 167), das jüngste Werk jenes deutschen Dichters, den Villers wegen seiner Sensibilität und Moralität dann ganz besonders bewunderte.

Wer Villers damals kannte oder wer sich später intensiv mit ihm beschäftigte, hat es wahrgenommen: In Villers' Leben waren Göttingen und die ersten Jahre mit Dorothea der Wendepunkt. Der junge französische Offizier, der brillante Adjutant und Freund des Marquis de Puységur gehörte der Vergangenheit an; geboren aber war ein Villers, der seine Lebensaufgabe in der Vermittlung der deutschen Kultur nach Frankreich sah und der sich in Deutschland, seinem Adoptiv-Vaterland, schnell wohler fühlte als in seinem Geburtsland Frankreich. Goethe sollte ihn bald „eine wichtige Person durch seinen Standpunkt zwischen den Franzosen und Deutschen" nennen, „eine Art von Janus bifrons" (an Reinhard, 22. 7. 1810; zu Puységurs Reaktion: 1824, 256). Und in einer neueren Villers-Analyse heißt es präziser:

> „So hat sich also der Emigrant Villers zwischen 1794 und 1800 Schritt für Schritt von Frankreich losgesagt: er bewunderte aufrichtig Deutschland und gab seiner Bewunderung lautstark Ausdruck, aus Überzeugung zuerst und aus Dankbarkeit, dann aber auch aus Groll und, vielleicht unbewußt aus dem Wunsch heraus, seinen alten Landsleuten eine Lektion zu erteilen; . . ." (Gautier, 133).

Kein Zweifel: es war in erster Linie Dorothea gewesen, die diesen Franzosen germanisiert hatte (Wittmer, 15). Wie aber war es umgekehrt? Bedeutete die Tatsache, daß die beiden sich begegneten, auch in Dorotheas Leben einen Einschnitt, der alles veränderte? Verfolgen wir die Ereignisse noch ein Stück weiter, bevor wir diese Fragen beantworten. Im Sommer 1797 kehrte Dorothea von einem längeren Göttingen-Aufenthalt nach Lübeck zurück. Im Juli 1797 kam auch Villers nach Lübeck*, wo er bei den Roddes wohnte und dort bis 1811 blieb. Allgemein wird gesagt, Villers sei 1797 nur auf der Durchreise nach Rußland gewesen, habe sich dann aber – gefangengenommen durch das rege und unabhängige Leben dieser kleinen Republik, in der Erwerbsgeist und Kultur

---

* Das Jahr ergibt sich aus allen Quellen, der Monat nur aus Evers, 11.

koexistieren konnten – überraschend umentschlossen. (So erstmals die
von Dorothea inspirierte Biographie B. A. 1818 c, 58.) Wir wollen nicht
bestreiten, daß Villers auch von Lübeck angezogen worden ist. Die Erfahrung eines Stadtstaates, dessen Einwohner, anders als in Frankreich,
frei waren von den Belastungen eines Zentralstaats und dessen Patriziat
ein patriarchalisches Regime ausübte, das sich mehr um die Stadtinteres-
sen kümmerte als um nationale Glorie, war für Villers ganz neu und
paßte wunderbar in das Ideal, das er sich von Deutschland zu machen
begonnen hatte. Die Eloge, mit der er 1804 die kleinen protestantischen
Republiken feierte (188 ff.), zeigt, wie weit diese Begeisterung gegangen
ist. Auch könnten ihm die Gesellschaften in den großen Bürgerhäusern,
nicht zuletzt in dem der Roddes, gefallen haben. Hier paßte er hin, und
hier konnte er brillieren. Aber es muß noch etwas anderes geschehen sein
damals im Lübecker Sommer oder Herbst 1797, was für Villers' Entschluß ausschlaggebend geworden ist, in Lübeck zu verweilen.

Was tatsächlich vorgefallen ist, wird Gegenstand der Spekulation bleiben. Wir kennen nur zwei Briefe im Fragment. Zunächst ein Schreiben
Dorotheas vom November 1797 an ihre Mutter, von dem uns lediglich
der Auszug bekannt ist, den Leopold von Schlözer später veröffentlicht
hat, doch dieser ist eigenartig genug:

,,Muß ich nicht herzliche Neigung empfinden zu dem Mann, teuerste Mutter,
mit dem mich so viel geistige Fäden verbinden?

Die zügellosen Weiber, die nicht imstande sind, außerhalb der Ehe geistigen
Austausch zu pflegen, ohne daß ein Feuer sich entzündet! Dank der angeborenen
Natur! Dank den Eltern!

Auf den Wegen von Caroline wird man mich nicht sehen. Es ist ein heilig Ding
um die eheliche Treue, nur frivoler Leichtsinn wirft die Fesseln leicht ab. Oder ist
es ein Geschöpf mit kindlichem Instinkt, ob auch die geistige Begabung noch so
reich ist.

Wir beide schätzen unseren Freund als Ehrenmann. Hilfloser Flüchtling, der
nicht untergehen darf. Eine Pflicht, die mir liebe Pflicht ist. Welch Leben führt
manch vagabundierender Dichter!"

Warum schrieb Dorothea gerade jetzt an ihre Mutter, und warum gerade diese Sätze? Warum dieses wortgewaltige Bekenntnis zur ehelichen
Treue? Warum diese überzogene Abgrenzung von Caroline Michaelis?
Warum dieser philisterhafte Ton? Viele Fragen ohne Antwort. Den Verdacht, daß das schlechte Gewissen Dorothea bei diesem seltsamen Brief
die Feder geführt haben könnte, werden wir aber nicht los.

Eigenartig ist auch, daß sich die Mutter zu handeln veranlaßt sah und
wie sie handelte. Caroline Friederike Schlözer schrieb (und dies offenbar
nicht zum ersten Mal) an Villers und beschwor diesen mit vielen Worten,
er möge bei Dorothea bleiben. Wir wissen davon nur aus einem Brief,
den Villers Ende November 1797 an seinen Bruder verfaßte.

„Ich erhalte gerade wieder einen langen Brief von 4 Seiten von der exzellenten Mme Schlözer, die überhaupt nicht möchte, daß ich ihre Tochter verlasse. Sie würde dann sterben, sagt sie; sie beschwört mich erneut, daß mir nichts fehlen würde, wenn ich Geduld hätte."

Neues Wissen, neue Fragen. Hatte Villers nun doch die Absicht gehabt, Lübeck zu verlassen, und warum denn, wenn die Stadt so attraktiv für ihn war? Hatte es gar Streit gegeben? Mit Dorothea, weil diese Villers nicht gewährte, was er wollte, oder mit Rodde, weil diesen störte, daß Dorothea Villers eventuell doch mehr gab, als selbst einem Ehemann wie ihm recht sein konnte? Und schließlich: Was meinte die Mutter, als sie gegenüber Villers beteuerte, daß ihm nichts fehlen werde, wenn er nur Geduld habe? Daß Villers' sexuelle Wünsche später doch noch befriedigt werden würden, oder aber, falls diese Wünsche schon erfüllt waren, daß er Dorothea nicht auf Dauer mit dem lästigen Rodde würde teilen müssen? Auch auf diese Fragen haben wir keine Antworten. Was wir jetzt aber doch genau wissen, ist dieses: daß Villers in Lübeck nicht nur der Stadt wegen geblieben ist. „Den flehentlichen Bitten Mme de Roddes nachgebend, verzichtete Villers ... auf sein Projekt der Reise nach Rußland." (Wittmer, 19)

Am 24. 4. 1798 wurde in Lübeck Dorotheas Sohn geboren, der den Namen Ludwig erhielt – nach Augusta und Dorothea ihr drittes und letztes Kind. Damit war die Personenkonstellation komplett, die sich bis zu Villers' Tod im Jahre 1815 nicht mehr ändern sollte: sie bestand aus dem Dreieck Dorothea – Rodde – Villers und den drei Kindern. Über die Rollenverteilung unter den drei Erwachsenen kann man streiten. Jene Literatur, die uns geschönt vorkommt, geht davon aus, daß Villers als gemeinsamer Gast des Ehepaares im Roddeschen Haus lebte, am „salon de Rodde" als angenehmer Gesellschafter mitwirkte, die Familie Rodde gelegentlich auf ihren Reisen begleitete und im übrigen, dank des freundlichen Entgegenkommens der Roddes, seinen schriftstellerischen Arbeiten nachgehen konnte. Würdigt man die freilich spärlichen Informationen, die uns Besucher und Freunde der Betroffenen hinterlassen haben, so muß man dieses Bild allerdings modifizieren: Villers war nicht das, was man gemeinhin unter dem Gast eines Ehepaares versteht, sondern er lebte mit Dorothea zusammen. Dies sagen uns Briefe von de Staël, Reinhard und Constant offen.

Staël: „Villers ... verbringt sein Leben mit einer derben Deutschen, Mme Rodde" (an Jacobi, 1. 1. 1804); Reinhard: „Rinaldo bleibt in den Armen seiner Armida" (an Goethe, 19. 4. 1809)*; Constant: Villers „hat immer mit einer exzellenten, aber etwas schwerfälligen Deutschen gelebt" (an Barante, 20. 3. 1812).

* Armida und Rinaldo sind die Liebenden in Glucks Oper „Armida", die sich von der Welt zurückgezogen haben.

Und dieses ergibt sich indirekt auch aus der Behandlung der Personen in anderen Briefen, auf die noch einzugehen sein wird. Alle Briefschreiber, auf die wir uns hier beziehen, kannten die Lebensweise der Beteiligten aus eigenem Erleben und sprachen darüber ohne denunziatorische Absichten, sind insofern glaubwürdige Informanten. – Villers war auch nicht das, was man im allgemeinen den Reisebegleiter einer Familie nennt. Vielmehr unternahm er wichtige und lange Reisen mit Dorothea und den drei Kindern ohne Rodde. Das ergibt sich aus den bekannten Daten dieser Reisen (Meyer, 1 130ff., 11 148ff., 216ff.; Begin, 40ff. fehlerhaft; Haussonville, 568ff.; L. v. Schlözer, 207, 225, 237 sowie Briefe des Staatsarchivs Lübeck an diesen vom 30. 12. 1922 und 10. 2. 1923).

Erste Paris-Reise Mai bis Dezember 1801: Villers und Dorothea reisten zusammen mit den Kindern an, schauten auf dem Hinweg bei Villers' Eltern vorbei und unternahmen in Paris vieles gemeinsam. Nach anderthalb Monaten erschien dann auch Rodde in Paris, der allerdings nur drei Monate blieb. Zweite Paris-Reise August 1803 bis Oktober 1805: Dieselbe Konstellation bei der Anreise; dabei Aufenthalt in Göttingen und Metz, Besuche bei Eltern Schlözer und Schwester Villers, vierzehntägiges Treffen mit Mme de Staël und Constant. In Paris kam im Juni 1804 Rodde dazu, der jedoch schon im Januar 1805 wieder abreiste. Die anderen fuhren im Frühsommer des Jahres zurück, besuchten dabei Dortheas Tante in Franken und waren im Juli zu Schlözers 70. Geburtstag in Göttingen. Rodde stieß im September in Göttingen wieder zu der Reisegesellschaft. Zwischen den beiden Parisreisen hielt sich Rodde acht Monate allein in Regensburg auf, um am Reichsdeputationshauptschluß teilzunehmen.

Wir haben es also wohl mit einem „ménage à trois" zu tun, wie man sie im 18. Jahrhundert bisweilen feststellen kann.

Wer dabei mit wem wann wie verkehrt hat, bleibt im dunkeln und ist nicht entscheidend. Festzuhalten ist nur, daß Dorothea und Villers viel miteinander zu tun hatten und Villers sich wohl auch viel um die Kinder kümmerte, während Rodde, solange er Geld und Ämter besaß, im Alltag des Haushalts weniger in Erscheinung trat. Jedenfalls gewinnt man diesen Eindruck, wenn man die Art und Weise betrachtet, in der Freunde in ihren Briefen von den Personen sprechen, wobei wir allerdings in Rechnung stellen müssen, daß wir in diesem Zusammenhang nur Briefe auswerten können, die an Villers gerichtet sind und die eine entsprechende „Schlagseite" haben (Quelle: Isler).

Wir beziehen uns auf einen Brief von Klopstock aus dem Jahre 1799, 27 Briefe Jacobis von 1800–1808, einen Brief von Voss von 1802, 32 Briefe Reinhards von 1802–1811, einen Brief von Poel von 1708, einen Brief von Brandis von 1808, zwei Briefe von Meyer von 1811 und 1813, 32 Briefe von Constant von 1804–1814, sowie einen Brief von Perthes von 1814, insgesamt 97 Briefe von Personen, die mit dem Dreieck mehr als nur förmlich zu tun hatten.

In 47 dieser Briefe nahmen die Briefschreiber über den Adressaten Villers auf andere Personen des Dreiecks Bezug, in 34 davon nur auf Dorothea, in 11 auf Dorothea und Rodde, in 2 nur auf Rodde (mit politischen Botschaften). Rodde tauchte fast ausschließlich in den früheren Briefen auf und wurde immer höflich-distanziert angesprochen (,,Empfehlungen an Herrn Rodde", ,,sagt dem exzellenten Senator", ,,respektvolle Grüße an den Senator", ,,viele Grüße an den guten Senator", ,,unser Freund Rodde" ⟨herablassend⟩, ,,viele Komplimente an Herrn Rodde", ,,empfiehl mich Rodde", ,,mein Respekt dem Bürgermeister").

Unter den Briefen, die Dorothea erwähnten, waren demgegenüber acht mit deutlichem persönlichen Anstrich. Beispiele: Jacobi, 11. 12. 1800: ,,Meine Schwestern tragen mir viele freundschaftliche Grüße an den Doktor mit den weißen Armen auf. Wann werde ich ihn, diesen lieben Doktor, wiedersehen...?" Reinhard, 14. 2. 1803: ,,Ich weiß nicht, welches Mißgeschick mich oft befällt, wenn ich den Abstand zu überschreiten wünsche, um an Personen heranzurücken, die mich stark und seit langem interessieren. Ich verfluche dann mein saures Aussehen; wenn es sich einem anderen Aussehen gegenüberfindet, das mir ebenfalls ein wenig streng erscheint, ist es unmöglich, mich davon zu trennen. Es ist mein Gesicht, und es ist nun mal mein Naturell, wenn ich vielleicht auch mit mehr Grund sagen könnte, daß es nur eine Maske ist, und daß ich kalt bin durch viel Sensibilität. Mir scheint, daß diese Präambel nicht ganz deplaziert ist, bevor ich Sie bitte, Madame Rodde meine Verehrung darzubringen." (Vgl. auch den folgenden Brief von Meyer.)

In einigen Briefen wurden auch die Kinder erwähnt. Gelegentlich, allerdings selten, behandelten Freunde Villers wie eine Art Familienvater. So schrieb Meyer im Januar 1813 wohlgemerkt an Villers unter anderem folgende Zeilen: ,,Und nun zu Dir, und vor allen zu Dir und zu Deinem uns allen teurem Hause! Ich weiß es, daß es Dir wohlgeht, daß Du zufrieden bist, Einfluß hast etc. Am ausführlichsten hoffe ich, das alles noch von P-l. in A. zu erfahren, der einige Tage dieses Sommers bei Euch verbrachte, ... (Was Poel zu erzählen hatte, der von Dorothea und Villers herzlich aufgenommen worden war, wissen wir von Karl Sieveking; vgl. Poel 1887, 171; d. Verf.) ... Innigst haben mich, meine Frau und Kinder die traurigen Nachrichten von dem Leiden der liebenswürdigen Auguste betrübt ... Schont sie, ich bitte Euch, und vor allem laßt sie nicht mehr tanzen. Grüße, küsse sie alle herzlich von mir und dem was mein ist. Auch empfiehl mich Rodde, der diesen Herbst ein paar Tage auf dem Garten bei uns zugebracht hat und unseren interessanten Gesellschaftszirkel sah ... Lebewohl, mein Teurer, und bleibe mir gut; ich verdiene es um meine herzliche Liebe zu dir und unserer DR."

Deutlich wird aus allem auch: Der Umstand, daß sich die Wege Dorotheas und Villers in Göttingen gekreuzt haben, veränderte beider Leben. Aber während Villers, enthusiasmiert durch die Göttinger Ereignisse und ohnehin schon entwurzelt, in ein neues Leben hineinsprang, reagierte Dorothea verhaltener. Sie steuerte einen Kompromiß an. Die Konsequenz, die sie zog, war der Versuch einer Koexistenz von neuem und altem Leben. Sie wollte und konnte ihren Gefühlen jetzt in der Beziehung zu Villers mehr Raum geben, und wollte doch die auf Sicherheit bedachte Schlözerin, die sich schicklich aufführende Tochter ihres Vaters, bleiben.

Wie groß das Bewegungspotential war, über welches Dorothea verfügte, wenn sie in ein förderliches Umfeld gestellt war, dem sie sich öffnete, mag man an ihren Entwicklungen in den ersten Jahren des Zusammenlebens mit Villers ermessen. Wie immer einseitig ihre Erziehung durch den Vater Schlözer gewesen sein mochte: die Fähigkeit, Anregungen aufzunehmen, in neue Gebiete vorzudringen und die frischen Erfahrungen ausstrahlen zu lassen, hatte sie erworben und sich auch bewahren können. Inspiriert durch Villers, unternahm sie nun Entdeckungsreisen in die schöne Literatur, sah Theater, hörte Musik und tauschte mit Gleichgesinnten die gewonnenen Empfindungen und Gedanken aus. Häufig war sie zusammen mit Villers auch in Neumühlen an der Elbe zu Gast, einem schönen Landsitz der Kaufmannswitwe Johanna Sieveking, geborene Reimarus („Hannchen"), und Sammelpunkt von Künstlern, Gelehrten, Kaufleuten, Emigranten: Klopstock, Jacobi und Voss, Johann Albert Reimarus, Voght und Piter Poel, die Emigranten Talleyrand und La-Fayette, aber auch Reinhard, den französischen Gesandten schwäbischer Herkunft, der eine Reimarus heiratete, traf man hier. Und hier war auch die neue Dorothea in ihrem Element.

„Ein himmlischer Abend bei dem lieben Hannchen in Neumühlen", schrieb sie gelegentlich (undatiert, zit. n. L. v. Schlözer, 192 f.). „Klopstock war auf seinem Hengst gekommen und blieb. Beim Nachtmahl hatten wir viel Spaß miteinander und göttliches Lachen. Danach gingen wir hinaus und saßen lange schweigend im Mondschein. Plötzlich sprach Klopstock:

Willkommen o silberner Mond,
schöner, stiller Gefährte der Nacht!
Du entfliehest? Eile nicht, bleib Gedankenfreund!
Sehet, wie er bleibt, das Gewölk wallte nur hin.

Denke ich in Gegenwart von Klopstock an Voltaire, so glaube ich ein Verbrechen zu begehen."

Auch wenn man der abschließenden Einschätzung, die auf dem nunmehr um sich greifenden Vorurteil, Voltaire sei ein trockener Rationalist gewesen, beruhte, nicht beipflichten möchte: Daß sich Dorothea weiter entfaltete, daß sie nun zu einer vielfach gebildeten, verständigen und fühlenden, anregenden und anziehenden Frau wurde, das kann man sich sehr gut denken. Dorothea hat offenbar mit ihrer Teilnahme an den norddeutschen literarischen Zirkeln, mit ihrer neuen Lektüre, aber auch im Vollzug ihrer neuen Rollen – der Mutter und der der platonischen oder nicht platonischen Geliebten –, jene neue Haltung kennengelernt und dann auch biographisch nachgelebt, die in der Sprache der Zeit selbst schon mit dem Begriff der Empfindsamkeit belegt worden ist. Was sich im letzten Drittel des 18. Jahrhunderts im Großen der Gesellschaft abgespielt hat – die Flucht des deutschen Bürgertums in Natur und Innerlichkeit als Reaktion nicht nur auf die politische Vorherrschaft des Adels, sondern auch auf die Zwänge der bürgerlichen Zivilisation selbst (vgl. Mog, 36ff.), die umso fordernder auftraten, je mehr diese Zivilisation unter dem Einfluß aufklärerischer Ideen durchrationalisiert wurde –, das fand in den 1790er Jahren auch im Kleinen der Biographie Dorotheas statt. Als Dorothea registrierte, wie wenig ihr der Rationalismus, den ihr Schlözer mitgegeben hatte, in ihren Beziehungen zu Rodde half, ,,floh'' auch sie in die Welt von Gefühl und Liebe, Kunst und Kultur. Doch abweichend von der bürgerlichen Gesellschaft, die in ihrem geschichtlichen Fortgang für diesen Rückzug der Menschen auf sich selbst arbeitsteilige Lösungsformen etablierte, welche die Frauen auf die Sonderrolle der Empfindsamen festlegten und den Männern das Monopol auf die Zweckrationalität zuerkannten, entwickelte sich Dorothea zu einer Doppelgestalt: Sie ließ ihren Rationalismus nicht hinter sich, sondern hielt ihn aufrecht, legte sich zusätzlich aber eine empfindsame Seite zu. Diese ihre Zweischichtigkeit machte die Exzeptionalität dieser Frau auf der Höhe ihrer Entwicklung aus – eine Besonderheit, die eine Stärke sein konnte, aber nicht sein mußte.

Leider stehen uns aus den frühen Lübecker Jahren mit Villers 1798 bis 1801 nur wenige Originalunterlagen zur Verfügung, die sich direkt auf Dorothea beziehen und es uns ermöglichen, uns selbständig und frei von zweifelhaften Darstellungen aus späterer Zeit ein Bild von ihrer Persönlichkeit zu machen. Wenn aber wahr ist, was alle annehmen – und was Villers seinerzeit selbst seinem Bruder schrieb (vgl. Ulrich, 5) und Dorothea später dann bestätigte (Brief an Stapfer, 1815) –, daß die geistige Entwicklung Villers' in engstem Gedankenaustausch mit Dorothea erfolgte, dann muß man den literarischen Produkten Villers' aus dessen Lübecker Anfangszeit wenigstens die Probleme und Themen entnehmen können, mit denen sich auch Dorothea damals auseinandersetzte. Vermutlich sind diese Schriften sogar gemeinsames geistiges Erbe der beiden, denn in diesem Fall ist wohl sogar Leopold von Schlözer zu trauen, wenn er sagt, daß damals Villers' Texte zwischen Dorothea und diesem hin- und hergegangen seien (177).

Wie tief auch immer diese Kooperation gegangen sein mag: an den 67 Artikeln abgelesen, die 1798 und 1799 unter Villers' Namen erschienen sind,* muß die Bandbreite der Interessen, die das Lübecker Paar zusam-

---

* Alle im ,,Spectateur du Nord'', einer Hamburger Emigrantenzeitschrift, die aber auch von einigen an Deutschland interessierten Franzosen in Frankreich selbst gelesen wurde. Übersichten über Villers' Artikel bei B. A. 1818c (76f.); Inhaltsangaben bei Gautier (134ff.), Wittmer (20ff.), Ulrich (5ff.).

men entwickelte und pflegte, außerordentlich groß und das Niveau ihrer Gespräche hoch gewesen sein. Politische Geschichte und aktuelle Politik, wissenschaftliche und künstlerische Tagesereignisse, Reiseerfahrungen und die Kunde fremder Länder, aber auch Schnickschnack (z. B. über die Ursprünge von „balantine" oder „ridicule", i. e. bestimmter Täschchen für Damen) gehörten dazu. Vor allem aber ging es um die klassische, die französische und die deutsche Kultur: Man las wichtige Schriftsteller (von Anakreon, Horaz bis Diogenes; von Voltaire bis de Sade; von Kant und Lichtenberg, Klopstock, Goethe bis zu Voss); man versuchte, sich die Entwicklungslinien dieser Literaturen zu vergegenwärtigen, und nicht zuletzt: man übersetzte und kommentierte. Die Idee vom Nutzen des Kulturvergleichs, insbesondere aber von den Bereicherungen, welche die als zu verspielt und gefällig charakterisierte französische Literatur aus der deutschen ziehen könnte, nahm konkretere Gestalt an und trieb das Interesse auch in eine methodologische und programmatische Richtung. Die Besonderheiten der beiden Sprachen wurden erörtert, und „idées sur la déstination des gens de lettres émigrés" wurden entwickelt.

Im Kontakt mit Villers hatte sich Dorothea nun also zu einer reichhaltigen Persönlichkeit weiterentwickelt. Als solche erschien sie dann auch auf den Reisen, wie wir den Reisebeschreibungen Meyers entnehmen können, der in Paris 1801 oft mit ihr und Villers zusammengewesen ist. Selbst der Besuch in Rousseaus Hermitage (Meyer, 11 216ff.), wo einst der „Emile", jener Traktat gegen die Frauenbildung, entstanden war, befand sich darunter. Durch Meyer kennen wir auch die wohl einzige Veröffentlichung Dorotheas aus dieser Zeit, eine Rezension der Pariser Aufführung der „Zauberflöte" (Dorothea Schlözer, 1801): geschmackssicher, informiert, couragiert, orientiert an ihrer und Villers' allgemeiner Botschaft, die durch die Gegenüberstellung der Inszenierung mit Mozarts Absichten verdeutlicht wurde. Eine Frau, die so dachte und schrieb, hatte ihrer Mitwelt etwas zu sagen.

Die großen gesellschaftlichen Erfolge Dorotheas, über die wir im letzten Abschnitt schon berichtet haben, werden jetzt besser verständlich. Sie beruhten offenbar nicht nur auf der Neugier und der Begeisterung der Menschen für das Exotikum Frau Doktor Senator, sondern waren nun Begleiterscheinung einer raschen Erweiterung dessen, was Dorothea darstellte – angeregt und gefördert durch ihren Villers. Zwei Büsten von Houdon und ein Portrait von Lemonnier, angefertigt auf den Parisreisen, lassen uns heute noch ahnen, wie sie damals gewirkt haben muß: selbstbewußt, intelligent, kultiviert, weiblich, wenn auch vielleicht eine Idee zu teutonisch.

Konnten am Ende nun doch alle zufrieden sein? Rodde, weil er eine Frau von ungeheurem Demonstrationswert sein eigen nennen konnte; Villers, weil er eine Geliebte, eine Heimat und eine Mission gefunden

Dorothea Schlözer-Rodde. Ölbild nach Gabriel Lemonnier
1801

hatte; Dorothea, weil sie, materiell vermeintlich relativ gesichert, auf der Woge ihrer neuen Erfahrungen dahinschwamm? War der ménage à trois exakt das Richtige für alle Beteiligten?

Er war es nicht. Zu diesem Urteil führt uns keineswegs ein prinzipielles, gar moralisches Bedenken gegen ein Leben im Dreieck. Wir sind nicht empört, jedenfalls nicht über die Lebensweise, allenfalls über die Scheinheiligkeit und Hartnäckigkeit, mit der Dorothea ihr wahres Leben verschiedentlich verleugnet hat. Dies war nicht unbedingt nötig, wie uns die Beispiele von Frauen aus ihrer Generation, Zeit und Schicht gezeigt haben, die offener mit ihren Abweichungen von der bürgerlichen Norm umgegangen sind. Unsere negative Einschätzung beruht vielmehr darauf, daß Rodde, Dorothea und Villers kein Marquis du Châtelet, keine Mme du Châtelet und kein Voltaire gewesen sind. Für die Personen unserer Geschichte, jedenfalls in dieser Kombination, nicht unbedingt prinzipiell, war es die falsche Lebensform. Es gewann nicht jeder auf seine Weise aus dem Beziehungsdreieck; sie rieben sich aneinander auf.

Rodde erscheint uns ungeeignet, weil er nicht die Souveränität und innere Stärke besaß, die ein Mann in seiner Situation gebraucht hätte. Lang, ein Beobachter mit gutem Urteil und offener Sprache, der Rodde auf dem Rastatter Kongreß 1798 gesehen hatte, charakterisierte ihn wie folgt:

„… Rodde, damals noch für einen Millionär geschätzt, der alte Gemahl der jungen Doktorin Dorothea Schlözer aus Göttingen, ein mattes, bleiches, verzagtes und abgestorbenes Männlein, dem auf allen Falten o tempora! o mores! geschrieben stand." (1 319 f.)

Stimmte diese Darstellung, so mußte das Erscheinungsbild Roddes binnen weniger Jahre verfallen sein. Wir nehmen an, daß für diesen Mann schon die Anfänge des Verhältnisses zwischen Dorothea und Villers eine zwar verborgene, aber deshalb nicht weniger schwere Kränkung seiner Eitelkeit dargestellt haben. Wie aber sollte er dann auf längere Sicht mit einem Leben zu dritt zurecht kommen? Wir werden im nächsten Kapitel sehen, daß er die Verunsicherungen, die die neue Situation für ihn nun einmal enthielt, dort rächte, wo er fürs erste noch stark war: in Gelddingen.

Villers wiederum konnte mit der Rolle, die ihm in dem Beziehungssystem zufiel, auf die Länge gesehen ebenfalls nicht glücklich werden. Er war ein begeisterungsfähiger und moralischer Mensch, der seine Sache normalerweise außerordentlich offenherzig und geradlinig verfolgte und der taktische Rücksichtnahmen ablehnte. ,,Apostolischer Eifer" und ,,Don-Quixotismus" sind ihm anscheinend nicht zu Unrecht nachgesagt worden (Reinhard an Goethe, 9. 8. 1808; G. an R., 7. 10. 10; R. an G., 15. 10. 10). In dieser Eigenart lag wohl auch das Geheimnis seiner lebenslangen Selbstbindung an Dorothea. Doch diese begründete zugleich seine Unfähigkeit, die Ein- und Unterordnung im Haus Rodde, die er sich mit dieser Entscheidung einhandelte, ohne Verletzungen zu überstehen. Reinhard, ein intimer Kenner der Zusammenhänge mit viel Durchblick, hat dies genau gesehen und Villers eines Tages geschrieben:

,,Sie haben eine Laufbahn gewählt, die durchaus keine Fesseln erträgt. Sie gehören nicht mehr einem einzigen Land an, Sie gehören zu zwei Nationen. Sie sind ein freier Mensch par excellence und müssen es bleiben… Bleibt zu wissen, ob Ihre Situation tatsächlich der Idee, wie sie sein sollte, um würdig für Sie zu sein, entspricht; ob sie die des Adlers ist, der, auf den Felsen gestellt, die Flügel schlägt, um sich in die Lüfte zu schwingen?" (Reinhard, 31. 12. 1808)

*Dorothea Schlözer-Rodde. Büste von Jean-Antoine
Houdon 1803*

Villers konnte mit diesem diplomatischen Hinweis nichts anfangen. Er versuchte durchzuhalten, bis er unter dem Druck seines eigenen inneren Widerspruchs und an der Situation, in die er sich selbst gestellt hatte, zerbrach.

Und Dorothea schließlich? Bei aller Attraktivität, die sie nun besaß, erscheint sie uns dennoch als eine grobkörnige, zerlegte Person. Sie hatte vielfältige Eigenschaften und Fähigkeiten und war doch keine donna universale, kein ,,Vollmensch wie zur Zeit der Renaissance", wie Leopold von Schlözer seine Großtante später meinte kennzeichnen zu können (105), sofern man darunter mit Jacob Burckhardt ein Individuum versteht, das zu einem ,,harmonischen Abrunden" seines ,,geistigen und äußeren Daseins" gelangt ist (128). In Dorotheas Biographie trafen, wir sahen es, zwei Entwicklungen zusammen, die von der historischen Entstehung her ungleichzeitige Erscheinungen sind: der Rationalismus der Frühaufklärung, vermittelt durch ihren Vater, und die Empfindsamkeit des ausgehenden 18. Jahrhunderts, ihrer eigenen Zeit. Dorothea war zu sehr durch die väterliche Erziehung geprägt worden, als daß sie die Relativierung des Rationalismus hätte „leben" können. Sie war zwar so offen geblieben, daß sie die Verengungen des Rationalismus wahrnehmen und sich durchaus der Botschaft der Empfindsamkeit öffnen konnte. Was ihr aber nicht gelang, war, die verschiedenen Schichten ihrer Persönlichkeit, ihren Utilitarismus und ihr Gefühl, zu verschmelzen zu einer neuen, noch dazu weiblichen Individualität. Eben jene harmonische Abrundung ihres Charakters gelang ihr nicht. Da aber die einzelnen Schichten der Persönlichkeit Dorotheas nicht innig miteinander verbunden waren, kein universelles Ganzes bildeten, traten sie oft getrennt voneinander in Erscheinung. Das Verhalten Dorotheas gegenüber anderen Personen bekam dadurch einen Zug von Instabilität und Sprunghaftigkeit, war streckenweise sehr einseitig: entweder so oder so.

Es liegt auf der Hand, daß ihr psychischer Apparat vor allem in Drucksituationen „zurückschaltete". Dorothea hielt sich dann an die Modi rationalistischer Konfliktverarbeitung, denn diese schienen den größten Grad an Berechenbarkeit und Manipulierbarkeit zu bieten und damit einen sicheren Ausgang aus den Konflikten zu gewährleisten. So behandelte sie ihre Männer wie Partner in do-ut-des-Beziehungen, bei denen sie „berechtigte" Forderungen einklagte, und sie scheute auch nicht davor zurück, ihre eigenen Zwecke, die bei genauerem Zusehen aber immer vom Vater übernommene Werturteile enthielten, als absolut zu setzen und so konsequent wie möglich zu verfolgen.

Für eine Dreiecksbeziehung waren dies nun keine vorteilhaften Dispositionen. Ein Dreieck ist immer heikel, und erst recht war es eines, wie Dorothea es mit ihren Männern inszenierte. Psychische Verwicklungen konnten gar nicht ausbleiben. Umso nötiger war aber eine Kraft, die diese Spannungen austarierte. Rodde und Villers brachten, wie wir sagten, jeder aus anderen Gründen, diese Kraft nicht ein. Dorothea tat es aber auch nicht. Im Gegenteil: In den auftretenden Konflikten verwandelte sie sich immer wieder in jene „derbe Deutsche", als die sie Mme de Staël – selbst etwas eifersüchtig gewiß, aber doch hellsichtig für Dorotheas Wesen in Konflikten – gesehen und beschrieben hat. Dorothea war dann in der Tat undifferenziert, schematisch, kalkulierend und versuchte zu steuern, wo es auf Gefühlsoffenheit und Einfühlung angekommen wäre. Sie entwickelte z. B. für Villers, wie Mme de Staël hinzufügte, „eine Bewunderung ohne Perspektive, wo alles auf derselben Ebene abläuft, wie in alten Bildern" (an Jacobi, 1. 1. 1804). Daß man es auch anders machen konnte, hätte sich die Deutsche vielleicht von der Französin abschauen können. Sie lernte aber in dieser Hinsicht von niemandem mehr. Schlimmer noch: Je länger die Grabenkämpfe anhielten, in die sich Dorothea verstrickt hatte, umso mehr verfestigte sich die ihr eigene Gefahr der Entmischung und Vereinseitigung ihrer Persönlichkeit zur realen Tendenz.

So nahm denn das Verhängnis seinen Lauf, wenn auch nicht unbedingt unaufhaltsam. Dorothea hätte ja aus diesem mißglückten ménage à trois aussteigen können. Die gesellschaftliche Standardlösung, der Verzicht auf die Liebe kam für sie offenbar nicht in Betracht – man kann es verstehen. Wie jedoch stand es mit der Trennung von Rodde? Warum wurde dieser Weg nicht beschritten?

So schwierig sie gewesen wäre: objektiv gegeben hätte es diese Alternative durchaus. Gewiß, man hätte sie gegen viele Widerstände durchfechten müssen. Aber wir erwähnten früher schon einige Frauen aus Dorotheas sozialem Milieu, die das exakt in diesen Jahren getan haben, wenn die Spannungen in ihren Ehen zu groß wurden. Um die Jahrhundertwende hatten die Ehen nicht mehr notwendig den Charakter eines lebenslangen Käfigs; sie wurden offener, konnten umgestaltet, aufgegeben, neu formiert werden. Dorothea Mendelssohn-Veit verliebte sich in Friedrich Schlegel, ließ sich 1798 von ihrem Mann scheiden und sanktionierte erst nach vielen Jahren des Zusammenlebens ihre neue Beziehung. Caroline Michaelis-Böhmer, inzwischen verwitwet, trug – wenn auch heimlich – das Kind eines flüchtigen Geliebten aus, heiratete dann ihren solidarischen Freund August Wilhelm Schlegel, verliebte sich später in Schelling, den sie nach der Scheidung von Schlegel 1803 heiratete. Therese Heyne-Forster ließ sich auf eine Dreiecksbeziehung mit Forster und F. L. W. Meyer, später Forster und Huber ein, trennte sich 1793 von Forster zugunsten von Huber, der später ihr Ehemann wurde (ADB 13. Bd., 242 f.; 31. Bd., 5, 373). Unter Bezugnahme auf solche Beispiele stellt Ingeborg Drewitz (42, 46) fest:

„Partnerschaft aus Leidenschaft – dieser Anspruch ist neu und prägt um 1800 erstaunlich viele Frauen zu Persönlichkeiten ... Was ist es denn, was diese Generation erlebend vollzieht, was die Frauen aus dem Selbstverständnis der Ehe löst? ... Durch die patriarchalisch christliche Ordnung der Gesellschaft ist ein Sprung gerissen. Aus dem Zusammenhang der Familie, der Sippe, des Standes gelöst, wird das Ich zum Erfahrungszentrum, und die empfindliche, weil noch unsichere Individualität der Frau nimmt diesen Riß besonders deutlich wahr; beglückt, wenn es ihr gelingt, ihn liebend zu schließen, anders vernichtend getroffen."

Hier zeigt sich, daß in der bürgerlichen Liebesutopie, die zunächst vor allem die Frau unverhältnismäßigen Selbstkontrollen unterwarf und sie ohne ausgebildete Individualität in die Welt stellte, die Möglichkeit für die Frauen beschlossen lag, gerade in der Liebesbeziehung, dem äußerlich befriedeten Geschlechterverhältnis, sich empirisch durchaus als Subjekt zu erweisen. Die gegenaufklärerischen Verhärtungen und Pervertierungen dieses Liebes- und Eheverständnisses lassen uns dies leicht übersehen.

Gewiß, materiellen Reichtum hätte Dorothea im Falle einer Trennung von Rodde nicht mehr besessen oder bekommen können, aber im existenziellen Nichts hätte sie auch nicht gestanden. Uns erscheint zwar unsicher, ob ihr die väterliche Familie im Fall der Trennung Rückendeckung gegeben hätte. Schlözer, inzwischen ein vermögender Mann, mochte zwar Rodde nicht und schätzte Villers, aber sein Eheverständnis war, wie wir wissen, traditionell. Das Paar hätte jedoch auch eigene Möglichkeiten besessen oder sich erschließen können. Gelegentlich ist gesagt worden, Villers hätte vom Ertrag seiner Feder gelebt (Ulrich, 7; Ebel, 32). Ob und gegebenenfalls ab wann dies tatsächlich der Fall gewesen ist, wissen wir nicht; große Einkünfte kann er nicht gehabt haben, sonst wäre er 1811 nicht in Geldnöten gewesen, als er eine Parisreise machen mußte, um sich gegen politische Verfolgungen zur Wehr zu setzen (vgl. Dorothea Schlözer, Brief an Heeren, 2. 3. 1815). Aber die schriftstellerischen Einkünfte wären erheblich zu steigern gewesen. Man muß sich vergegenwärtigen, daß sich Villers durch einige Bücher (,,Philosophie de Kant" 1801, ,,Essai sur l'esprit et l'influence de la réformation de Luther" 1804) profilieren konnte und durch zahlreiche weitere Veröffentlichungen schnell zu einem berühmten Publizisten wurde, der immer wieder Aufsehen erregte (u. a. durch: ,,Lettre à Madame la Comtesse Fanny de Beauharnais sur Lubeck" 1806) und dem attraktivste Avancen gemacht worden sind, welche er freilich allesamt ausschlug. Man muß sich auch klarmachen, daß Dorothea durchaus das Zeug dazu hatte, im selben Genre als Publizistin in Erscheinung zu treten; warum hätte nicht auch sie eine Schriftstellerin aus Profession werden können, wenn es nötig oder erwünscht gewesen wäre?

Auch hierfür hätte es einige Vorbilder gegeben, wenn es auch wahr ist, daß auch begabte Frauen mit mehr Selbstbewußtsein den Schritt in die Berufsschriftstellerei nur ganz zögerlich und gezwungenermaßen taten. Als erste hatte ihn Sophie La Roche in den 1780er Jahren vollzogen (La Roche 1771; Becker-Cantario, 390f.), manche folgten ihr nun. Eine auch ökonomisch erfolgreiche Schriftstellerin wurde Johanna Schopenhauer, die seit der frühen Zeit ihrer Ehe viel niedergeschrieben hat, nach dem Tode ihres Mannes dann unter ihrem eigenen Namen publizierte und später, ihres Vermögens verlustig gegangen, vom Ertrag ihrer Feder leben konnte (J. Schopenhauer, 1819; ADB 32. Bd., 346ff.). Die Schriftstellerei als Berufsarbeit betrieb auch Therese Heyne-Forster-Huber. In ökonomischer Enge lebend, verstärkte sie nach dem Tode Hubers ihre Publikationstätigkeit und übernahm später, gut fünfzigjährig, die Redaktion des Cotta'schen Morgenblattes, einer sehr angesehenen belletristischen Zeitschrift. Erst als Matrone bekannte sich Therese Huber vorbehaltlos zur eigenen Schriftstellerei. Solange Huber gelebt hatte, hatte sie ihm seinen Platz in der Öffentlichkeit nicht streitig machen wollen. Was sie schrieb, erschien zuerst unter des Mannes Namen (ADB 13. Bd., 244 ff.). Caroline Michaelis-Böhmer-Schlegel-Schelling, nach dem Zeugnis ihrer Briefe eine hochtalentierte Schriftstellerin, hatte zeitweilig ebenfalls erwogen, mit dem Schreiben Geld zu verdienen (an F. L. W. Meyer, 1. 3. und 11. 7. 1791). Sie ließ diese Hoffnung aber fahren und begnügte sich weitgehend mit der Rolle einer Anregerin und Gehilfin August Wilhelm Schlegels, für den sie Bücher las, Entwürfe anfertigte, Korrekturen ausführte und dem sie Gesprächspartnerin war (ADB 31. Bd., 6). Extremer noch mutete der Fall ihrer zeitweiligen Schwägerin Dorothea Mendelssohn-Veit-Schlegel an, die zum regelrechten ,,Ghostwriter" ihres Gefährten wurde. Um den Lebensunterhalt für sich und Schlegel zu sichern, wurde sie zur fleißigen Übersetzerin, doch blieb ihr Name unerwähnt, während Schlegel als Herausgeber oder Autor in Erscheinung trat (ADB 31. Bd., 374).

Das Problem der materiellen Existenzsicherung hätte sich also wohl, wenn auch vielleicht mehr schlecht als recht, auch für Villers und Dorothea lösen lassen. In den schlimmen Tagen, deren ihre Ehe viele gehabt haben muß, wird Dorothea demzufolge die durchaus denkbare Alternative einer Trennung von Rodde erwogen haben. Unternommen hat sie, soweit wir sehen, nichts. Sie machte weiter wie gehabt, bis es dann endgültig zu spät war.

Erklären können wir uns dieses Verhalten, das eigentlich ein Nicht-Verhalten gewesen ist, wenn wir uns noch einmal des Charakterzugs Dorotheas erinnern, in Leidenskonstellationen vorzugsweise auf den rationalistischen, frühaufklärerischen Teil ihres Bewußtseins zu rekurrieren. Das bedeutete, daß sie gerade dann auf Kalkulation, auf das Im-Auge-Behalten scheinbar optimaler materieller Sicherheit nicht glaubte verzichten zu können – eine Haltung, die sie unfähig machte, eine Ehe, die schlecht war, aber ihr und ihren Kindern eine sichere Stellung zu garantieren schien, mit der labilen Existenz einzutauschen, in der sich ein wie immer berühmtes und glückliches Schriftstellerpaar befunden hätte. Schlug die Vereinseitigung Dorotheas auf der Linie ihres rationalistischen Erbes also einerseits in soziale Konventionalität, in die Kraftlosigkeit zur Veränderung der gesellschaftlichen Beziehungen selbst im Privaten um, so lag eine zweite Wirkung dieser Bewußtseinsverengung in einer Art Urvertrauen in die Macht des Pragmatismus. Ohne daß sie darüber viel nachdachte, schien Dorothea von der Überzeugung beseelt, daß sie die Situation, die sie geschaffen hatte und die sie wollte, nämlich Rodde und Villers, durch Aussitzen schon bewältigen könnte. Beinahe halsstarrig hielt sie an ihrer Linie fest, ohne aufzuschauen – ganz im Vertrauen auf ihren Willen und ihre innere Stärke, ganz im Vertrauen immer noch auf die Richtigkeit dieser Lebensprinzipien ihres Vaters.

Ich-starker Pragmatismus und Ich-schwache Konventionalität standen in dieser Frau so nebeneinander, daß sie paradoxerweise jenen Weg subjektiv blockierten, der in ihrem Fall vielleicht eine Lösung hätte sein können: die unkonventionelle Auflösung einer Kontraktehe alten Musters zugunsten der konventionellen „Verehelichung" einer heimlichen Liebesbeziehung, die freilich, wer mag es ermessen, dieser vielleicht auch nicht bekommen wäre.

Das Geld

1810 schrieb Dorothea an Roddes Söhne aus erster Ehe, die ihr, erinnern wir uns, zur Hochzeit 1792 zugerufen hatten „Liebst ja unsern guten Vater, o! er ist so gut, so gut", sie habe die ganzen achtzehn Jahre viel unter Rodde zu leiden gehabt. Daß Rodde zu Dorothea gar nicht gut, sondern bald ziemlich scheußlich war, bezweifeln wir nicht. Zweifelhaft finden wir aber, ob Dorothea in diesem Brief die Hintergründe und wahrscheinlichen Motive für Roddes psychischen Terror offen aussprach. Wieder einmal könnte sie an ihrer eigenen Legende mitgewirkt haben (an J. M., M. und B. von Rodde, 1810).

Dorotheas Darstellung hatte sicher einen wahren Kern. In den Auseinandersetzungen der Eheleute, versicherte sie glaubhaft, spielten die unterschiedlichen Einstellungen zum Geld eine große Rolle. Rodde habe mit Geld um sich geworfen, geprunkt, sogar sie selbst zum Mitspielen gedrängt. Ihr dagegen sei „strenge Ökonomie" über alles gegangen, vor allem im Interesse der Kinder.

„Diese Überzeugung bewog mich von Anfang an, als Hausfrau die strengste Ökonomie in die Haushaltung Eures Vaters einzuführen, und vielen kostspieligen Gewohnheiten Einhalt zu tun."

Dorothea betonte, daß sie in den aus diesen Auffassungsunterschieden resultierenden Konflikten alle Waffen eingesetzt habe, die ihr zu Gebote gestanden hätten, „Vorstellungen, Bitten, ja gar Streiten, Tränen u. Verzweiflung waren meine Waffen". Vieles habe sie durch ihren Widerstand gewonnen. „Freilich alles, wie es heute klar ist, habe ich nicht abzuwenden vermocht." Kein Wunder, möchten wir anfügen, in dieser ganz und gar nach dem Modell des Ehekontrakts alter Prägung gestalteten Beziehung. Rodde, dessen Hauptqualifikation als Ehemann im Vermögen gelegen hatte, saß in Geldfragen eben am längeren Hebel.

Ob Roddes Kinder aus erster Ehe die Version geglaubt haben, die Dorothea auftischte, kann offenbleiben. Wenn wir von der Literatur über Dorothea ausgehen, hat sie jedenfalls die Nachwelt oft überzeugt. Sie hatte diese Wirkung freilich auch deshalb, weil jene Beschreibung eine Moral bot, die ins bürgerliche Weltbild hineinpaßte und deshalb den Erwartungen vieler Beobachter entgegenkam. Die beiden Eheleute standen in der Präsentation Dorotheas für eine Typik, die in der bürgerlichen Ideologie eindeutig bewertet ist: Dorothea, die sparsame Hausfrau, personifizierte die neueren bürgerlichen Tugenden von Askese und Lei-

Matthäus Rodde. Portrait eines unbekannten Malers
um 1810

stung, war somit gut; Rodde, der verschwenderische Traditionsbürger ständischer Herkunft, stand für patrizischen Luxus und Konsum, war somit schlecht (vgl. Bruford 1936, 186, 254). Da der schlechte, in der Ehe aber stärkere Rodde seiner Stärke nicht froh wurde, sogar sich selbst ins Unglück stürzte, erschien die Geschichte als schöne Bestätigung für die Trefflichkeit des bürgerlichen Wertekodex. Man glaubte also Dorotheas Version, weil sie den eigenen Werthaltungen entgegenkam und diese zugleich zu untermauern schien.

Doch daß viele eine Erzählung glauben wollen und deshalb glauben, macht sie noch nicht wahr. Die Geschichte, die Dorothea vortrug, war nicht in ihren Fakten falsch, sondern durch das, was sie ausließ. Scheuen wir uns nicht, es auszusprechen: Zwischen Dorothea und Villers bestand nun einmal ein Verhältnis, das dem eitlen und alternden Rodde ein Dorn im Auge sein mußte. Zur Befriedigung seiner Rachegelüste besaß er nicht viele Sanktionsmöglichkeiten, außer eben jenen, die ihm sein ökonomisches Monopol boten. Mit finanziellem Druck traf er aber die Sicherheitsfetischistin Dorothea und den Unabhängigkeitsfanatiker Villers an ihren wunden Punkten. Deshalb setzte er diese Waffe wacker gegen die Verursacher seiner Kränkungen ein – eine Taktik, die zwar auf die unterschiedlichen Einstellungen Dorotheas und Roddes zum Geld rekurrierte, darin aber nicht aufging. Erst wenn man die Einstellungsunterschiede im Kontext des Ehekampfes interpretiert, erklären sie das Ausmaß, in dem die Konflikte im Hause Rodde offenbar im Feld der Ökonomie ausgetragen wurden.

Eine beliebte Waffe Roddes war allem Anschein nach die geschickte Kombination von Prunk und Kleinlichkeit: außen hui, innen pfui. Dorothea selbst beschrieb diese Angriffe und ihre eigenen Abwehrversuche in dem bewußten Brief wie folgt:

> Jahrelang wurde mir der „Reichtum . . . vorgehalten . . ., um meinen Widerstand gegen neue beständige Gelüste und Einfälle zu dämpfen. Nie war es mir erlaubt, über mein eigenes (Schicksal; d. Verf.) und mithin über die Zukunft meiner Kinder, ein Wort sprechen zu dürfen. Schnöde und gebieterisch wurde jede Mahnung über diesen, allen Eltern pflichtmäßigen Punkt abgewiesen, da ich von tausend anderen Sachen und Anschlägen mußte ruhig sprechen hören. Was habe ich nicht täglich abzuraten, abzuwehren und zu bekämpfen gehabt?" „Mir selbst wurden Juwelen, um mich damit zu putzen, angeboten, denn mir war dieser Glanz zuwider. Ich nahm sie, aber nur für die Kinder: es sollten aber deren zuviel werden. 1805 wurde mir noch in Paris ein Collier von Brillanten angeboten. Ich lehnte es ab, und sagte meinem Mann, er wüßte, daß ich nur für die Kinder nähme, und so möge er mir das Geld geben, welches ich belegen werde um Zinsen an Zinsen für die Kinder zu gewinnen. Mein Mann konnte gegen diesen Vorschlag nichts einwenden, und gab mir beiliegenden Wechsel von 12000 Mk. Meine Kinder sehen diese Juwelen als ihr Eigentum an. Schon vor 6 Jahren in Paris war ich willens, sie alle zu verkaufen, um den Kindern die Zinsen zu erwerben. Mein Mann ward empfindlich, und weil ich einsah, daß er sich in diesem Glanz gefiel und ich dieses Mittel, um etwas für meine vergessenen Kinder zu erhalten, beibehalten mußte – so behielt ich sie."

Wenn sich Rodde wirklich so gleichgültig gegenüber Ausgaben verhielt, wie Dorothea später behauptete, dann erscheint es zunächst ziemlich unlogisch, daß er nach innen so streng gewesen sein soll. Wenn wir sein Verhalten aber als Raffinesse im Beziehungskrieg interpretieren, bekommt es eine innere Logik. Er versuchte, Dorothea zu etwas zu veranlassen, das diese ablehnte und das sie beunruhigte: zu demonstrativem Konsum, und er verweigerte, was er, wie sie annehmen mußte, leicht hätte geben können: mehr Sicherheit für sie und ihre Kinder. Dadurch konnte er sie doppelt treffen: indem er Verhaßtes aufzwang und Ersehntes zurückwies. Dorothea ihrerseits versuchte, wie wir sahen, mit ihren

Waffen dem Druck standzuhalten. Waffenstillstände wurden erzielt, die aber bald wieder zusammenbrachen.

Im Laufe der Jahre eskalierte dieser Beziehungskrieg im Hause Rodde. Die Konflikte schaukelten sich auf. Vor allem aber kam ein verschärfender äußerer Faktor hinzu: der unbeschränkte Nießbrauch Roddes am Riesenvermögen seiner Kinder aus erster Ehe, der ihm mit dem Tod der Frau Bürgermeister Peters, der Mutter seiner ersten Frau, 1802 zufiel und der ihm bis zur Mündigkeit der Kinder im Jahre 1810 zustehen sollte. Jetzt konnte es überhaupt keinen Zweifel mehr geben: Rodde standen unermeßliche Summen zur Verfügung. Jetzt glaubte Dorothea mit noch mehr Recht und Nachdruck ihre Versorgung und die ihrer Kinder fordern zu können, denn nach der seinerzeit zwischen Schlözer und Rodde geschlossenen Vereinbarung mußte nunmehr das Wittum deponiert werden. Doch gar nichts geschah. Der Monopolist höhnte, statt zu handeln.

„Ich erwartete", sagte Dorothea in dem Brief von 1810, „und das mit Recht, daß nach dem Tode der Frau Burg. Peters mir mein Mann ein Kapital für diese (Kinder; d. Verf.) schenken würde, welches ich gewiß auf die vorteilhafteste Weise würde verwaltet haben – allein ich erhielt nichts, und ward noch obendrein immer auf die Vorsehung vertröstet, welche für diese Kinder sorgen würde."

Mit dem nahenden Ende des Nießbrauchs nahmen diese Konflikte ungeheuer an Schärfe zu (L. v. Schlözer, 216f.). Ebel (31) wundert sich nun darüber, daß Rodde das Kapital nicht vereinbarungsgemäß hinterlegt hat. Wir nicht. Versetzen wir uns, wenn es auch schwerfällt, in seine Lage hinein, so können wir ein ganzes Bündel von Motiven für seine Widerborstigkeit finden: Warum sollte nach der ganzen Ehegeschichte gerade er sicherstellen, daß Dorotheas Spiel am Ende doch noch aufging? Warum sollte er die Versorgung von Kindern gewährleisten, von denen vielleicht nicht einmal sicher war, daß alle die seinen waren? Warum sollte er sein Faustpfand im Beziehungskrieg aus der Hand geben?

Dorotheas Charakter und Erscheinung verformten sich unter der Mühsal der fortwährenden und eskalierenden Krise ihrer Ehe. Strenges Aussehen, reserviertes Auftreten, derbe Bewegungen, lieblose Kleidung, männlicher Charakter – das sind Merkmale, welche Personen, die notabene mit ihr sympathisierten, seit 1803 an ihr registrierten (Reinhard an Villers, 14. 2. 1803; Rist bzgl. 1809; Piter Poel in bezug auf die „reifere Dorothea" 1884, 246). Villers, der Dorotheas Leiden mitlitt, aber genug Distanz hatte, ihren Wandel sensibel wahrzunehmen und zu diagnostizieren, hat Reinhard 1803 auf dessen Eingeständnis hin, er habe Schwierigkeiten mit Dorotheas strengem Aussehen (vgl. S. 159), eine Antwort gegeben, die es nicht nur der Charakterisierung Dorotheas wegen wert ist, hier ausführlich wiedergegeben zu werden. Zuerst sprach Villers von sich und Reinhard:

„Niemand glaubt mehr als ich an die Offenbarung der Seelen (falls sie etwas zu offenbaren haben!) – Der zeremonielle Ton war von meiner Seite nicht mehr als eine Maske. – Ich reiße sie mit intimer Befriedigung weg, und die Art und Weise, in der Sie mich einladen, bestätigt mich unwiderruflich in meinem System." Dann ging er auf Reinhards Problem gegenüber Dorothea mit folgenden Worten ein: „Ich komme gerade von der exzellenten Frau mit dem strengen Aussehen, der ich den Artikel in Ihrem Brief vorgelesen habe, in dem von ihr die Rede ist – sie hat darüber viel gelacht und mich beauftragt, Ihnen ... viele liebenswürdige Dinge zu sagen – die Strenge Ihres Aussehens verbirgt ebenfalls die sensibelste und nobelste Seele. – Man muß sie in der Umgebung ihrer Kinder und ihrer intimen Freunde sehen, um sie zu kennen – um ihr Herz und ihren Geist zu schätzen zu wissen. – Außerhalb dessen zeigt sie eine extreme Reserviertheit und Schüchternheit, die sie zu verstecken und einzuschließen besorgt ist und die sie in ihrem Äußeren in eine imposante Sicherheit und Bravour verbessert, wie sie nur zu verbreitet ist unter den noblen moralischen Hasenfüßen, die sich verloren glauben, wenn man das Geheimnis ihrer Schwäche und ihrer Schamhaftigkeit erkennt. – Fügen Sie das außerordentliche Leben in den ersten Jahren hinzu, die schädlichen Erschütterungen, die dann ihrem Nervensystem und ihrem ganzen physischen Sein gegeben worden sind. – Ein kleiner Tropfen Schlözerschen Bluts in den Adern, und Sie haben den Schlüssel zur Art ihres Wesens." (16. 2. 1803)

Wer so schrieb, hatte Charakter. Der Brief sagt uns sehr viel über Dorothea, aber auch über seinen Autor Villers. Er drückt ein waches Interesse für Freundin und Freund aus, psychologischen Tiefblick, Verständnis für die Eigenheiten anderer und feinfühlige Diskretion im Umgang mit ihnen. Wie sehr wird Dorothea gerade jetzt einen solchen Mann geliebt und gebraucht haben? Wie sehr wird sie ihn aber auch an sich gebunden haben, um ihn ja nicht zu verlieren?

Wir stoßen hier auf ein weiteres Wesensmerkmal Dorotheas, das sich im Verlauf ihrer Ehegeschichte weiter ausgeprägt hat: ihre Neigung, an einmal als nützlich und richtig Erkanntem mit einer Beharrlichkeit festzuhalten, die etwas Verbohrtes hatte. Ihre Tendenz, Villers zu umklammern, zu vereinnahmen, zu beherrschen ließ das Pendel der Krise in der Dreieckskonstellation auch auf diese Weise auf Villers zurückschlagen.

Bezeichnend erscheint uns eine Eifersuchtsszene aus dem Jahre 1803, die wir relativ genau kennen (Wittmer, 137ff.; Gautier, 139ff.; Haussonville, 554ff.; Begin*, 39ff.), weil die Biographie der Frau, die Anlaß der Eifersucht gewesen ist, der Mme de Staël, vielfach ausgeleuchtet und gut dokumentiert ist.

---

* Ein Lokalhistoriker aus Metz, der zeitlich und räumlich dem Ereignis am nächsten war, trotzdem aber nicht immer glaubwürdig ist.

Charles Villers. Ölbild von Friedrich Carl Gröger
1809

Germaine de Staël – interessiert an deutscher Literatur, aber zunächst ohne präzises Wissen darüber – hatte 1801 einige Artikel Villers' gelesen, was diesem bekanntgeworden war. Villers muß es für sein gemeinsames Projekt mit Dorothea, Frankreich den deutschen Genius nahezubringen, attraktiv erschienen sein, eine Verbündete vom Rang der Mme de Staël zu haben. Er hatte diese deshalb brieflich mit schmeichelhaftesten Worten umworben. Ab 1802 war Mme de Staël in eine rege Korrespondenz mit ihm getreten, die bald ihren intellektuellen Charakter verloren und eine erotische Färbung angenommen hatte. Villers, von der leicht entflammbaren Mme de Staël nun schon mit lebhaften Gefühlen bedacht, war es gelungen, seiner neuen Freundin jenes so geheimnisvoll erscheinende Deutschland derart lebendig und anregend auszumalen, daß er auch sie verführte, sich von diesem Zauber anziehen zu lassen. Sie hatte daraufhin Deutsch gelernt, für ihre Kinder einen deutschen Hofmeister gesucht, und sie hatte Villers eingeladen, Lübeck zu verlassen, damit sie beide sich irgendwo an der Grenze näherkommen könnten. Selbst nach Deutschland zu reisen, zögerte sie, bis ihr ihre Exilierung im Oktober 1803 durch

Napoleon den Entschluß nahelegte, diese große Reise nun doch zu wa-
gen. Villers war zu diesem Zeitpunkt gerade auf der Anreise zu seinem
und Dorotheas zweiten Parisaufenthalt gewesen, und so hatte es nahege-
legen, daß man sich auf der Strecke in Metz traf: Mme de Staël, begleitet
von Benjamin Constant, auf dem Weg von Paris nach Deutschland, Villers, begleitet von Dorothea, in der Gegenrichtung. Alle waren sie im
selben Gasthof, dem Hôtel de Pont-à-Mousson, abgestiegen. Die Eindrücke, die Mme de Staël und Villers voneinander gewannen, waren
vorzüglich. Statt der beabsichtigten zwei Tage blieben sie zwei Wochen.
Man unterhielt sich brillant, gab sich gegenseitig viele Anregungen und
kam sich auch sonst noch näher. Zwar stand das Projekt einer Ehe zwischen Mme de Staël und Villers, über das gemunkelt worden ist (Begin,
40f.; vgl. Haussonville, 581 Anm. 2), wohl realiter nie zur Debatte, aber
die Attraktion ist immerhin so intensiv gewesen, daß Mme de Staël noch
1810 Villers in Erinnerung an Metz schreiben konnte: ,,Ich habe Sie
geliebt, weil mein Herz Sie schätzt und bewundert." Auch wenn man den
Ton der Leidenschaftlichkeit, der selbst in diesem späteren Brief noch
mitschwingt und der die Briefe von 1803/04 noch viel stärker durchweh-
te, nicht überbewerten sollte: Mme de Staël war hingerissen von Villers.
Sie bat ihn, in Metz umzukehren und mit ihr zusammen nach Deutschland zurückzureisen.

Villers konnte allerdings der Eroberung jener Frau, die eine der faszi-
nierendsten und berühmtesten Frauen des 18. Jahrhunderts gewesen sein
muß, nicht so recht glücklich werden. Die Tage in Metz waren für ihn
nicht der reine Genuß. Wer weiß: vielleicht erschien ihm die Liebe der
Mme de Staël nun doch ein wenig zu exaltiert. Sicherlich war ihm lästig
und peinlich, daß ihm in Metz eine Freundin aus alten Tagen im Nacken
saß: Mme Anthoine, eine Liebe seiner Offizierszeit, mit der er damals
nicht nur geschauspielert, sondern auch eine Ehevereinbarung getroffen
und seinerseits nicht eingehalten hatte und die ihn jetzt mit Rankünen
traktierte. Ganz besonders arg machte Villers aber die Eifersucht Dorotheas zu schaffen.

Dorothea war außer sich: verstört, gereizt, erregt. Die unverhüllten
Rivalitäten zwischen den Frauen, die Villers immer aufs neue in heftigen
Stürmen durcheinanderschüttelten, zwangen diesem eine Entscheidung
auf. (Constant, der eigentliche Begleiter der Mme de Staël, der bald Villers' Freund werden sollte, sah dem Gezerre übrigens amüsiert zu und
war für Villers kein Problem.) Villers kündigte die Abreise an – und zwar
mit Dorothea nach Paris. Verletzt und verärgert kam ihm Mme de Staël
zuvor.

,,Adieu", rief sie ihm zu, ,,warum kommen Sie nicht mit mir? Behalten Sie in
Erinnerung, daß meine Gefühle für Sie durch Sie selbst sich wandeln können, aber
niemals durch mich." (8. 11. 1803)

Villers hatte mehrere Gründe, diese und nicht die entgegengesetzte Entscheidung zu treffen. Nicht zuletzt erschien ihm der Aufenthalt in Paris zu diesem Zeitpunkt für seine Mission besonders wichtig. Aber er traf diese Entscheidung auch, weil Dorothea sie in gewissem Sinne bei ihm durchsetzte. Man könnte Dorotheas Verhalten hier als merkwürdig und fast inkonsequent ansehen, denn schließlich machte sie selbst ja keine Anstalten, ihre Ehe mit Rodde aufzugeben. Dennoch waren die Freiheiten, die sie Villers gewährte, bescheiden. Obgleich dadurch um viele Lebenschancen gebracht, ließ Villers sich offenbar auf dieses rigide Verständnis ihrer beider Beziehung ein. Der Grund war wohl der, daß ihn mit Dorothea eine tiefe Zuneigung verband, die ihn über manche Zumutung hinwegsehen ließ. Das Geheimnis dieses sehr intimen, haltbaren Verbundenseins können wir nicht aufdecken. Gewiß kam auch hinzu, daß Villers ein höchst moralischer Mensch war, der Dorothea Gefühle einer zärtlichen Dankbarkeit entgegenbrachte, an die Dorothea wiederum, wenn es ihr nötig schien, ziemlich rücksichtslos appellierte. Gut fühlte sich Villers angesichts der Beschränkungen, die ihm auferlegt waren, allerdings nicht. Wir sehen es nicht als ausredehafte Entschuldigung an, sondern als Zeichen einer empfundenen Not und als Bitte um freundschaftliches Verständnis, wenn Villers der Mme de Staël am 11. 11. 1803 aus Metz unter anderem folgende Zeilen hinterherschrieb:

„Würden Sie sagen, daß ich zu sehr unter Verschluß stehe, Ihnen zu schreiben? gezwungen mich zu verstecken, zu täuschen! Diese Lebensform entwürdigt mich vor mir selbst und vor der lächerlichen Bitterkeit meines Schicksals. . . . Finden Sie es nicht verwunderlich, daß ich ein Herz vor empfindlichen Schlägen verschone, welches zu leicht zu verletzen ist und welches dieses nicht verdient."

Kein Zweifel: das verletzbare Herz war Dorothea. Das Schicksal, das Villers beklagte, war jenes, das er mit und durch Dorothea erlitt. Er fühlte vielleicht noch das offene, unbefangene und humorvolle Wesen Dorotheas, das wir in ihrer Jugend kennenlernten und das auch in kummervollsten Zeiten nie ganz verlorengegangen ist, er fühlte vielleicht auch eine verzweifelte Suche nach vorbehaltloser Zuwendung, aber er fühlte auch den Panzer, der nicht nur ihr, sondern durch ihre Gehemmtheit auch ihm Bewegungen so schwer machte. Wie golden der Käfig auch gewesen sein mag: daß es jetzt ein Käfig war, worin Villers in seiner Gemeinschaft mit Dorothea lebte, davon können wir ausgehen. Klar ist aber auch, daß Dorothea den Käfig umso fester verschlossen hielt, je stärker sie sich selbst unter dem Druck ihrer Gesamtsituation vereinseitigte und verhärtete. Daß Paradiesvögel am schönsten sind, wenn sie fliegen, war eine Betrachtung, die in Dorothea keinen Platz hatte.

Nicht nur Mme de Staël, auch männliche Freunde vermeldeten immer wieder die enge Gebundenheit, in der Dorothea ihren Villers hielt. Rein-

hard, der ja, wie wir sahen, Dorothea 1803 noch recht freundschaftlich
gegenübergestanden hatte, äußerte sich bald in seiner Korrespondenz mit
Goethe ziemlich kritisch über sie, weil sie Villers so sehr unter „strenge
Zucht" stellte, daß man sich nicht treffen könnte (2. 7. 1807). Auch verglich er Dorothea, wir erwähnten es schon einmal, mit Armida, die in
Glucks Oper den Krieger Rinaldo durch Liebeszauber fesselt und von
dessen Gefährten isoliert:

„Villers kommt nicht, denn er kann nicht kommen; Rinaldo bleibt in den
Armen seiner Armida und wir sind nicht grausam genug, ihm den magischen
Spiegel vorzuhalten. Ist er doch selbst in diesen Banden immer noch der Heiden-
apostel." (19. 4. 1809)

Reinhard scheute sich nicht, seinem Freunde Villers diskret, aber doch
recht gut verständlich, seine Auffassung zu sagen und ihn zu mehr Freiheit zu ermutigen.

„Als Mensch, der nachdenkt, bleibt – ich bin überzeugt – einem nicht nur die
Resignation; als Mensch, der unter der Pflicht der Aufopferung und selbst der
Dankbarkeit steht, das füge ich als Hoffnung hinzu und dazu überrede ich mich
selbst und dazu möchte ich andere überreden, wenden wir es zum besseren, indem
man einer neuen Ordnung der Dinge entgegengeht." (8. 5. 1809; vgl. auch 18. 2.
1809)

Constant, seit Metz mit Villers in immer engerem Kontakt und bald
mit ihm befreundet, sah es ähnlich. Dorothea war zwar nicht unbedingt
Constants Fall, aber seine Briefe an Hochet und Barante, in denen er sich
gelegentlich über Dorothea und Villers ausließ, geben auch kein Vorurteil
zu erkennen und sind insofern als Informationsquelle ebenfalls gut
brauchbar. Constant hatte vor allem in seiner Göttinger Zeit 1811 bis
1814, also in der Endphase der Beziehung zwischen Dorothea und Villers, persönlich mit beiden zu tun. Er beklagte verschiedentlich, daß
Dorothea Villers zu sehr in seinen Außenbeziehungen behinderte, daß sie
ihn zu stark dominierte und daß ihm dies nicht gut bekäme (an Hochet,
16. 8. 1811, 11. 10. 11, 12. 3. 12, 5. 10. 12, 2. 12. 12, 29. 1. 13, 5. 6. 13; an
Barante 20. 3. 1812). Ein Gesamtbild Villers' für das Jahr 1809 vermittelt
uns Rist (62 f.), der ihn damals im Hause Rodde in Lübeck kennen- und
schätzengelernt hatte:

„In diesem Hause, an sein Verhängnis unablöslich gekettet, dem er nicht nur
seine glänzende Laufbahn, die ihm früher überall offen stand, dem er auch seine
Selbständigkeit, einen großen Teil seiner Kraft, seiner Zufriedenheit, seines Rufs
geopfert hatte, lernte ich den edlen, liebenswürdigen, geistreichen Villers kennen
und lieben. Seine Blüte neigte sich schon, doch stand er noch in männlicher
Schönheit und Kraft, deren Früchte aber niemand, auch Deutschland nicht, für
das er zu leben gewünscht, ganz genossen hat... Treu und ritterlich gesinnt,

unerschrocken, doch milde und weich, unnachahmlich als geselliger Freund, ernst
als Forscher, aber gehemmt in jedem Aufschwung freier Tätigkeit durch ein be-
klagenswerthes Verhältnis...''

Viel mehr ist aus unserer Sicht zur Dynamik der Beziehungen, die sich
im Dreieck Rodde/Dorothea/Villers herausbildete, nicht mehr zu sagen.
Uns scheint klar zu sein: Rodde war stark gekränkt und setzte die ökonomischen Daumenschrauben an. Der Krach zwischen Rodde und Dorothea eskalierte. Dorotheas Charakter verhärtete sich. Sie klammerte sich
um so fester an Villers und vereinnahmte diesen. Villers konnte sich ihren
Ansprüchen nicht entziehen und verlor zusehends an Autonomie. Weitere Frustrationen, weitere Kämpfe usw. – eine Beziehungsspirale, die immer weiter hinunterführte ins gemeinsame Unglück.

Äußere Umstände taten ein übriges, um diesen Prozeß zu beschleuni-
gen. 1806, nach der Schlacht von Jena und Auerstedt, wurde Lübeck in
den Strudel der politischen Großereignisse hineingezogen und geriet,
nachdem Blücher die Neutralität der Stadt verletzt hatte, unter französische Besatzung. Villers, der ehemalige französische Hauptmann, konnte
seine Helferqualitäten in neuem Gewand unter Beweis stellen und verteidigte das Haus Rodde, vor allem natürlich Dorothea und die Kinder, mit
dem Degen in der Hand vor Plünderern, während sich Rodde wieder im
Rathaus zugunsten der Stadt betätigte (vgl. die Selbstdarstellung Villers,
1806). Durch die jetzt auch politisch sehr unsicheren Verhältnisse wurden Dorotheas Zukunftsängste auf die Spitze getrieben. Sie drängte Rodde nun noch ungeduldiger, er verweigerte sich noch mehr, zumal ihn nun
bald auch eigene ökonomische Sorgen plagten. Noch näher rückte Dorothea an Villers heran, der noch stärker seinem Verantwortungsgefühl ihr
gegenüber nachgab, zumal er durch exzellente Kontakte zu dem französischen Befehlshaber, Marschall Bernadotte, für die neue Beschützerrolle
gerüstet war.

Insgesamt eine Situation, die das Beziehungskarussell zusätzlich in
Schwung brachte. In den Jahren 1806 bis 1810 muß der ménage à trois
zur psychischen Hölle geworden sein. Die Belastungen, denen speziell
Dorothea in dieser Zeit ausgesetzt war, sind durch den Tod ihrer Eltern –
Mutter Schlözer starb 1808, der Vater 1809 – sicher noch zusätzlich
gesteigert worden. Ob Dorothea jetzt Zweifel am Sinn ihres Lebens kamen? Ob sie beim Tod der Eltern rückschauend an ihren Anfang dachte,
der ihr nun mehr und mehr doch nicht ganz gelungen vorgekommen sein
mag? Wir vermuten es fast. Weihnachten 1809 jedenfalls machte sie, die
ihr Vater zum ,,Anti-Basedow'' gestaltet hatte, ihrem einjährigen Neffen
ein eigenartiges Geschenk, das als Akt der Distanzierung von dem Erzie-
hungsprojekt ihres Vaters interpretiert werden könnte: Sie schenkte ihm
das Basedowsche Elementarwerk. Die handschriftliche Widmung in dem

in der Universitätsbibliothek Göttingen aufbewahrten Buch löst das Rätselhafte, das diese Geste bei aller Interpretation behält, nicht: „Meinem geliebten ersten Neffen Nestor August Ludwig von Schlözer. Weihnachten 1809. Dorothea Rodde Schlözer."
1810 erschien die Szenerie auf einen Schlag wie verwandelt. Am 14. 9. des Jahres mußte Rodde seine Zahlungsunfähigkeit erklären. Schon seit Mitte des Jahres 1808 hatte Lübeck wie die anderen Hansestädte unter einer Wirtschaftskrise gelitten, die durch die Kontinentalsperre ausgelöst worden war. Zahlreiche Handelshäuser waren bereits zusammengebrochen. Nun mußte auch Rodde in Konkurs gehen. Doch mehr noch als die allgemeine Wirtschafskrise lag der Grund für Roddes Ruin allem Anschein nach in seinem Finanzgebaren, das den Regeln umsichtiger Kapitalverwertung gespottet hatte. Rodde hatte falsche Geldanlagen getätigt, er hatte sich aber vor allem in der Rolle des Bankiers von Lübeck, eines großzügigen Helfers der Stadt in den französischen Wirren, gefallen, der er durch den an sich absehbaren Wegfall großer Einkünfte (1810 war der Nießbrauch aus dem Vermögen seiner Kinder aus erster Ehe zu Ende) nicht mehr sein konnte. Luxurierende persönliche Ausgaben taten ein übriges (vgl. Ebel, 29ff.). Die politischen Umstände spielten sicherlich eine große Rolle, aber eben auch die persönlichen Eigenarten, die Rodde in vielen Jahren kultiviert hatte und die jetzt ihren ökonomischen Tribut verlangten.

„Dreißig Jahre der Nachlässigkeit, der Unfähigkeit, zerstörter Phantasiebilder, schlechter Maßnahmen und alles bedeckt mit einem Schleier des Geheimnisses, den er für alle undurchdringlich zu machen verstand."

Dieses war das Abschlußurteil Villers' über den Gemahl seiner Geliebten (zit. nach L. v. Schlözer, 271).
Das Kalkül, das Dorotheas Ehe begründet hatte, war durch Roddes Konkurs zusammengestürzt. Die Hoffnung, die sie vielleicht mit aufrechterhalten hatte, die Hoffnung auf materielle Sicherheit nach seinem Ableben, war dahin.
Dorothea wollte nun weg aus Lübeck. Für sich und ihre Kinder bedang sie sich gegenüber Rodde schriftlich die Residenzentscheidung aus (L. v. Schlözer, 272). Villers bemühte sich im November 1810 um eine feste Anstellung in Göttingen und nahm, als ihm die Regierung des Königs Jérôme Bonaparte (die in Göttingen inzwischen das Sagen hatte) im Januar 1811 den Ruf auf eine Professur für französische Literatur erteilte, diesen an, wohingegen er andere glänzende Anerbietungen, die ihm inzwischen gemacht worden waren, abgelehnt hatte (Reinhard an Goethe, 15. 10. 1810; an Villers 20. 1. 1811; an Oelsner, 15. 2. 1811; vgl. Ulrich, 56ff.). Mit seinem Lehramt wurde Villers das ständige Sekretariat der Sozietät der Wissenschaften verliehen. Im Frühjahr 1811 siedelte sich

Dorothea mit ihren Kindern wieder in Göttingen an. Villers kam dazu (fest allerdings erst im Sommer 1811, weil er sich vorher noch in einem dreimonatigen Pariser Exil vor seinem politischen Verfolger Marschall Davoust retten mußte*).

Hatten nun die Umstände doch noch die Auflösung des Dreiecks und die Verehelichung der Beziehung zwischen Dorothea und Villers erzwungen? Waren die Lebensperspektiven durch den Donnerschlag in Lübeck vollkommen neu geordnet worden? Auch die Gedanken, die sich Dorothea und Villers damals tatsächlich gemacht haben, kennen wir wie so vieles andere nicht. Vielleicht hat die beiden aber nicht nur Nostalgie bewogen, nach Göttingen zurückzukehren. Leidlich durch Villers' Professur abgesichert, könnten sie jetzt doch jene gemeinsame Schriftsteller- und Gelehrtenexistenz ins Auge gefaßt haben, die sie zehn Jahre früher – allerdings mit mehr Schwung und Optimismus – hätten begründen können. Eine Andeutung, daß auch Dorothea mit Göttingen wissenschaftliche Pläne verbunden hat, gibt es jedenfalls in einer von ihr inspirierten Biographie. Ihr neuer Wohnplatz sei, heißt es dort, für sie auch deshalb attraktiv gewesen, weil er ,,ihr zugleich alle zu ihren wissenschaftlichen Beschäftigungen erforderlichen Hilfsmittel im Überflusse darbot" (B. A. 1818b, 64). Falls es so gewesen sein sollte: zur Wissenschaftlerin geworden ist Dorothea in Göttingen dann dennoch nicht. Die Vergangenheit war stärker.

---

* Davoust, der Sieger von Auerstedt, nunmehr General-Gouverneur des Département der Elbmündungen, verübelte Villers seine kritischen Kommentare zum Verhalten der französischen Armee 1806 in Lübeck (Villers 1806). Villers versicherte sich auf Anraten Reinhards der Hilfe von einflußreichen Pariser Freunden.

Das lange Ende

Man könnte den Anfang vom Ende Dorotheas unterschiedlich datieren – entweder schon auf 1810, weil zu diesem Zeitpunkt Dorotheas ehrgeiziger materieller Lebens- und Sicherheitsplan endgültig begraben werden mußte, oder aber erst auf 1815, weil in diesem Jahr mit dem frühen Tode Villers' abrupt ihr „außermaterielles" Leben seine zentrale Stütze verlor. Wir lassen die Frage dieser Datierung, die je nach dem bevorzugten Kriterium unterschiedlich beantwortet werden müßte, offen und verstehen die Zeit vom September 1810 bis Februar 1815 als Übergangsphase. In dieser Zeit hätte Dorotheas Abstieg nicht unbedingt fortgesetzt werden müssen, denn es bestand noch eine kleine Chance zur Neuorganisation der Verhältnisse. Dorothea und Villers haben denn wohl auch, so läßt sich aufgrund der genannten Indizien mutmaßen, nach der ökonomischen Katastrophe von Lübeck an einen Neuanfang gedacht. Dieser war freilich durch die Hypotheken belastet, mit denen die nicht getroffenen Entscheidungen der Vergangenheit in ihre zweite Göttinger Zeit hineinreichten.

Die schwerste dieser Hypotheken war Rodde. Sein Konkurs brachte Dorothea nicht nur um das, was Rodde in die Ehe eingebracht hatte: den Reichtum, sondern gefährdete sogar noch das kleine eigene Vermögen Dorotheas (ihre aufgesparten Geldzuwendungen, ihren Anteil am Schlözerschen Erbe sowie jene Versicherungspolice, auf deren Erwerb Schlözer seinerzeit bei der Eheschließung bestanden hatte). Nach lübischer Rechtspraxis haftete nämlich die beerbte Ehefrau (d. h. die Ehefrau mit Kindern aus dieser Ehe) mit ihrem ganzen persönlichen Sondervermögen automatisch für die Schulden ihres Mannes mit. Dorothea, die diese Praxis als schreiendes Unrecht ansah (zumal die „unbeerbte" Ehefrau freigestellt war), ging gegen ihre Mithaftung vor, wobei ihr der wackere Villers wieder zur Seite stand. Villers war, wie wir wissen, kein Jurist, aber er war doch ein so flammender Anwalt mit damals noch soviel Einfluß, daß er eine Rechtskontroverse vom Zaun brechen konnte, die als die interessanteste bezeichnet worden ist, „die je über das an Zweifelsfragen gewiß nicht arme lübische Recht geführt" wurde (Ebel, 33). Wie auch immer rechtsgeschichtlich interessant: Der Umstand, daß Dorothea und Villers sogar noch darum kämpfen mußten, daß Dorotheas persönliches Vermögen nicht mit im Strudel des Roddeschen Konkurses unterging, war für die beiden nicht nur empörend und äußerst strapaziös. Es wird ihnen auch sinnfällig vor Augen geführt haben, wie riskant in Wahrheit ihr so

*Dorothea im Alter. Nachempfundene Zeichnung
von Karl von Schlözer Juni 1868*

sehr auf Sicherheit gerichtetes Verhalten gewesen war, mit dem sie sich
selbst und Rodde mediatisiert hatten.

Da in dem Streit um die Rechtmäßigkeit der Zugriffe der Konkursgläu-
biger Roddes auf Dorotheas Vermögen für letztere im Grunde doch
nichts zu gewinnen war (Ebel, 34–36), mußte sie einem Vergleich zustim-
men, dessen Details heute nicht mehr bekannt sind. Jedenfalls war dieser
Vergleich durch ihre reichen Stiefkinder erleichtert worden, die Dorothea
in dem schon ausführlich zitierten Bittbrief um Hilfe angefleht hatte und
die sie tatsächlich (teilweise?) auslösten. Jedenfalls blieb Dorothea nach
diesem Vergleich ein kleines Vermögen – und eben jene Versicherungspolice, die dem Vater so wichtig gewesen war und die Dorothea nun
wohl als ihr letzter Wechsel auf eine Zukunft ohne materielle Not erschienen ist. Ein Wechsel freilich, der zunächst bedient werden mußte:
Dorothea mußte die hohen Versicherungsbeiträge anstelle Roddes nun

immer selbst aufbringen. Es ist eine doppelte Ironie des Schicksals, daß Dorothea und Villers sich nun wiederum abmühten, sich in der Gegenwart zugunsten der Zukunft einzuschränken, und daß es wieder, ein zweites Mal, so kam, daß Dorothea die Frucht ihrer Beharrlichkeit, die Versicherungssumme, nie ernten konnte. Doch damit greifen wir den weiteren Ereignissen schon vor.

Mehr noch als durch die finanziellen Sorgen, die nun nicht mehr von seinem Reichtum, sondern von seiner plötzlichen Armut ausgingen, war Rodde wohl als Person eine schwere Hypothek für Dorothea und auch für Villers. Mit einer Zeitverzögerung von anderthalb Jahren kehrte die Vergangenheit in der Figur Roddes ganz direkt in das Leben der beiden zurück. Rodde war, anders als es die „geschönte" Literatur haben will (L. v. Schlözer, 272; B. A. 1818b, 64; Doering 1827, 820), nicht sogleich beim Wechsel nach Göttingen im Frühjahr/Sommer 1811 mit von der Partie gewesen, und schon gar nicht war die Übersiedlung in der Weise verlaufen, daß die „Familie" Rodde nach Göttingen ging und Villers sich irgendwie anschloß. Rodde folgte Dorothea und Villers mit großem zeitlichem Abstand – vermutlich war es Ende 1812 – nach Göttingen, um das gemeinsame Leben wieder aufzunehmen. Dieses folgern wir aus den Briefen des gut informierten Constant, der seit 1811 regelmäßig aus Göttingen berichtete, aber erst am 2. 12. 1812 auch Rodde erwähnte: „M. Rodde ist angekommen um sich mit seiner Frau zu vereinigen." (An Hochet) Das war schon ziemlich eindeutig. Am 5. 6. 1813 taucht Rodde ein zweites Mal in Constants Briefen auf, und zwar in noch klareren Worten: „... die Ankunft von M. Rodde, der gekommen ist, um sich als Dritter ins Spiel zu bringen ..." (an Hochet). Ende 1812 war also aus dem Paar nun wohl doch wieder das alte Dreieck geworden.

Wir wissen nicht, warum Dorothea und Villers das Wiederaufleben der alten Beziehungskonstellation zugelassen haben: War es Mitleid für den gestürzten Mann? Meinte sie sich in dem Greis ein Unterpfand für das künftige Wittum zu erhalten? War es Rücksicht auf die Kinder (eventuell nur auf die reichen Kinder Roddes aus erster Ehe, deren Hilfe man vielleicht wieder einmal in Anspruch nehmen mußte)? War es Sorge vor gesellschaftlicher Verurteilung? Wir müssen die Frage nach den Motiven offenlassen. Die Folgen, die das Hinzukommen Roddes für die beiden hatte, kennen wir freilich sehr genau. Dorotheas und Villers' Leben wurde von nun an noch schwieriger, denn Rodde war nach dem Lübecker Sturz in einen moralischen und körperlichen Zustand hineingeraten, der das Zusammensein mit ihm zur Tortur machte.

Roddes Persönlichkeit, die, wie wir wissen, schon früh Verfallserscheinungen aufgewiesen hatte, wurde durch die ökonomische Katastrophe offenbar endgültig zerstört. Die Begriffe, in denen Augenzeugen aus den Jahren nach 1810 Rodde beschrieben haben, sind eindeutig. Rodde wurde als schwacher, haltloser, trübseliger, wehleidiger, quälender Mann beschrieben. Karl von Schlözer, Dorotheas Lieblingsbruder, somit Roddes Schwager, sagte 1814 über ihn, Rodde habe ihm „auch schon vorgeheult". Karl Sieveking, kein Verwandter, aber durch Familienfreundschaft mit dem Hause Rodde verbunden und häufig in Göttingen bei Dorothea zu Gast, gab eine noch vernichtendere Beschreibung:

„Der alte Rodde ist für sein Haus ein Vampir der Langeweile. Die heulende Jämmerlichkeit des Spießbürgers, der nie ein gesundes Gefühl gehabt hat und in der Welt nichts verehrt, als den Schwiegersohn des Bürgermeisters Petersen, ist wirklich unausstehlich schon für Fremde. Daß aber diejenigen, welche mit ihm an eine Galeere geschmiedet sind, nicht halb verrückt werden, ist mir unerklärlich." (Vgl. Poel 1887, 1773 ff.)

Halb verrückt sind sie wohl nicht geworden, aber gelitten haben sie anscheinend doch so sehr unter dem zerstörten Mann und dem von ihnen selbst ja mitinszenierten Leben auf der Galeere, daß, so scheint es uns, in diesen Jahren die Substanz ihrer Lebenskraft schwächer und schwächer wurde.

Dabei dürfen wir, wie schon vorher, die Ursache des Leidens, das sich damals im Hause Rodde-Villers ausbreitete, ausdrücklich nicht allein bei dem alten Rodde suchen. Die Vergangenheit überkam Dorothea und Villers auch von innen her. Sie steckte in ihnen selbst, weil frühere Ereignisse in ihren Persönlichkeiten Wunden gerissen hatten, die immer noch schmerzten und die, immer aufs Neue aufgestoßen, nicht mehr verheilen konnten.

Dorothea, tief gekränkt und äußerst gereizt, schützte sich, indem sie sich weiter abschottete. Sie wurde noch härter und noch sturer im Verfolgen der Linien, die sie als die richtigen ansah. Constant entdeckte an ihr bald „nur gradlinigen Geist", die Gewohnheit, „nicht über die eigene Nase hinauszusehen, nie zur Seite zu blicken" und sich selbst nur für verstanden anzusehen, wenn sie ständig redete (an Barante, 20. 3. 1812). Rodde, früher als Herr des Geldes für sie wenigstens in der ökonomischen Dimension interessant, war nun nur noch ein Trottel. Er wurde als Pflegeobjekt behandelt, wenn Dorothea sich nicht gerade über ihn ärgerte und ihn deshalb zurückstieß.

In Dorotheas Verhältnis zu Villers wurden, ganz entsprechend der alten „Familien-"Konstellation, die instrumentellen Elemente um so stärker, je belastender Rodde für sie wurde. Sie packte Villers an seinem Pflichtbewußtsein und manipulierte ihn damit offenkundig in einer Weise, die sogar Außenstehenden unangenehm auffiel und ihr eigenes zugrundeliegendes Unglück für diese unsichtbar machte. Dorothea wurde ihrem Vater recht ähnlich.

„Mme Rodde", schrieb Constant am 2. 12. 1812, nach der Wiedervereinigung der Roddes, „zieht perfekt Nutzen daraus, dominiert den einen, stößt den anderen zurück, und geht ihren Weg mit Barschheit, Sorglosigkeit und Selbstzufriedenheit". (An Hochet)

Villers wiederum, durch sein übertriebenes Pflichtgefühl oder was auch immer in dieses Leben verstrickt, welches ihn nicht ausfüllen und befriedigen konnte, gab sich seinem Schicksal nun endgültig hin, statt sich dagegen aufzulehnen.

War somit schon durch die Vergangenheit eine Fülle von Belastungen gegeben, so kamen noch weitere Umstände hinzu, die unabhängig von der ganzen Vorgeschichte das bleierne Gewicht erhöhten, das auf allen lastete. Persönliche Sorgen waren dies, veranlaßt durch die Krankheit der ältesten Tochter Auguste, deren Lungenleiden sich schon 1812/13 ankündigte (L. v. Schlözer, 283; Meyer an Villers, Jan. 1813), ferner – zum selben Zeitpunkt – durch das Schicksal von Villers' Bruder und dessen Familie, die in den mörderischen Rückzug Napoleons aus Rußland geraten waren und teilweise jämmerlich umkamen (Constant an Hochet, 13. 1. 1813, 21. 1. 13, 7. 4. 13). Auch seine Arbeit ließ Villers unausgefüllt. Er konnte sich mit einer Professur für Französische Literatur in Göttingen nicht richtig anfreunden. Er, der sich längst mehr als Deutscher denn als Franzose fühlte, hatte sich schließlich zur historischen Mission erkoren, der französischen Nation die deutsche Kultur nahezubringen und nicht deutsche Studenten in die französische Literatur einzuführen. Seine neue Tätigkeit beanspruchte Villers andererseits aber so sehr, daß sie ihn hinderte, sich den Dingen zuzuwenden, die ihm als die eigentlich wichtigen erschienen. Er war zutiefst unzufrieden mit ihr (Constant an Barante, 20. 3. 1812; an Hochet, 2. 12. 1811, 12. 3. 12, 12. 6. 12).

Rodde, dem der Kontakt zur Realität in hohem Maße abhanden gekommen war, konnte die neue Situation nicht mehr viel anhaben. Dorothea dagegen litt. Ihre Reaktionsweise aber war die des ,,Augen zu und durch". Äußerlich gesehen jedenfalls blieb sie ungeheuer stark und scheinbar unbeeindruckt von allen Tiefschlägen des Schicksals. Villers dagegen reagierte auf das Konglomerat aus alten und neuen Belastungen äußerst sensibel. Das berichteten die Augenzeugen, und dies sollte der weitere Gang der Entwicklung auf fatale Weise bestätigen.

Der Villers der Jahre 1811 bis 1813 wird nicht mehr allein als gut, liebenswürdig, nobel beschrieben, sondern vor allem als traurig, enttäuscht, entmutigt, unsicher, gelangweilt, krank. Aus dem strahlenden Liebhaber Dorotheas und dem eifrigen Apostel Deutschlands, der in seinem begeisterten Lied auf seine neue Heimat zugleich auch seine Geliebte besungen hatte, war der geduckte Hausfreund und griesgrämige Professor geworden, der sich unter der Last des von ihm selbst als quälend und trübsinnig empfundenen Lebens dahinschleppte. Constant, der diesen Wandel miterlebt hatte, sprach von einem physischen und moralischen Siechtum und schrieb den Freunden Barante und Hochet erschüttert, sie würden Villers, falls sie ihn zu sehen bekämen, nicht wiedererkennen.

„Er ist unzufrieden mit dem Klima, mit seiner Lebensweise, mit seiner Unterbringung, mit seiner Nahrung, mit seiner Unterhaltung, mit seiner Gegenwart und seiner Zukunft." (An Barante, 20. 3. 1812) „...ich bin ganz traurig, diese Metamorphose oder besser dieses Dahinsiechen zu sehen, und es beunruhigt mich ebenso wie es mich betrübt." (An Hochet, 5. 6. 1813, ferner 11. 10. 1811, 12. 3. 12, 5. 10. 12, 29. 1. 13, 7. 4. 13)

Hatte sich angesichts der geschilderten Umstände der Neubeginn, den Dorothea und Villers vielleicht nach Lübeck noch erhofft hatten, bald als illusionär erwiesen, so waren es die neuen politischen Erschütterungen, die nun das endgültige Ende ihrer gemeinsamen Möglichkeiten brachten. Noch einmal griff die große Geschichte in die Biographien unserer Personen ein, und mit den lebensgeschichtlichen Konsequenzen, die dieses hatte, war dann auch das lange Ende Dorotheas endgültig eingeläutet.

Nach der sogenannten Völkerschlacht bei Leipzig, die vom 16. bis 19. Oktober 1813 wütete, brach das Napoleonische System zusammen. Mit ihm hörte Ende des Jahres Jérômes Königreich Westphalen auf zu existieren. Göttingen unterstand nun wieder einer kurhannoverschen Regierung, die schnell daranging, den Beamtenapparat von Personen zu säubern, die als durch die westphälische Zeit belastet angesehen wurden. Auch Villers traf ein negativer Entscheid.

Nicht mehr als Professor, sondern als „ehemaliger königlicher französischer Kapitän" tituliert, wurde er in einer königlichen Verfügung vom 27. 3. 1814 seiner Göttinger Ämter enthoben und unter Zubilligung eines Ruhegehalts des Landes verwiesen (vgl. ADB 39. Bd., 212 ff.; B. A. 1818 c, 66 ff.; Isler, IX f.; Ulrich, 61 ff.; L. v. Schlözer, 289 ff.). Villers war ins Mark getroffen. Er fühlte sich nicht mehr als Franzose, sondern in kultureller und auch in rechtlicher Hinsicht als Deutscher.

„Ich bin", rief er aus, „naturalisierter Deutscher durch das Recht, weil ich Bürger Bremens geworden bin (Bremen hatte Villers in der Tat 1809 die Ehrenbürgerschaft verliehen; d. Verf.); ... mein Herz ist ganz und gar deutsch ... Die deutsche Kultur, von der ich durchtränkt bin, läßt mich dort (in Frankreich; d. Verf.) mehr zum Fremden werden als 22 Jahre tatsächlicher Abwesenheit." (Brief an Hann. Reg., 2. 4. 1814)

Er sah sich durch die Verfügung durch und durch falsch zugeordnet. Mehr noch aber fühlte er sich zutiefst ungerecht behandelt. War er nicht seit fünfzehn Jahren der lebhafteste und überzeugendste Anwalt der deutschen Kultur gewesen? Hatte er nicht schon vor acht Jahren gegen die französische Besatzung und für das deutsche Lübeck praktisch und öffentlich mutig Partei ergriffen? Hatte er nicht zu westphälischer Zeit seinen damaligen Einfluß in Kassel geltend gemacht und viel Schaden von der Göttinger Universität und ihren Mitgliedern abgewendet (Villers 1808)? Sollten all diese Taten nun plötzlich nicht mehr zählen? Hatte er sich gar so sehr im deutschen Wesen geirrt?

Villers stand nicht allein. Der Beschluß der Hannoverschen Regierung erregte ungeheures Aufsehen in weitesten Kreisen, die vom Freiherrn vom Stein bis Mme de Staël reichten (letztere war edel genug, ihren alten Freund nicht zu vergessen). Gleichwohl wurde Villers nicht mehr in seine Ämter eingesetzt, wenn man ihm auch die Pension erhöhte und wenigstens die Verbannung aufhob.

Die Ursachen für die Feindschaft, die die Betreiber seiner Entlassung gegenüber Villers genährt haben müssen, und die Gründe für ihren offenen Ausbruch, für die Durchsetzung der Entlassung, sind heute nicht mehr im einzelnen zu rekonstruieren. Nachdenklich stimmen aber sollte uns dieser Teil der Geschichte. Villers war 1814 alles andere als ein Nichts. Er konnte mit viel Recht auf seine Verdienste verweisen, und er besaß neben seinen Feinden auch sehr viele treue Freunde, Verehrer und Förderer. Was könnten die Motive dafür gewesen sein, sich trotz der ihm verbliebenen Stärke mit ihm anzulegen? Warum konnten die Attacken gegen ihn erfolgreich sein?

Man weiß, daß Villers' Hauptgegner in Hannover der einflußreiche Geheime Kabinettsrat August Wilhelm Rehberg gewesen ist. Dieser hat ein Jahrzehnt später sein Verhalten mit den Worten begründet:

,,Das seiner (Villers', d. Verf.) Nation eigentümliche Talent, alles was sich in ihren Wirkungskreis ziehen lassen will, nach eigenen Angaben zu modeln, welches bei diesem ausgezeichneten Manne noch durch mannigfaltige Verbindungen unterstützt wurde, hätte in der Stelle, in die er eingetreten war, nicht leicht auf eigne literarische Tätigkeit beschränkt werden können. Durch die Fortdauer des ihm von der westfälischen Regierung zugleich mit dem Lehramte verliehenen beständigen Sekretariats der Sozietät der Wissenschaften wären die wohl begründeten Ansprüche anderer sehr verdienter und berühmter Männer gekränkt." (Rehberg, 51)

Nach Einsicht in die Briefe Rehbergs an den Grafen Münster, den Minister für Hannoversche Angelegenheiten in London, aus dem Jahre 1814 ist aber unser Verdacht gestärkt, daß mehr hinter der Entlassung Villers' steckte als die allgemeinen antifranzösischen Empfindungen, die die zitierten Sätze zum Ausdruck bringen, und die gleichfalls artikulierte Sorge, ein Mann wie Villers könne in seinem Lehr- und Sektretariatsamte zu viel Einfluß ausüben. Villers, schrieb Rehberg am 11. 7. 1814 an den Grafen Münster, sei in Göttingen eine ,,public nuisance" geworden. In Göttingen gäbe es keinen Professor, der nicht ,,höchst erfreut" wäre,

„seiner lästigen Intrigen loszuwerden". Warum man Villers in Göttingen nunmehr angeblich als öffentliches Ärgernis und üblen Intriganten empfunden hat, sagte Rehberg nicht genau. Aber er machte doch Andeutungen, und in diesen tauchte nun interessanterweise Villers' Beziehung zu Dorothea auf. Es blieb bei Anspielungen in diesem Denunziationsbrief, aber diese, das versteht man schon, zielten auf den Lebenswandel.

„Mme Rodde – Frau von Stand – Zarfürstin Catharina, die, wie er sagt, in der langen Konferenz mit dem Regenten seine Angelegenheiten vorgetragen hat (offenbar hatte sich Dorothea gegenüber dem Regenten für Villers verwendet; d. Verf.) – hat er nicht auch eine causa acerrime (?) belli für sich ... (unleserlich) aufmarschieren lassen?"

Muß man solche Worte nicht als Anspielung auf den Lebensstil Dorotheas und Villers' verstehen? Kommt hier nicht die Ablehnung einer Lebensweise zum Ausdruck, die, so konventionell sie der Absicht nach in vielen Punkten gewesen sein mag, doch in wichtigen Punkten eben gegen die Normen stand, die sich immer fester etablierten? Ist hier nicht so etwas herauszuhören wie „Hochmut kommt vor dem Fall"? Jetzt jedenfalls, man spürt die Genugtuung, war die Jagd freigegeben. Und es ging wohl nicht nur um die Eliminierung Villers'. Auch jene Frau sollte getroffen werden, die ihren hohen gesellschaftlichen Status nicht nur durch Herkunft und Heirat, sondern auch durch ungewöhnliche Bildung errungen hatte und deren vieljährige Lebensgemeinschaft mit zwei Männern das willkommene Aperçu war, um sie hämisch zu einer zweiten Katharina II., zu einer Frau, die ihr Umfeld durch ihr aufklärerisches Gehabe und ihre erotischen Passionen prägt, zu machen. Der konservative Rehberg war Göttingen durch Studium sowie wissenschaftliche Kontakte verbunden (und übrigens ein Bruder des Malers, der Dorothea als junges Mädchen in Rom porträtiert hatte). Mag sein, daß über ihn die Enge des Denkens, die es unter den Professoren dieser berühmten Universität und unter deren Gemahlinnen sicher auch gegeben hat, auf Villers und damit auch auf Dorothea durchschlug. Möglicherweise drückte Rehberg Abneigungen aus, die allgemein schon früher virulent gewesen waren und jetzt erst unverhüllt an die Oberfläche traten. Vielleicht auch war das Pendel schon wieder so weit in konservativer Richtung ausgeschlagen, daß nicht einmal mehr für eine Lebensgestaltung wie die Dorotheas und Villers' Platz war, die ja keineswegs durchgängig abweichend, sondern in vielerlei Hinsichten eher sogar brav gewesen ist.

Wie auch immer: Villers kam nicht mehr in seine Ämter zurück. Die neuen Kränkungen, die ihm die ganze Affäre zugefügt, die Anstrengungen, die sie ihm abverlangt hatte, gingen über die Kräfte des ohnehin angeschlagenen Mannes. An Leib und Seele aufgerieben, starb Villers am 26. 2. 1815. Dorothea, erschüttert, rief dem vergangenen Freunde nach:

Ernstes Schweigen umfängt ewig die hohe Gestalt.
Nimmer wohl spülen die Wellen der Zeit den teuren Namen,
Nimmer die Liebe hinweg, die Dich den Freunden verband!
Trüben Sinnes schauen sie Dir nach; doch höherer Mut schwellt
Jegliche Brust, wie Du edel zu handeln und groß.
Dein sei, was sie vollbringen durch Dich, bis ein ernstes Geschick sie
Durch die Pforten der Nacht leitet zum ewigen Glanz!
(Zit. nach L. v. Schlözer, 292)

Der Glanz der Sternschnuppe, der so raumgreifend mit dem Aufstieg der klugen jungen Frau begonnen hatte, verschimmert bleich in der Düsternis der letzten zehn Jahre Dorotheas. Dennoch leuchtet zu uns noch der warme Schein der Gefühle für ihre Kinder herüber, springen sogar noch letzte glitzernde Funken ihres Humors. Die Tapferkeit und Zähigkeit, mit denen sie dieses Martyrium ausstand, fordern Respekt.

Jene Vorstellung des alten Schlözer, daß einer gut ausgebildeten Person im Alter der Trost der Wissenschaften zugute kommen würde (L. v. Schlözer, 31), ist bei Dorothea so wenig in Erfüllung gegangen wie letztlich alle anderen Absichten, die der Vater mit Dorotheas Erziehung verfolgt hatte. Auch die ausgefeiltesten Pläne haben ihre Grenzen, zumal wenn sie die eigenständige Neudefinition von Zwecken mit Hilfe von Gefühl und selbstreflexiver Bewertung der inneren und äußeren Realität ausschließen. Dorothea erfuhr dies mit aller Härte in ihren letzten Lebensjahren – und sie erkannte es wohl auch.

Wir wissen über ihre späte Zeit aus 19 Briefen, die sie von 1818 bis 1825 hauptsächlich an ihren Lieblingsbruder Karl und dessen Frau Friederike in Lübeck geschrieben hat (vgl. Briefverzeichnis, Briefe vom 9. 11. 1818 bis 7. 7. 1825). ,,Meine Briefe sind Klagelieder", so hat sie sie selbst charakterisiert (an Karl, 13. 12. 1824). Geld, Krankheit und Tod waren die ihr nun immer wieder aufgezwungenen Themen.

Den größten Raum nahmen die Geldsorgen ein. Dorothea hatte zwar mit Mühe ihr kleines Vermögen behalten, und dies reichte für den Lebensunterhalt und die Unterbringung aus (man wohnte in der Geismarstraße im ,,Keidelschen Haus", welches Dorothea mit Hilfe von Hypotheken erworben hatte und unter Verwendung von Mietzinsen abbezahlte). Aber alle größeren Sonderposten, vor allem die jährlichen Zahlungen für die bewußte Versicherungspolice und zum Beispiel auch die Kosten für den standesgemäßen Unterhalt des Sohnes Ludwig während der Ausbildung, lasteten so schwer auf ihrem Budget, daß sie oft nur durch die finanzielle Hilfe von Karl von Schlözer bestritten werden konnten. Ohne Zweifel waren in den meisten Fällen die mehr oder weniger verschlüsselte Bitte um Geld und die Regelung sonstiger Geldangelegenheiten Anlaß für das Briefeschreiben. Die damit verbundenen Berichte über Krankheit

Dorothea Schlözers Haus in der Geismarstraße

und Tod sowie die Selbstreflexionen Dorotheas geben jedoch noch einmal einen letzten, neuen Blick auf ihr Wesen frei.

Sie selbst hatte schon seit dem Jahr nach Villers' Tod gekränkelt.
Schrieb sie auch 1818 „nun bin ich wieder ganz wohl und gesund", so
hieß es doch einen Monat später schon, sie hätte „Fließfieber", einen
Bruch und wohl noch etwas anderes:

> „Mein ... (unleserlich) Übel ist wieder da, bei Mangel an Anregung kann mich
> nichts gesund machen ..." (an Friederike, 9. 11. 1818)

Zu allem Überfluß fing nun auch Auguste wieder an zu husten, Dortchen hatte „Ohrenzwang" und eine „Drüsengeschwulst", Rodde wurde
„täglich an Geist schwächer" und war dazu „ganz taub" (9. 11. 1818).
Während sich Dortchen erholte, verschlimmerte sich Augustes Zustand

schubweise. In einem erschütternden Brief berichtete Dorothea über Augustes Tod; zusammen mit Dortchen hat sie offenbar das todkranke Mädchen begleitet und aufopfernd gepflegt (an Friederike, 29. 10. 1820). In der Trauer um Auguste sagte sie ein halbes Jahr nach deren Tod:

> „Lieber Karl, ich muß viel durchmachen. Zuweilen kann ich fast nicht mehr. . . . Mein Kopf wird schwach und albern von allem Gram." (30. 1. 1821)

Aber sie mußte noch können, mußte trotz allem den Kopf oben behalten. Vielleicht hat sie sich in der Zeit danach erholen können. Aber der nächste Schlag folgte, eineinhalb Jahre später. Ihr Sohn Ludwig erlitt im August 1822 den ersten Blutsturz und ist relativ schnell, kein ganzes Jahr danach, fern von zu Haus in Schwerin, an seinem Ausbildungsort, gestorben. Möglicherweise traf deshalb sein Tod Dorothea trotz der Vorzeichen doch unerwartet. Während sie in einem Brief vom Mai 1823 die Regelungen nach Ludwigs Tod mit der düstern Feststellung „Alles stirbt!" beschloß, hatte sie im März desselben Jahres noch mit unglaublicher Heiterkeit von einem Tanztee in ihrem Hause berichtet. Der Brief ist es wert, in Auszügen wiedergegeben zu werden, denn er zeigt, wozu Dorothea fähig war, wenn sie es vor sich selbst vertreten konnte, zur Realität zu stehen. Sie versteckte nicht, daß sie kein Geld hatte, und machte auf bezaubernde Weise das Beste daraus:

> „. . . Die Gemächer waren mit Sparöl in Lampen und einigen Wachslichtern . . . erleuchtet. Kühleborn war der Bonifacius der Gesellschaft, der Brunnen wurde scharf angepumpt, um den Gästen reichlich Tee und Punsch und Mandelmilch zu verschaffen, Wein und Bischof schlichen sich verstohlener Weise auf das Teebrett. – Wind mußte sein Bestes tun, um die Zitronengläser zu füllen, welche zur Kühlung, statt des Eises, den Tanzenden gereicht wurden, die sich mit dem Fortepiano und Dortchens Fingern (welche 1 1/2 Stunde den Cotillon spielte) statt eines vollstimmigen Orchesters begnügten . . . Das Ameublement, seit dreißig Jahren nun verbraucht, ganz geeignet in Don Ranudo di Colibrados mitzuspielen, war gehörig ausgeflickt, und einiger Lappenstaat statt wollner Draperien vor den Fenstern. 150 Zitronenmusgläser und 80 Weingläser schlechtester Sorte waren für zwei Stüber das Dutzend gemietet. Ein kleiner Betteljunge öffnete 2 stattlichen, mit großen Teebrettern aus- und eingehenden Mietlakaien die Türen. . . . Um 1 Uhr ging die Gesellschaft auseinander, nachdem 7 Tänze abgetanzt waren, und mein Tee ward ein Ball oder gar eine fête gescholten: es schien wirklich, als habe man sich amüsiert." (An Friederike 3. 3. 1823)

Man kann nachvollziehen, daß die Gäste begeistert waren, und versteht recht gut, warum Dorothea in diesem Winter wieder so viel eingeladen gewesen war, daß sie „keinen Abend fast zu Haus" verbrachte. Es sieht so aus, als hätte sie bewußt noch einmal ein richtiges Fest geben wollen. Aber ihre Kräfte nahmen ab, der Tod griff mehrfach in ihrer Umgebung zu, und sie fühlte ihr eigenes Ende nahen. ,,Übers Jahr, wenn wir leben, gibt es wieder so einen Tee.''

Und so kam dann auch kurze Zeit später der Tod Ludwigs. Rodde hatte inzwischen Gicht. Sie selbst, deren Augen trotz Brille schon lange nicht mehr recht getaugt hatten, konnte nun ,,fast nichts mehr sehen'' (an Karl, 26. 5. 1823). Bald zeigte dann auch Dortchen Anzeichen der heimtückischen Krankheit.

Dorothea überwand ihren Widerwillen, sich Geld für eine aufwendige Reise zusammenzuborgen, und reiste mit ihrer Tochter zur Kur nach Bad Ems. Auch in den Briefen von dort werden Niedergeschlagenheit und Verzweiflung immer wieder durchbrochen durch aufflackernde Hoffnung, durch bewußten Genuß dessen, was noch geblieben war. Sie fühlte sich manchmal ,,ganz gesund'', erquickt von der ,,göttlichen Gegend'', ergötzt von ,,der großen schönen Natur''. Haben wir es hier noch mit der alten Tochter Schlözer zu tun? Dorothea konnte Elend, Trauer, Selbstdisziplin und Humor zusammenbringen, konnte trotz allem noch scherzen (vgl. an Karl 8. 8. 1824). Man fühlt, daß sie sich mit diesen Berichten selbst Mut zum Leben zusprach.

,,Nun stell Dir vor, ich muß immer heiter vor Dortchen erscheinen, sie immer aufrichten ...'' (1. 9. 1824)

Die Tage in Bad Ems waren gezählt. Die Ärzte erklärten unumwunden, daß auch Dortchen stürbe, wenn sie nicht mit ihr in den warmen Süden reiste. ,,Was man mir in Göttingen anriet, ist hier zur ernsten Weisung geworden.'' (An Karl, 1. 9. 1824) Nun galt es, diese ,,fürchterliche Reise'' zu unternehmen mit Sack und Pack, Dortchen, Rodde und einer Bedienten.

,,Ihr Lieben habt keinen Begriff von meinem Elend, ich begreife zuweilen selbst nicht, wie ich es aushalte.'' (An Karl, Okt. 1824) Aber auch: ,,Ich suche alles auf, um den Kopf oben zu behalten, denn sonst wird die ganze Reisegesellschaft wie Fallstaffs Wachtparade.''

Erst jetzt und ganz allmählich begann ihr zu dämmern, daß es die Weichenstellungen in ihren ersten Lebensjahrzehnten gewesen waren, die ihr ganzes weiteres Leben bestimmt hatten. Sie begriff, daß sie für ihre Mühen nicht die Anerkennung würde erlangen können, die ihr Vater genossen hatte und die dieser auch für sie zu planen versucht hatte. Die Tatsache, daß die Trauben, die sie und Dortchen in Trier zur Kur gebrauchen wollten, im Jahr 1824 nicht recht reifen wollten, nahm sie zum Anlaß für die Feststellung: ,, ... es gibt gar keine Weinlese, ..., und so geht es mir mit allem.'' (An Karl, Okt. 1824)

Sie hatte nun das Gefühl, erst jetzt dem Ende ihrer ,,Lehrjahre'' nahe zu sein. An Karl schrieb sie die bezeichnenden Sätze:

Dorotheas letzte Notizen

„Ich bin einmal von Geburt an in La Trappe gewesen und muß ausdauern, die Asketen in der Thebaide können nicht mitsprechen wie ich, und die albernen Betbrüder in Lübeck werden erst in die Schule geschickt. Dann hoffe ich, bin ich fertig mit meinen Lehrjahren!" (11. 9. 1824)

Nun war es heraus. Sie hatte erkannt, was mit ihr geschehen war: Radikal planender Gestaltungswille hatte sie in die Falle gesetzt. Ihr ganzes Leben erschien ihr nun als Lehre. Das zeigt vielleicht auch einen Sinn für die Wiederholungen an, die sie sich selbst immer wieder angetan hatte. Was ihr blieb, sie wußte es, war nur noch, um das Leben ihres letzten Kindes zu kämpfen.

Auf der Reise und während des Aufenthaltes in Marseille setzte sie
trotz ihrer eigenen Leiden noch einmal alle ihre Fähigkeiten ein, um nun
diesen ihren Zweck zu verfolgen. Nicht Kalkül oder Konvention konnten ihr die schwierige Reise abverlangen, nur, sie sagte es selbst, innere
„Pflicht". Sie organisierte Darlehen für die Hin- und Rückreise, für das
tägliche Leben in Marseille. Sie pflegte dort Dortchen, hielt alles von ihr
fern, was die „Nerven" hätte angreifen können, war „der Packesel für
alle" (an Karl, 15. 2. 25). Sie, die früher, ganz wie ihre Mutter, eine Neigung zur Korpulenz gezeigt hatte, wurde nun „ganz mager", „wie ein
Windhund", „ein Stock", „denn ich gehe viel herum, muß alles selbst
einkaufen, da Marie kein Französisch kann." (An Caroline Meister, 23. 3.
1825)
Aber auch gar nichts schien ihr mehr unüberwindlich, als Dortchen
dann doch genesen und durch wundersame Fügung zur „verliebtesten
Braut" geworden war. Ein schöner, charmanter, scheinbar vornehmer
und reicher französischer Witwer hatte sich beharrlich um sie bemüht
und ihr fast zu Füßen gelegen. Auch wenn Dorothea sich nun ganz in den
Begriffen der neuen Liebesauffassung ausdrückte und entzückt vom
„Zwitschern der Küsse" sprach, blieb sie doch mit einer gewissen Ironie
auch bei sich, wie sie früher war: „Ihr Teuren werdet mir zugeben, daß
diese Fügung sehr romanhaft ist ..." (an Karl und Friederike, 15. 2.
1825).
Vor allem aber war das alles „für Dortchen ganz herrlich". Dorothea
genoß das Glück ihrer Tochter mit. Die Zeugnisse aus ihrer allerletzten
Zeit lassen verstehen, was Villers gemeint hatte, als er einmal gesagt hatte,
man müßte sie in der Umgebung ihrer Kinder sehen, um sie zu kennen.
Ihr eigener Lebensmut, der immer noch nicht ganz verwüstet war, gab
ihr noch einmal neue Pläne ein, ganz bescheidene: Sie erwog, ihre Veran-
kerungen in Deutschland zu lösen und in der Nähe ihres letzten Kindes
in Frankreich zu leben.

„Ich werde alles verkaufen und meinen Stab in die Hand nehmen, um meine
Enkel dereinst auf meinem Schoß zu wiegen." (15. 2. 25)

Als das Verlöbnis den engeren Verwandten und Freunden mit über-
schwenglichen Worten schon mitgeteilt worden war, entpuppte sich der
französische Bräutigam als Bigamist. Es ist eine letzte tragische Wendung
in Dorotheas Schicksal, daß sie sich in diesen letzten Monaten der Sorge
um die Zukunft ihrer Tochter weitergehend von ihrem Gefühl leiten ließ,
als sie es in der Gestaltung ihres eigenen Lebens getan hatte – und auch
damit scheiterte. Enttäuschung und Scham warfen sie zu Boden, die
Krankheit griff nach ihr.
Schon nach dem Lübecker Sturz hatte sie gesagt, dies wäre das Ende
der „ehemals glücklich gewiegten Dorothea Schlözer, deren Vater durch

die Art und Weise, wie er sie erzog, eine wenigstens sorgenlose Lage für sie zu erreichen glaubte" (Brief an Frau Thilebein, 16. 3. 1811). Vierzehn lange Jahre hat dieses hart durchkämpfte Ende gedauert.

Mehr als je zuvor erschien ihr nun der Tod als Erlösung. Er kam auf der Rückreise in Avignon.

Literaturverzeichnis

Abray, Jane: Feminism in the French Revolution, in: The Historical Review, 1975, S. 43 ff.

Ahrberg-Wothge, Rosemarie: Die Erziehung zur allseitig entwickelten Persönlichkeit als Zentrum J. B. Basedows Pädagogik, in: Studien über den Philanthropismus und die Dessauer Aufklärung, Halle-Wittenberg, 1970, S. 55 ff.

Anonymus (Mackensen, Wilhelm Friedrich): Letztes Wort über Göttingen und seine Lehrer. Leipzig 1791

Arendt, Hannah, 1958: Vita activa, zit. in der 4. Aufl. der dt. Neuausgabe München 1985

Arendt, Hannah 1959: Rahel Varnhagen, verw. in der Ausgabe Serie Piper

Ariès, Philippe 1960: Geschichte der Kindheit, zit. in der 2. Aufl. der dt. Ausgabe, München/Wien 1976

B. A. 1818a: A. L. Schlözer's Leben, in: Zeitgenossen: Biographien und Charakteristiken, Bd. 4, Leipzig, S. 3 ff.

B. A. 1818b: Frau Doctor Dorothea von Rodde, geborne von Schlözer, in: Zeitgenossen: Biographien und Charakteristiken, Bd. 4, Leipzig, S. 53 ff.

B. A. 1818c: Carl Franz Dominique v. Villers, in: Zeitgenossen: Biographien und Charakteristiken, Bd. 2, Leipzig, S. 55 ff.

Badinter, Elisabeth: Emilie, Emilie. Weiblicher Lebensentwurf im 18. Jahrhundert, München 1984

Basedow, Johann Bernhard 1770: Das Methodenbuch für Väter und Mütter der Familien und Völker, Altona/Bremen

Basedow, Johann Bernhard 1771: Documentirte Beschreibung der Schlözerschen Thaten wider das Elementarwerk, den Verfasser und einige Beförderer desselben, Leipzig

Basedow, Johann Bernhard 1774: Das Elementarwerk. Ein geordneter Vorrath aller nöthigen Erkenntniß. (Erweiterung des Elementarbuchs von 1770). Zit. in der Ausgabe: Theodor Fritzsch (Hg.), J. B. Basedows Elementarwerk mit den Kupfertafeln von Chodowiekis u. a., 3 Bde., Leipzig 1909

Beauvoir, Simone de 1949: Das andere Geschlecht, verw. in der Ausgabe München/Zürich 1961

Becker-Cantario, Barbara: Nachwort zu: La Roche 1771, S. 381 ff.

Begin, Emile-Auguste: Villers, Madame de Rodde et Madame de Staël, Metz 1839

Benz, Richard (Hg.): Heinse – Aus Briefen, Werken, Tagebüchern, Reclams Universal-Bibliothek 8201–3

Bovenschen, Silvia 1977: Die aktuelle Hexe, die historische Hexe und der Hexenmythos. Die Hexe: Subjekt der Naturaneignung, in: G. Becker u. a., Aus der Zeit der Verzweiflung. Zur Genese und Aktualität des Hexenbildes, Frankfurt/M. 1977, S. 259–312

Bovenschen, Silvia 1979: Die imaginierte Weiblichkeit, Frankfurt

Bruford, Walter H. 1936: Die gesellschaftlichen Grundlagen der Goethezeit, zit. in der Ausgabe Frankfurt usw. 1979

Bruford, Walter H. 1966: Kultur und Gesellschaft im klassischen Weimar 1775–1806, Göttingen

Buber, Martin 1954: Das dialogische Prinzip, zit. in der Ausgabe Heidelberg 1984

Burckhardt, Jacob 1860: Die Kultur der Renaissance in Italien, zit. in Kröners Taschenausgabe, Bd. 53

Chasseguet-Smirgel, Janine: Psychoanalyse und weibliche Sexualität, Frankfurt 1974

Constant, Benjamin: Journal intime, Paris 1895

Constant, Benjamin und Madame de Staël: Lettres à un ami, Cent onze lettres inédites à Claude Hochet, hg. von Jean Mistler, Neuchâtel 1949

Costas, Ilse: Die Sozialstruktur der Studenten der Göttinger Universität, in: H.-G. Herrlitz/H. Kern (Hg.): Anfänge Göttinger Sozialwissenschaft, Göttingen 1987, S. 127ff.

Devereux, Georges: Baubo. Die mythische Vulva, Frankfurt 1984

Doering, Heinrich 1827: Dorothea von Rodde, geb. von Schlözer, in: Neuer Nekrolog der Deutschen, 3. Jg. 1825, 1. Heft, Ilmenau, S. 809ff.

Doering, Heinrich 1836: Leben A. L. v. Schlözer's, nach seinen Briefen und andern Mitteilungen, Zeitz

Drechsel, Wiltrud Ulrike: Erziehung und Schule in der Französischen Revolution. Untersuchungen zum Verhältnis von Politik und Pädagogik in den Reformplänen 1792/1794, Frankfurt/Berlin/München 1969

Drewitz, Ingeborg: Berliner Salons. Gesellschaft und Kultur zwischen Aufklärung und Industriezeitalter. Berlin 1979

Drews, Sibylle und Karen Brecht: Psychoanalytische Ich-Psychologie, Frankfurt 1982

Ebel, Wilhelm: Der literarische Streit um den Konkurs Rodde vom Jahre 1810, in: Zeitschrift des Vereins für Lübeckische Geschichte und Altertumskunde, Bd. 51, 1975: 150 Jahre Verein für..., S. 29ff.

Elias, Norbert 1939: Über den Prozeß der Zivilisation, 2 Bde, Basel

Elias, Norbert 1969: Die höfische Gesellschaft, Neuwied/Berlin

Ernst, Fritz: Essais, Bd. II, Frankfurt 1946

Evers, Amalie: Auch ein Franzose. Historische Erzählung aus Lübecks Vergangenheit, 2 Bde., Breslau/Leipzig 1889

Falckenheiner, W.: Einiges über die Büsten und Bildnisse der Dorothea von Schlözer, in: Göttinger Blätter für Geschichte und Heimatkunde, 1919, 1.–4. St., S. 17ff.

Feder, Johann Georg Heinrich: Leben, Natur und Grundsätze, Leipzig 1825

Freud, Sigmund 1908: Die ,,kulturelle" Sexualmoral und die moderne Nervosität, Studienausgabe IX, S. 9ff.

Freud, Sigmund 1916/17: Vorlesungen zur Einführung in die Psychoanalyse, Teil 3, Studienausgabe I, S. 244ff.

Freud, Sigmund 1923: Das Ich und das Es, Studienausgabe III, S. 273ff.

Freud, Sigmund 1925: Einige psychische Folgen des anatomischen Geschlechtsunterschieds, Studienausgabe V, S. 253ff.

Freud, Sigmund 1927: Fetischismus, Studienausgabe III, S. 379ff.

Freud, Sigmund 1930: Das Unbehagen in der Kultur, Studienausgabe IX, S. 191 ff.

Freud, Sigmund 1931: Über weibliche Sexualität, Studienausgabe V, S. 273 ff.

Freud, Sigmund 1933: Neue Folge der Vorlesungen zur Einführung in die Psychoanalyse, Studienausgabe I, S. 447 ff.

Freudenthal, Margarete: Gestaltwandel der städtischen bürgerlichen und proletarischen Hauswirtschaft unter besonderer Berücksichtigung des Typenwandels von Frau und Familie, vornehmlich in Südwest-Deutschland zwischen 1760 und 1933, 1. Teil 1760–1910, Dissertation Frankfurt/M., Würzburg 1934

Friedenthal, Richard 1963: Goethe. Sein Leben und seine Zeit, verw. in der Serie Piper 1982

Fritzsch, Theodor: Einleitung zu J. B. Basedows Elementarwerk, 1. Bd., Leipzig 1809, S. V ff.

Furet, François und Denis Richet 1965: Die Französische Revolution, zit. in der Ausgabe München 1981

Gautier, Paul: Un idéologue sous le Consulat et le Premier Empire, in: Revue des Deux Mondes, Année 76, Pér. 5, T. 32, 1906, S. 126 ff.

Geiger, Benno: Francesco Petrarca, Das lyrische Werk, Darmstadt/Berlin/Neuwied 1958

Gerth, Hans H. 1935: Bürgerliche Intelligenz um 1800, zit. in der Ausgabe Göttingen 1976

Glantschnig, Helga: Liebe als Dressur. Kindererziehung in der Aufklärung, Frankfurt/New York 1987

Goethe, Johann Wolfgang: Dichtung und Wahrheit, Werke, 1. Abt. 28. Bd., 1890

Goethe, Johann Wolfgang: Italiänische Reise I und II, Werke, 1. Abt., 30. und 31. Bd.

Goethe, Johann Wolfgang: Tag- und Jahres-Hefte, Werke, 1. Abt. 36. Bd., 1893

Gooch, G.P. 1920: Germany and the French Revolution, zit. in der Ausgabe London 1965

Gottsched, Johann Christoph 1748: Die Vernünftigen Tadlerinnen, Der erste Theil, 3. Aufl.: 6. Stück (7. 2. 1725), S. 44 ff.; 23. Stück (6. 6. 1725), S. 192 ff.; 29. Stück (18. 7. 1725), S. 248 ff.; 37. Stück (13. 9. 1725), S. 331 ff.; 40. Stück (3. 10. 1725), S. 348 ff.

Grenz, Dagmar: Mädchenliteratur. Von den moralisch-belehrenden Schriften im 18. Jahrhundert bis zur Herausbildung der Backfischliteratur im 19. Jahrhundert, Stuttgart 1981

Grimminger, Rolf 1980: Aufklärung, Absolutismus und bürgerliche Individuen, in: R. Grimminger (Hg.), Hanser Sozialgeschichte der deutschen Literatur, Bd. 3, 1. Halbband, 1980, zit. in der 2. Aufl. München/Wien 1984

Guggenbühl-Craig, Adolf: Die Ehe ist tot – lang lebe die Ehe! Zürich 1981

Habermas, Jürgen 1962: Strukturwandel der Öffentlichkeit, Neuwied/Berlin

Habermas, Jürgen 1963: Theorie und Praxis, Neuwied

Habermas, Jürgen 1981: Theorie des kommunikativen Handelns, 2 Bde., Frankfurt

Hanstein, Adalbert von: Die Frauen in der Geschichte des deutschen Geisteslebens des 18. und 19. Jahrhunderts, 2 Bde., I: Leipzig 1899, II: Leipzig 1900

Härtling, Peter 1976: Hölderlin, zit. in der Ausgabe Sammlung Luchterhand, 6. Aufl. 1983

Hartmann, Martha: Im Wandel des Glücks. Der Lebensroman der Dorothea von Schlözer, Hamburg 1946

Hasse, Friedrich Ch. A. (Hg.): Dorothea von Rodde, geb. von Schlözer, in: Zeitgenossen. Ein biographisches Magazin für die Geschichte unserer Zeit, Bd. 1, Heft 7, Leipzig 1829, S. 61 ff.

Haussonville, Comte d': Mme de Staël et M. Necker, d'après leur correspondence inédite, V: Madame de Staël à Metz, in: Revue des Deux Mondes, Année 83, Per. 6, T. 18, 1913, S. 554 ff.

Heigl-Evers, Annelise und Brigitte Weidenhammer: Die Freudsche Theorie der Entwicklung der weiblichen Persönlichkeit aus heutiger psychoanalytischer Sicht, in: Forum der Psychoanalyse, 1985, S. 201 ff.

Heinse, Wilhelm 1787: Ardinghello und die glückseligen Inseln, zit. in der Ausgabe Reclam-Universalbibliothek

Hentze, Hilde: Sexualität in der Pädagogik des späten 18. Jahrhunderts, Frankfurt/Bern/Las Vegas 1978

Herrlitz, Hans-Georg und Hartmut Titze: Die Studiersucht der armen Leute. Göttinger Denkschriften zur Überfüllung der Universität im 18. und 19. Jh., in: H.-G. Herrlitz/H. Kern (Hg.): Anfänge Göttinger Sozialwissenschaft, Göttingen 1987, S. 96 ff.

Heuß, Theodor: Schattenbeschwörung. Randfiguren der Geschichte. Fischer-Bücherei 1954

Heyne, Christian Gottlieb: Die Jubelfeier der Georg-Augustus-Universität zu Göttingen an ihrem fünfzigsten Stiftungsfeste, den 17. Sept. 1787, Göttingen 1787

Hirsch, Eberhard: Dessau-Wörlitz, Zierde und Inbegriff des 18. Jahrhunderts, München 1985

Horkheimer, Max: Zur Kritik der instrumentellen Vernunft, Frankfurt 1967

Horkheimer, Max und Theodor Adorno: Dialektik der Aufklärung, Amsterdam 1947

Horney, Karen 1932: Die Angst vor der Frau. Über den spezifischen Unterschied in der männlichen und weiblichen Angst vor dem anderen Geschlecht, in: Horney 1967, S. 81 ff.

Horney, Karen 1934: Die Überbewertung der Liebe. Studie über eine für die heutige Zeit typische weibliche Persönlichkeit, in: Horney 1967, S. 111 ff.

Horney, Karen 1967: Die Psychologie der Frau, zit. als Fischer Taschenbuch

Hufton, Olwen: Women in the Revolution 1789–1796, in: Past and Present, Oxford 1971, S. 90 ff.

Ilscher, Lieselotte: Bildnisse und Büsten Dorothea Rodde-Schlözers, in: Göttinger Jahrbuch 1957, Göttingen 1957, S. 47 ff.

Isler, M. (Hg.): Briefe an Ch. de Villers, Hamburg 1883 (einschl. einer Übersicht über Leben und Schriften von Villers, S. ix ff.)

Jacobi/Kraut (Hg.) 1787a: Dorothea Schlözern, gebohren den 10ten August 1770, in: Annalen der Braunschweig-Lüneburgischen Churlande, 2. Jg., 1. St., Hannover, S. 119 ff.

Jacobi/Kraut (Hg.) 1787b: Die Jubelfeyer der Georg-Augustus-Universität zu Göttingen, in: Annalen der Braunschweig-Lüneburgischen Churlande, 2. Jg., 1. St., Hannover, S. 130 ff.

Jonas, Fritz (Hg.): Schillers Briefe, 1. Bd., Stuttgart/ Leipzig/Berlin/Wien 1892

Kant, Immanuel 1764a: Beobachtungen über das Gefühl des Schönen und Erhabenen, Kants Werke, Akademie-Textausgabe II, S. 205 ff.

Kant, Immanuel 1764b: Bemerkungen zu den Beobachtungen über das Gefühl des Schönen und Erhabenen, Kants gesammelte Schriften, Akademie-Ausgabe II, S. 1 ff.

Kant, Immanuel 1784: Beantwortung der Frage: Was ist Aufklärung?, Kants Werke, Akademie-Textausgabe VIII, S. 33 ff.

Kant, Immanuel 1798: Anthropologie in pragmatischer Hinsicht, Kants Werke, Akademie-Textausgabe VII, S. 117 ff.

Karle, Joan: August Ludwig von Schlözer. An Intellectual Biography, Ph. D.-Thesis, Columbia University, 1972

Kästner, Abraham Gotthelf, 1772: Schreiben an den Utschitel von ganz Deutschland, Frankfurt und Leipzig

Kästner, Abraham Gotthelf 1817: Sinngedichte und Einfälle, Wien

Kern, Horst: Schlözers Bedeutung für die Methodologie der empirischen Sozialforschung, in: H.-G. Herrlitz/H. Kern (Hg.): Anfänge Göttinger Sozialwissenschaft. Methoden, Inhalte und soziale Prozesse im 18. und 19. Jahrhundert, Göttingen 1987, S. 55 ff.

Knapp-Tepperberg, Eva-Maria: Rousseaus „Emile ou de l'éducation". Sexualauffassung und Bild der Frau, in: Romanistische Zeitschrift für Literaturgeschichte, 1978, S. 199 ff.

Kohut, Heinz: Narzißmus, Frankfurt 1973

Küssner, Martha: Dorothea Schlözer, Göttingen 1976

La Roche, Sophie 1771: Geschichte des Fräuleins von Sternheim, verw. in der Ausgabe Reclam-Universalbibliothek

Lang, Karl Heinrich Ritter von: Skizzen aus meinem Leben und Wirken, meinen Reisen und meiner Zeit, 2 Teile, Braunschweig 1842

Lichtenberg, Georg Christoph: Sudelbücher, in: Schriften und Briefe, hg. von Mautner, Bd. 1, S. 65 ff.

Lichtenberg, Georg Christoph 1769: Dienbare Betrachtungen für junge Gelehrte in Deutschland, hauptsächlich auf Universitäten, in: Briefe und Schriften, hg. von Mautner, Bd. 1, S. 532 ff.

Loder, Julius Christian: Annchens Frage und ihres Vaters Antwort als Mademoiselle Dorothea Schlözer in Göttingen der Philosophie Doctor ward, Jena 1887

Mallet, Carl-Heinz: Untertan Kind. Nachforschungen über Erziehung, Ismaning 1987

Martens, Wolfgang: Die Botschaft der Tugend. Die Aufklärung im Spiegel der Deutschen Moralischen Wochenschriften, Stuttgart 1968

Mayer, Hans 1975: Außenseiter, zit. als Suhrkamp Taschenbuch 736

Meyer, Friedrich J. L.: Briefe aus der Hansestadt und dem Innern Frankreichs, 2 Bde., Tübingen 1802

Michelet, Jules 1854: Die Frauen der Revolution, zit. als Insel Taschenbuch 726

Mitscherlich, Alexander: Auf dem Weg zur vaterlosen Gesellschaft, München 1963

Mog, Paul: Ratio und Gefühlskultur. Studien zur Psychogenese und Literatur im 18. Jahrhundert, Tübingen 1976

Münch, Paul: Ordnung, Fleiß und Sparsamkeit. Texte und Dokumente zur Entstehung der „bürgerlichen Tugenden", München 1984

Oswald, Stefan: Italienbilder. Beiträge zur Wandlung der deutschen Italienauffassung 1770–1840, Heidelberg 1985

Pange, Comtesse Jean de: Le premier voyage de Madame de Staël en Allemagne, d'après des documents inédits, in: Bibliothèque universelle et Revue de Genève, Octobre 1927, S. 401 ff.; Novembre 1927, S. 551 ff.

Perrot, Michelle: Rebellische Weiber. Die Frau in der französischen Stadt des 19. Jahrhunderts, in: C.Honegger/B. Heintz (Hg.), Listen der Ohnmacht, Frankfurt 1984, S. 71 ff.

Pikulik, Lothar: Leistungsethik contra Gefühlskult, Göttingen 1984

Poel, Gustav 1884: Bilder aus vergangener Zeit, 1.Teil: Piter Poel und seine Freunde, Hamburg

Poel, Gustav 1887: Bilder aus vergangener Zeit, 2.Teil: Bilder aus Karl Sievekings Leben 1887–1847, Hamburg

Prokop, Ulrike: Die Melancholie der Cornelia Goethe, in: L. F. Pusch (Hg.), Schwestern berühmter Männer, Frankfurt 1985, S. 49 ff.

Puységur, M. de 1824: Notice sur Charles Villers, in: Villers, Charles 1787, Bd. 1, S. 241 ff.

Rehberg, August Wilhelm: Zur Geschichte des Königreichs Hannover in den ersten Jahren nach der Befreiung, Göttingen 1826

Reich, Klaus: Rousseau und Kant, Tübingen 1936

Rist, Johann Georg: Lebenserinnerungen, hg. von Gustav Poel, 2. Teil, Gotha 1880

Rodde, Jochim Matthaeus und Matthaeus Rodde 1792: Als unser lieber Vater Matthaeus Rodde in der Dorothea Schlözer uns eine neue Mutter wieder gab, 28. 5. 1792; Abschrift in der SuUB Göttingen

Rosenbaum, Heidi: Formen der Familie, Frankfurt 1982

Rousseau, Jean-Jacques 1762a: Emile oder Über die Erziehung, zit. in der Ausgabe Reclams Universal-Bibliothek

Rousseau, Jean-Jacques 1762b: Vom Gesellschaftsvertrag oder Grundsätze des Staatsrechts, zit. in der Ausgabe Reclams Universal-Bibliothek

Rousseau, Jean-Jacques 1780: Emile und Sophie oder Die Einsamen, verw. in der Ausgabe München 1979

Rousseau, Jean-Jacques 1782: Die Bekenntnisse, zit. in der Ausgabe München 1978

Saage, Richard: August Ludwig Schlözer als politischer Theoretiker, in: H.-G. Herrlitz/H. Kern (Hg.): Anfänge Göttinger Sozialwissenschaft, Göttingen 1987, S. 13 ff.

Schiller, Friedrich: Gedichte I, Schillers Werke, hg. von Christiansen

Schlegel, Friedrich 1799: Lucinde, verw. in der Ausgabe Reclams Universal-Bibliothek

Schlesier, Renate: Konstruktionen der Weiblichkeit bei Sigmund Freud, Frankfurt 1981

Schlözer, August Ludwig 1768: Probe russischer Annalen, Bremen/Göttingen

Schlözer, August Ludwig 1771a: Vorrede zum „Versuch über den Kinder-Unterricht" von Ludwig Renatus de Caradeuc de la Chalotais, Göttingen/Gotha

Schlözer, August Ludwig 1771b: Nachrede („Beylage") zum „Versuch über den Kinder-Unterricht" von Chalotais, Göttingen/Gotha

Schlözer, August Ludwig 1774: Schlözer: Dortgens Reise von Göttingen nach Franken und wieder zurück, Göttingen

Schlözer, August Ludwig 1776: Le joujou des petites filles, zit. in der 2. Aufl., Göttingen 1783

Schlözer, August Ludwig 1779: Vorbereitung zur Weltgeschichte für Kinder, zit. in der 6. Aufl., Göttingen 1806

Schlözer, August Ludwig 1785: Staatsanzeigen, 7. Bd., 26. Heft

Schlözer, August Ludwig 1788: Staatsanzeigen, 12. Bd., 47. Heft

Schlözer, August Ludwig 1791: Münz-, Geld- und Bergwerksgeschichte des russischen Kaiserthums, 1700–1789. Meist aus Urkunden beschrieben. Göttingen

Schlözer, August Ludwig 1793: Allgemeines Staatsrecht und Staatsverfassungslehre, Göttingen

Schlözer, August Ludwig 1795/96: Vorlesungen über Land- und Seereisen, nach dem Collegheft des stud. jur. E. F. Haupt, hg. von W. Ebel, Göttingen 1962

Schlözer, August Ludwig 1802: A. L. Sch.'s öffentliches und Privatleben von ihm selbst beschrieben. Aufenthalt und Dienste in Rußland, vom Jahre 1761–1765, Göttingen

Schlözer, August Ludwig 1804: Theorie der Statistik, nebst Ideen über das Studium der Politik überhaupt, Göttingen

Schlözer, Christian von: August Ludwig von Schlözers öffentliches und Privatleben aus Originalurkunden und, mit wörtlicher Beifügung mehrerer dieser letzteren, vollständig beschrieben, 2 Bde., Leipzig 1828

Schlözer, Dorothea 1787a: Schreiben aus Neufchatell den 31. März 1782 betreffend eine Reise von Turin nach Genf, über den Mont Cenis, in: Neues Magazin für Frauenzimmer, 1787, Bd. 3, Straßburg/Leipzig, zit. nach der Abschrift Su-UB Göttingen, Schlözer-Archiv

Schlözer, Dorothea 1787b: Nachrichten von dem Andreasberg, und den Vergnügungen auf dem Harz überhaupt. Aus dem Tagebuch einer jungen Hannoveranerin, in: Neues Magazin für Frauenzimmer, 1787, Bd. 4, Straßburg, zit. nach der Abschrift SuUB Göttingen, Schlözer-Archiv

Schlözer-Rodde, Dorothea 1794: Stammbucheintragung, Lübeck 28. 4. d. J., zit. nach L. v. Schlözer, 199

Schlözer-Rodde, Dorothea 1801: Sur les Mystères d'Iris la la Flute enchantée, zit. nach dem Abdruck bei Meyer, 2. Bd., S. 148 ff.

Schlözer, Leopold von: Dorothea von Schlözer, Ein deutsches Frauenleben um die Jahrhundertwende 1770–1825, Göttingen 1937

Schmidt, Erich (Hg.): Caroline. Briefe aus der Frühromantik, nach G. Waitz, 1. Bd., Leipzig 1913

Schopenhauer, Johanna 1819: Gabriele, verw. in der Ausgabe München 1985

Schopenhauer, Arthur 1851: Parerga und Paralipomena II, zit. als Diogenes Taschenbuch 140/10

Selle, Götz von: Die Georg-August-Universität zu Göttingen, 1737–1937, Göttingen 1937

Sichtermann, Hellmut: Winckelmann in Italien, in: Thomas W. Gaethgens (Hg.), Johann Joachim Winckelmann 1717-1768, Hamburg 1986, S. 121 ff.

Simmel, Georg 1923: Das Relative und das Absolute im Geschlechter-Problem, in: Philosophische Kultur, zit. in der Ausgabe Berlin 1986

Snyders, Georges 1965: Die große Wende der Pädagogik. Die Entdeckung des Kindes und die Revolution der Erziehung im 17. und 18. Jahrhundert in Frankreich, zit. in der dt. Ausgabe Paderborn 1971

Staël, Germaine de 1807: Corinna oder Italien, verw. in der Ausgabe München 1979

Staël, Germaine de 1814: Über Deutschland, zit. in der Ausgabe Frankfurt 1985

Stavenhagen, Kurt: Kant und Königsberg, Göttingen 1949

Steinberger, Julius (Hg.): Erinnerungen von Luise Wiedemann geb. Michaelis, der Schwester Carolinens, Göttingen 1929

Stübig, Frauke: Erziehung zur Gleichheit. Die Konzepte der ,,éducation commune" in der Französischen Revolution, Ravensburg 1974

Ulrich, O.: Charles de Villers. Sein Leben und seine Schriften, Leipzig 1899

Ussel, Jos van: Sexualunterdrückung. Geschichte der Sexualfeindschaft, Reinbek 1970

Vignau-Wilberg, Peter: Der Maler Friedrich Carl Gröger, Neumünster 1971

Villers, Charles 1787: Le magnétiseur amoureux, zit. in der vom Marquis de Puységur hg. Ausgabe Paris 1824

Villers, Charles 1797a: Lettres Westphaliennes, écrites par Monsieur le comte de R. M. à Madame de H., Berlin

Villers, Charles 1797b: Lettre à Mademoiselle D. S. Sur l'abus des grammaires dans l'étude du francais, et sur la meilleure méthode d'apprendre cette langue, zit. in dem Abdruck bei Ulrich, S. 75 ff.

Villers, Charles 1801: Philosophie de Kant, Metz

Villers, Charles 1804: Essai sur l'esprit et l'influence de la réformation de Luther, zit. in der dt. Ausgabe Hamburg 1805

Villers, Charles 1806: Lettre à Madame la Comtesse Fanny de Beauharnais sur Lubeck, zit. in der 3. Aufl. Amsterdam 1808

Villers, Charles 1808: Coup-d'œil sur les universités et le mode d'instruction publique de l'Allemagne protestante, Cassel

Volkmann, Johann Jakob: Historisch-kritische Nachrichten von Italien, 3 Bde., Leipzip 1777/78

Weber, Marianne: Frauenfragen und Frauengedanken, Tübingen 1919

Wexler, Victor G.: ,,Made for Man's Delight": Rousseau as Antifeminist, in: The American Historical Review, 1976, S. 266 ff.

Wieland, Christoph Martin 1766/67: Geschichte des Agathon, Sämmtliche Werke 1984 I / Bd. 1-3

Wieland, Christoph Martin 1768: Musarion oder die Philosophie der Grazien, Sämmtliche Werke 1984 III / Bd. 9, S. 1 ff.

Wittmer, Louis: Charles de Villers 1765-1815, Un intermédiaire entre la France et l'Allemagne, Genève/Paris 1908

Wolf, Christa 1979: Der Schatten eines Traumes. Karoline von Günderode – ein Entwurf, in: K. v. Günderode, Der Schatten eines Traumes, verw. in der Ausgabe: Sammlung Luchterhand, 5. Aufl., 1985

Wundt, Max: Die deutsche Philosophie im Zeitalter der Aufklärung, Tübingen 1945

Allgemeine Deutsche Biographie ADB 2. Bd., S. 113 ff., 13. Bd., S. 240 ff., 27. Bd.,

S. 571ff., 29. Bd., S. 1ff., 31. Bd., S. 3ff., 312ff., 567ff., 32. Bd., S. 346ff., 34. Bd., S. 220ff., 39. Bd., S. 708ff., 53. Bd., S. 87ff.

Briefwechsel zwischen Goethe und Reinhard in den Jahren 1807 bis 1832, Stuttgart/Tübingen 1850

Das Volk braucht Licht. Frauen zur Zeit des Aufbruchs 1790–1848 in ihren Briefen, Darmstadt/Zürich 1970

Göttingen im 18. Jahrhundert. Eine Stadt verändert ihr Gesicht, Texte und Materialien zur Ausstellung im Städtischen Museum und im Stadtarchiv 26. 4. – 38. 8. 1987, Göttingen 1987

Lettres de Benjamin Constant à Prosper de Barante, in: Revue des Deux Mondes, Anné 76, Pér. 5, T. 34 1906, S. 550ff.

Staats- und Gelehrte Zeitung des Hamburgischen unpartheyischen Correspondenten, Nr.185, 20. 11. 1804

Briefverzeichnis

24. 9. 1822
SuUB Göttingen
L. v. Schlözer, 303 f.
15. 11. 1822
SuUB Göttingen
26. 5. 1823
SuUB Göttingen
8. 7. 1824
SuUB Göttingen
8. 8. 1824
SuUB Göttingen
1. 9. 1824
SuUB Göttingen
11. 9. 1824
SuUB Göttingen
L. v. Schlözer, 310 f.
Oktober 1824
SuUB Göttingen
L. v. Schlözer, 311 f.
13. 12. 1824
SuUB Göttingen
Januar 1825
SuUB Göttingen
7. 4. 1825
SuUB Göttingen
7. 6. 1825
SuUB Göttingen
L. v. Schlözer, 318

Brief an Schulz (Onkel)
30. 11. 1787
SuUB Göttingen

Brief an Phil. Alb. Stapfer
1815
Wittmer, 15 Anm. 4

Brief an Frau Thilebein
16. 3. 1811
L. v. Schlözer, 272 ff.

Brief an Trippel
1792
Küssner, 80

Brief an Louise (unleserlich)
10. 8. 1818
SuUB Göttingen

Curriculum vitae,
Schreiben an die Philosophische Fa-
kultät der Universität Göttingen
17. 8. 1787
Archiv der Universität Göttingen,
Phil. Fak.,
Promotionsakte D. Schlözer
L. v. Schlözer, 16 ff.

Schmettow, Waldemar Graf von
Brief an Schlözer
16. 9. 1787
Ch. v. Schlözer, II 131 ff.
5. 5. 1791
L. v. Schlözer, 141

Staatsarchiv Lübeck
Briefe an Leopold von Schlözer
30. 12. 1922
10. 2. 1923
SuUB Göttingen

Staël, Germaine de
Brief an Jacobi
1. 1. 1804
Wittmer, 188

Briefe an Villers
8. 11. 1803
Wittmer, 183

1810
Wittmer, 181 Anm. 1

Villers, Charles
Brief an die Hannoversche Regierung
2. 4. 1814
Ulrich, 64 ff.

Brief an Reinhard
16. 2. 1803
Isler, 341 f.

Brief an Mme de Staël
11. 11. 1803
Wittmer, 183 f.

Brief an Villers (Bruder)
Ende November 1797
Wittmer, 180 Anm. 2

Bildnachweise